LA ESPAÑA

BAJO EL PODER ARBITRARIO

DE LA

CONGREGACION APOSTÓLICA.

Les exemplaires non revêtus de ma griffe ci-dessous seront réputés contrefaits.

PARIS — IMPRENTA DE MARCHAND DU BREUIL,
rue de La Harpe, 90.

LA ESPAÑA

BAJO EL PODER ARBITRARIO

DE LA

CONGREGACION APOSTÓLICA,

Ó

APUNTES DOCUMENTADOS PARA LA HISTORIA
DE ESTE PAIS DESDE 1820 A 1832.

SEGUNDA EDICION,

CONSIDERABLEMENTE AUMENTADA DE LA PRIMERA, ESPENDIDA
EN LOS ESTADOS-UNIDOS.

> Omne nefas, fugere pudor, verumque fidesque
> In quorum subiere locum, fraudesque dolique
> Insidiæque, et vis, et amor sceleratus habendi.
>
> *Ovid.* Metamorph. lib. 1°.

PARIS :

EN LA LIBRERIA EUROPEA DE BAUDRY,

RUE DU COQ-SAINT-HONORÉ, N°9.

DE BARROIS FILS, RUE DE RICHELIEU, N° 14;
Y DE BOHAIRE, BOULEVARD DES ITALIENS, N° 10, ESQUINA A
LA RUE LAFFITE.

—

1833

La maldad por dó quier iba en triunfo,
La fé, el pudor y la verdad huyeron;
Y el fraude, y la violencia y la injusticia
Y la infame traicion les sucedieron:
Y la rapiña de oro no saciada
Se vió entónces tambien entronizada.

Mét. Ovid., lib. 1.

EL EDITOR.

> Rome, qui sans soldats, porte en tout lieu la guerre
> Aux mains des espagnols a remis son tonnerre.

Asi se espresaba un célebre poeta filósofo del siglo último, censurando la funesta intervencion que, en el XVI, ejerció Felipe II en las contiendas religiosas que ensangrentaron la Francia, antes del advenimiento de Henrique IV; pero ¿como pudo prever Voltaire, que los ilustrados franceses del siglo siguiente al suyo habian de ser en la Península hispánica los fautores de los intereses apostólicos de Roma? y que á la sombra de las bayonetas, que espulsaron del Vaticano á Pio VI, se habia de restablecer y arraigar en España la intolerancia y obscurantismo sacerdotal, de manera que podamos decir de ellas, con igual esactitud y ménos escusa, lo que aquel dijo de las huestes españolas en su *Henriade :*

> Rome, qui sans soldats, porte en tout lieu la guerre,
> Aux mains des *français*.... a remis son tonnerre.
> Et le *français* avide de nos pertes
> Vint en foule inonder nos campagnes desertes.

Para demostrar las consecuencias inmensas de este acontecimiento singular de nuestra historia moderna, se formó esta sucinta memoria histórico-dogmática, la que fué ensanchándose insensiblemente, al deslizarse la diestra pluma del autor por el vasto campo que la materia ofrece, á pesar de los riesgos y dificultades con que tenia que luchar al dedicarse á esta taréa, desde el año de 1824 al de 1832, bajo el poder *teocrático* que fundó en España el ejército del duque de Angulema (*) guiado por la suave política de M. de Martignac, que dió apoyo

---

(*) En pago S. S. regaló una espada bendita al ilustre caudillo del ejército francés, que repuso en España las autoridades apostólicas; pero este acero perdió su temple en julio.

á la feróz y estúpida policía galo-apostólica de Calomarde, el Polignac de España aunque ménos caballero; la que dominó allí á todo su sabor, hasta que el mismo rey don Fernando de Borbon desde su lecho de agonía en S. Ildefonso, la sorprendió *infraganti*, en su última obra de iniquidad, aprovechando su decadencia mental para atentar á sus Reales derechos, usurpando los de su succesion directa, y disponiendo á su arbitrio con la audacia á que estaba acostumbrada, hasta de la corona Real, creyéndola desprendida de sus augustas sienes. S. M. mismo restablecido nos lo anunció oficialmente, en su comunicacion autógrafa de 31 de diciembre imediato.

Los benéficos decretos de la reina Cristina, abriendo las puertas del saber, cicatrizando las llagas del dolor, y restituyendo á la patria sus hijos espulsos, me permitieron volver á mi suelo natal despues de nueve años de amarga deportacion: allí logré la oportunidad de hacerme con esta memoria, algo incoherente por efecto de los diversos periódos y crecidos compromisos, en que fué escrita, y que sufrió su infatigable y benemérito autor. Esta segunda edicion ha sido enriquecida con preciosos documentos, que confirman evidentemente la narracion y doctrina, reducida á persuadir que la influencia de los ministros de la religion, en los negocios civiles, y sobre la autoridad Real, es igualmente funesta y peligrosa á los príncipes y á los pueblos: por desgracia ella, mas ó ménos ostensiblemente, se ejerce todavía en todos los Estados de Europa.

En Rusia está identificada con el soberano, domina en Alemania, esclaviza á Italia, despuebla la Irlanda, agita la Inglaterra (*), arrastra la España, aniquila el Portugal, y acecha á la misma Francia para aprovechar la ocasion

---

(*) La aristocracia inglesa se debate por sostener las rentas y los fueros de la iglesia, suponiendo que tocarles seria violar los juramentos hechos por el rey, al paso que la nacion, en la Cámara baja, sienta el principio, que las rentas de la Iglesia son bienes del Estado.

de volver á ganar en ella el ascendiente perdidido en julio (*).

Felizmente acabó en España la dominacion de Calomarde, el corifeo de la Congregacion; y aunque esta conserva profundas raices en aquel desgraciado pais, sin embargo como todos sus esfuerzos y poder apostólico los emplea, no solo contra los derechos del pueblo, sino contra los del trono y de la sucesion directa de Fernando y de Cristina, para suplantarla en aquel por el infante don Cárlos su caudillo, y para ello tiene que luchar con los amigos de la monarquía legal, y con los de la ilustracion y necesidades del siglo, se halla por tanto dividida y debilitada esta faccion, cuya predileccion por don Cárlos, príncipe recto y religioso, no depen-

(*) Acaban de obtener los eclesiásticos entrada legal en la direccion de Estudios : á la sombra del obispo de Mans se acaba de fundar un monasterio de benedictinos, á cuyo abad ha felicitado y animado por su santa empresa el famoso vizconde de Chateaubriand, partidario de la Santa-Alianza y de Enrique de Berry; y dos magistrados de Rouen han sido destituidos por no haber asistido á una funcion eclesiástica.

de sino de suponerle fanático y adicto á sus intereses, mas que á los de la España, y fácil de ser conducido por ellos. Quizá se equivoque, y cuando Fernando no les ha parecido bastante dócil, don Cárlos lo fuera aun ménos.

De todos modos, desenmascarar esta faccion, que cubre sus ambiciosos proyectos con el velo de religion; hacerla conocer por sus propios hechos irrecusables; demostrar el objeto á que tiende, en todos tiempos y paises; presentar á la vista ménos perspicáz los hilos de la grosera trama que urde en España para dominar envileciendo, y gozar embruteciendo á los miserables pueblos; creemos que es un servicio, que no deben desdeñar los príncipes ni los pueblos, desempeñándolo con decoro y lealtad.

Creemos hacer un servicio al gobierno actual de la Francia que titubea en la política que tiene que seguir, si se entabla probablemente una guerra civil en la Península, que podrá ser terrible y su término nocivo á la

Francia misma; pues si bien esta no tiene que temer la importacion del fanatismo, éste á su vez podrá dar en ella campo de batalla á los enemigos del pueblo francés y de sus instituciones; lo que una política previsora debe cuidadosamente evitar.

La moral es la mejor base de la política, y si á una y otra se agregan los vínculos que ligan á las naciones, como á los individuos, á reparar sus faltas y errores pasados, la Francia sabe bien la clase de vínculos y deberes que la ligan con la España.

La intervencion de Felipe II en tiempo de la liga, ha sido bien caramente pagada por los españoles y por los franceses, cuya sangre ha corrido del otro lado de los Pirineos bajo los reinados de Luis XIV, Napoleon y Luis XVIII, en las guerras de sucesion, de abdicacion y de Constitucion, por intereses de dinastía, y nunca por los de uno ni otro pueblo. Tiempo es que enmiende sus errores y repare sus daños, y que la sangre de sus hijos corra solo por intereses nacionales.

En España ecsiste el abuso del poder sacerdotal, restablecido y robustecido en 1823, á la sombra del que dominaba en su suelo, y que tuvieron los franceses la gloria de derrocar en los tres memorables dias de julio : lo que no sabrian, ni podrian hacer los españoles, temiendo la vecindad de la Francia, la inconstancia de sus divisas, y la inconsecuencia de sus doctrinas y promesas ministeriales (*).

Reconociendo el clero el derecho divino de los reyes (el que reclama hoy don Cárlos, y niega don Fernando) (**) y la supremacía de los papas, sabe bien que solo en ellos y para ellos puede apoyarse esta doctrina singular que impide á los príncipes y á los súbditos de ra-

(*) Véase la Historia de la Revolucion de 1830 por M. Cabet, al f° 232, y las discusiones de las Cámaras, cuantas veces se ha tratado de los refugiados.

(**) Véase la correspondencia entre ambos príncipes en el presente año.

ciocinar; y aunque tal absurdo no lo enseñe el Evangelio, asi lo pretenden persuadir, los que se valen de él para su interés particular.

Todo lo contrario enseña, y la esperiencia de los siglos lo acredita. Siempre que el sacerdocio se ha mezclado en los asuntos temporales, la religion y el gobierno se han resentido igualmente, de la intervencion en los negocios mundanos de aquellos á quienes su profesion les impide precisamente de mezclarse, y les manda temerlos y alejarse iterativamente.

Debilitan y estravían (dice Montesquieu) (*) la autoridad y conciencia de los reyes que se entregaron á su influencia peligrosa, y les hacen ejecutar imprudentemente, *aun las mismas cosas buenas.*

Algunos podrán creer superflua por demamasiado notoria, ó redundante al ménos, la esposicion prolija de los abusos de la dominacion eclesiástica; pero rogamos á los que tal crean,

---

(*) Grandeur et décadence de l'empire Romain, cap. 22.

que tengan presente que escribimos de España y para España, donde su influencia es vital, la preocupacion grande, y el asunto poco esclarecido, presentando los hechos recientes y sus consecuencias, al par que las doctrinas y causas, confirmando unas con otras.

Solo el amor á nuestra desgraciada patria, el deseo de esclarecer ciertos hechos poco conocidos, y de abrir los ojos á la verdad de muchos hombres sensatos pero ilusos, nos ha inducido á esta publicacion, corta en volúmen, pero muy sustancial á nuestro parecer : porque, como dice un publicista moderno, de todas las historias la que ménos conocemos es la de nuestro pais, y la que mas imperfectamente sabemos es la de los sucesos contemporáneos.

ADVERTENCIA.

Tiempo hace que la España sufre una serie casi no interrumpida de convulsiones mas ó menos violentas, pero siempre producidas por el contraste del bien público con el temporal del clero. A su influjo, á su poder y al estado de la cultura y necesidades de los pueblos, deben atribuirse los acontecimientos que solo pueden parecer estraordinarios á los que, sin tomarse el trabajo de subir hasta su orígen, paran la atencion únicamente en el desórden é irregularidad de su curso. En él estan marcados de un modo indeleble los pasos de la ilustracion del siglo, á pesar de los esfuerzos empleados en ofuscarla. Es bien cierto que en el año de 1808 *Godoy* (á quien Pio VII llamó *coluna de la Fé*, por haber circulado la Bula *Auctorem fidei* contra el dictámen del Consejo de Castilla) no hubiera caido de los altares en que le colocó la lisonja mas impía, si no hubiese dispuesto y ejecutado la venta de fincas pertenecientes á capellanías y otras instituciones eclesiásticas. Lo es así mismo, que la España no hubiera visto en aquel año el movimiento simultáneo de los pueblos, ni la resolucion marcial de los *Merinos, Tapias, Salazares* y demas clérigos y frailes que tomaron las armas, si los franceses no hubieran demolido los conventos y amagado con la reforma del clero. Las Córtes de 1810 à 1813 que al cabo de tres siglos restituyeron la vida à las mácsimas sepultadas en nuestros fueros y leyes antiguas, asi como la corona abdicada y el reino invadido á Fernando VII; ésta reunion de obispos, abades, curas, canónigos, grandes, letrados, labradores, comerciantes, militares de todas graduaciones y de otros españoles de ambos hemisferios, educados en diversas y remotas provincias, segun el método de estudios designado por el despotismo político, é infanda Inquisicion: este impávido y memorable Congreso, donde por voto libre y uniforme se vieron restablecidos y proclamados los principios de la libertad civil bajo el fuego voltario de los franceses, no hubiera sufrido los sarcásmos é impugnaciones de periodistas buscados, asalariados y recompensados con breves pontificios, ni fenecido, como feneció en 1814 por la seduccion de las tropas de Elío, si no hubiera derrocado la Inquisicion, reformado los monasterios y acotado las rentas y abusos del clero. Y el sistema representativo de 1820 ecsistiera largo tiempo, no obstante los defectos y vicios de su constitucion y de sus agentes, si no se hubiese rozado con los intereses temporales de esta corporacion numerosa y estendida por todos los reinos católicos.

Pero la accion contínua en que se ha tenido este resorte poderoso, fué sensiblemente debilitando su elasticidad y su fuerza. En 1808 tuvo la necesaria para contribuir poderosamente á levantar toda la nacion. En 1814 no pudiendo ya con solo su peso inclinar la balanza á su provecho, tuvo que apoderarse del rey en Valencia, seducir las tropas y alucinar á los incautos con las protestas y promesas del decreto de 4 de mayo, en que se ofreció convocar las Córtes, proteger la seguridad individual, la libertad de imprenta y sostener los *derechos inviolables del pueblo*, renunciando al absolutismo y á la idéa de gravar y disponer de las rentas del Estado, sin acuerdo del reino. Y en 1820 viendo disipado el prestigio por la fuerza incontrastable de la razon pública y que no era posible mover los brazos de una nacion ya despierta, ni recuperar el predominio con promesas falaces, con decretos artificiosos, tuvo que apelar al medio único que le restaba : al estremo precario y ominoso de llamar las fuerzas estrangeras, lisongeando la tendencia de un gabinete vecino, seducido y precipitado por las arterias de la *negra Congregacion*, identificada con la política de la Santa Alianza, reducida á sostener y multiplicar los tronos absolutos y á no dejar en Europa ni un simulacro de las libertades públicas.

El refuerzo de cien mil bayonetas que lanzaron del suelo español las luces y los hombres capaces de contrariar sus designios, puso en sus manos todos los medios de asaltar el poder. Repuestos entrambos cleros con la adquisicion de los bienes agenos y con la facultad de alucinar, seducir, recompensar, y arredrar á los oprimidos, se multiplicaron á proporcion de las concesiones y privilegios. Dueños del gobierno que erigieron, redoblaron sus esfuerzos para que no volviese á salir de sus manos. Dispusieron y disponen á su antojo de todos los ramos de la administracion pública, sin dejar ley ó reglamento fuera del círculo de su arbitrariedad : empleado ú persona que no tema ó espere de su odio, ó de su favor : libro, ni establecimiento que pueda ilustrar à los pueblos agobiados con la miseria, con el espionage, con las proscripciones y con el terror que inspira la perfidia de su dominacion, y la hipocresía de su imperio.

Nuestros lectores nunca podrán figurarse que comprendamos en la turba de sus agentes esa porcion de eclesiásticos virtuosos, ilustrados y venerables, que, ó son el blanco de la mas encarnizada persecucion, ó el objeto de una perpétua desconfianza; mas recordando el número, la clase de personas, el sentido en que han figurado y las circunstancias que han concurrido á la formacion de las tres épocas señaladas, se convencerán de la temeridad con que el partido ultramontano se esfuerza en prolongar su paliada dominacion y de la necesidad é importancia de presentarlo bajo sus formas verdaderas.

Para ello nos hemos reducido á los términos de sus propias doctrinas, sin dar lugar á invectivas de escritores que pudieran serle sospechosos; procurando siempre sacar la narracion, nó de lo que vemos y sufrimos, sino del testimonio de documentos irrefragables y apoyar las reflecsiones en la autoridad de los libros sagrados, concilios, santos padres, pontífices, escritores eclesiásticos y leyes del reino, evitando toda acrimonia y personalidad (*).

(*) El disfráz es tan atiguo y conocido como los hechos de que sacó los siguientes corolarios el P. Juan de Mariana, cuyo nombre y estado son del mayor peso en la materia.

1º La religion y el brazo eclesiástico son la capa con que muchas veces se suelen cubrir los príncipes y aun solaparse grandes engaños. (*Historia de España, lib. 6, cap. 5.*)

2º No hay cosa mas poderosa para mover el pueblo que la capa de religion, bajo de la cual se suelen encubrir grandes engaños. (*lib. 12, cap. 13.*)

3º Ninguna cosa tiene mas fuerza para alborotar el vulgo que la máscara de la religion: reseña á que los mas acuden, como fuera de sí sin reparar en inconvenientes. (*lib. 19, cap. 3.*)

4º Cuando la muchedumbre se mueve por escrúpulo y opinion de religion, mas fácilmente obedece á los sacerdotes que á los reyes. (*lib. 8. cap. 3.*)

5º Ningunas enemistades hay mayores que las que se forjan con voz y capa de religion: ya los hombres se hacen crueles y semejables á las bestias fieras. (*lib. 5, cap. 14.*)

6º No concuerda con las leyes ni costumbres cristianas la resolucion estraordinaria de querer hacer á los hombres por fuerza cristianos, ni es razon quitalles la libertad que Dios les dió. (*l. 26, c. 13.*)

DOCUMENTOS CALIFICATIVOS DE LAS CAUSAS QUE ESCITA-RON Y PRODUJERON LAS MUDANZAS DEL GOBIERNO ESPAÑOL EN LOS DIAS 7 DE MARZO DE 1820 Y 1º DE OCTUBRE DE 1823

« Mis vasallos acostumbrados á vivir bajo leyes sábias, moderadas y adaptadas á sus usos y costumbres, y que por tantos siglos habian hecho felices á sus antepasados, dieron bien pronto pruebas públicas y universales del desprecio, desafecto y desaprobacion del régimen constitucional, viendo señalada en él su miseria y desventura. »

Asi se hizo hablar á S. M. católica en el Manifiesto publicado en el Puerto de Santa Maria el dia 1º de octubre 1823, sin acordarse de que cuando se hallaba en toda la plenitud de sus derechos soberanos : cuando regían esas leyes *sábias y moderadas*, esto es, tres años ántes del 7 de marzo de 1820, en que (como dice el editor de la Coleccion de Decretos) *fué privado de su preciosa libertad á impulsos de una faccion impía y escandalosa;* S. M. mismo había espuesto à la faz de la nacion el deplorable estado en que se hallaba, manifestando en el real decreto de 1º de junio de 1817. «Que los gastos habían eccedido en tal cantidad á los productos de las rentas, que había sido preciso echar mano de los fondos particulares, *arruinando* los establecimientos mercantiles; que no bastando aquellos, se creó papel moneda en abundancia estraordinaria; que se pusieron en venta los bienes mas sagrados; que el Estado se sobrecargó inútilmente con capital y réditos de estos bienes vendidos; que la deuda creció hasta lo sumo; y que el *descrédito,* como era natural, *acompañaba á todas las operaciones del gobierno,* cuyos pagos momentáneos y ordinarios se cumplian con los fondos destinados al interés y consolidacion de aquella; que así llegó la España á verse sin recursos y sin fuerzas; que las tropas, dignas por su conducta del agradecimiento de la nacion y de S. M., padecian grandes escaseces, desprovistas de los utensilios necesarios á su comodidad; que los cuarteles se hallaban desmantelados; que los pueblos y los particulares sufrían la carga penosa de alojamientos y bagages; que se ejecutaban esacciones perjudiciales y de gran tamaño; que la marina real carecía de lo mas preciso, que los magistrados y casi todos los empleados públicos veían pasar los dias y los meses, sin recibir poco ó nada de sus cortas dotaciones, necesitando de todos los ausilios de la virtud para resistir á la falta de todo y á los ataques de la miseria en que miraban envueltas sus familias; que el sistema de la administracion era ruinoso, falto de equidad, é incapaz de estension; que las esacciones con que se vejaba á los pueblos eran gravosas, irregulares y desmedidas; que importando 597.126,987 reales los valores totales de las rentas de la corona, y los gastos actuales 1051.077,640 resultaba la falta de 453.950,653 reales que no podian ecsigirse del pueblo en general, ni de sus clases en particular (*)» debiendo tenerse presente, que con anterioridad á este decreto se habia dicho en las reales órdenes de 1º de marzo y 11 de abril del mismo año, comunicadas, aquella á

―――――

(*) M. Bignon parece que se propuso traducir estos Decretos, cuando al considerar al rey don Fernando VII en esta época dijo: *Il frémit à l'aspect de l'abîme où l'on conduit des perfides conseillers ; il voit l'état en ruines, l'administrationen désordre, le trésor sans ressources, le gouvernement sans crédit*, etc. : Le Cabinets et les Peuples depuis 1815 jusqu'a la fin de 1822.

la Direccion de rentas y ésta al ministerio de Hacienda por el de Marina, « que las rentas de la corona en lugar de aumentarse sufrían notable diminucion en las provincias de Madrid, Cádiz, Barcelona y otras ricas y populosas; y que nadie cumplia con lo que se le mandaba. »

En el decreto de 24 de noviembre de 1819 continuó S. M. publicando : «las miserias que se agolpaban á sus oidos sin dar lugar las unas á las otras; el *desórden completo* de la Real Hacienda, la insuficiencia de las providencias dictadas para corregirlo; la multitud de solicitudes de los pueblos que se quejaban de su gravámen, mandando S. M. ecsaminar los vicios que motivaban aquellas reclamaciones, y proponer los medios de remediarlos para que cesasen las dilapidaciones» añadiendo en otro de 28 de febrero de 1820 : «que S. M. había oido los clamores de muchos pueblos, quejándose de la desigualdad en el repartimiento de las contribuciones y de los apremios estraordinarios con que se les molestaba y disponiendo que se propusieran à S. M. los medios para que la administracion fuese pura y sencilla, y no ocupase aquel sin número de empleados que por tanto tiempo habían estado y aun estaban defraudando los brazos de la agricultura, comercio y artes.»

Consecuente á esta série de manifestaciones hechas en el tiempo de su plena libertad, espidió el decreto de 3 de marzo de 1820, invitando al Consejo de Estado y al supremo de Castilla, para que consultasen cuanto creyeran conveniente al mejor órden de la monarquía, repitiendo «que llamaban en gran manera su paternal atencion la organizacion del ejército y armada; el arreglo de la Real hacienda, que adolecía de vicios en su administracion, haciendo sufrir una carga pesada á los pueblos sin cubrir las atenciones públicas; el entorpecimiento que esperimentaba la administracion de justicia; las trabas de la agricultura, comercio, industria, etc., disponiendo que el Consejo y demas tribunales espusieran à S. M. (con la santa libertad que debian hacerlo) cuanto juzgasen util al bien de sus pueblos, *teniendo presentes las leyes fundamentales de la monarquía y las variaciones* que los tiempos y diversas circunstancias ecsigen en pro y utilidad del Estado (1)» no pudiendo dejar de recordarse en este lugar la deferencia de S. M. á *las variaciones de gobierno*, insinuadas y ofrecidas en el memorable decreto fecho en Valencia á 4 de mayo de 1814 (2).

Evacuadas las consultas en cumplimiento de aquella Real determinacion, el marqués de Mataflorida, secretario del despacho de Gracia y Justicia, nombrado desde el año de 1819, y bien conocido por su adhesion y reconocimiento al gobierno absoluto y por sus prevaricaciones en el constitucional, comunicó al duque del Infantado, presidente entónces del Consejo de Castilla, el decreto siguiente: «Habiéndome consultado mi Consejo Real y de Estado lo conveniente que sería al bien de la monarquia *la celebracion de Córtes*, conformándome con su dictámen, *por ser con arreglo á la observancia de las leyes fundamentales*, que tengo juradas, *quiero que imediatamente se celebren Córtes*, á cuyo fin el Consejo dictará las providencias que estime oportunas para que se realice mi deseo, etc. Y lo traslado á V. E. de órden espresa de S. M. para inteligencia del Consejo, á fin de que *sin la menor demora* disponga lo necesario á que se realicen sus benéficas intenciones. Palacio 6 de marzo de 1820.»

Nada hay de nuevo ni estraño en el lenguage

del gobirno absoluto, ni en la marcha y término de estas resoluciones. Las monarquías combatidas por la arbitrariedad y despotismo suelen buscar las formas republicanas, creyendo hallar la tabla del naufragio en la convocacion de estados generales, dietas, cámaras, etc.; y las repúblicas trabajadas por la licencia y anarquía, toman las monárquicas, depositando el poder democrático en las manos de un dictador.

La ley del siglo XV, suprimida en la Novísima Recapitulacion mandaba reunir las Córtes, cuando ocurriesen *hechos árduos*. Respetándola José Napoleon quiso dar legitimidad y consistencia á su reinado con un simulacro de ellas en Bayona; y Fernando VII despojado, cautivo y rodeado de los enemigos que invadieron su reino en 1808, las mandó reunir por decreto de 5 de mayo de ese año. Y no pudiendo ignorar lo que rubricó despues en los que dejamos estractados, no era estraño asirse al áncora del mismo Congreso, que arrancó la corona de las sienes del usurpador y salvó el trono de la inundacion de los Franceses.

Visto es, que el desórden manifestado en las cláusulas literales de estos decretos y Reales órdenes, que como anteriores á la data de la revolucion, se hallan en la coleccion publicada de órden y á espensas de S. M. : visto es, repetimos, que el descrédito en que ellos mismos pusieron al gobierno bastaba para que *nadie le obedeciese*, como se dijo en la citada Real órden de 11 de abril, inserta en el tomo 4º de la Coleccion; y he aquí reconocida su nulidad y dispuesta su mudanza por el rey mismo, antes del 7 de marzo de 1820, sin que la *faccion impía y escandalosa* hubiese dado impulso á sus indicaciones espontáneas, ni tenido parte en el acuerdo de sus Consejos, ni en la conformidad con sus consultas. «El imperio está procsimo á su ruina, decia Soton, cuando el magistrado no obedece á las leyes, ni el pueblo al magistrado.»

En este dia 7 de marzo se publicó el decreto en que anunciaba S. M. haberse decidido á jurar la Constitucion de 1812, porque ésta, segun dice, era la voluntad general del pueblo. Luego se circuló el manifiesto firmado por S. M. á 10 del mismo mes, en que dijo : «que el progreso de las luces y los acontecimientos reservados á la generacion actual habían creado necesidades, á que era preciso amoldar las instituciones políticas : que mientras S. M. meditaba las variaciones (indicadas en 3 de marzo) se le hizo entender el anhelo de que se promulgase la Constitucion : que S. M. oyó los votos de los Españoles y adoptó las medidas para la pronta convocacion de Córtes y concluye diciendo : *Marchemos francamente y Yo el primero por la senda constitucional.* » No hubo pueblo en cuya plaza no se fijase este Manifiesto, ni papel público en que no se insertase, como la espresion mas sincera de los sentimientos de S. M. y como la ley suprema del Estado.

Siguióse el juramento de las tropas y el serenísimo señor infante don Cárlos en aquel acto público y solemne les dijo : « Soldados, el acto solemne con que á vista de vuestras banderas habéis declarado la mas firme adhesion á la Constitution política de la monarquía, os ha impuesto grandes obligaciones, al mismo tiempo que os ha abierto una brillante carrera donde alcanzéis gloria inmortal. Amar y defender la patria, sostener el trono y la sagrada persona del monarca : respetar las leyes : mantener el órden público : uniros á los demas españoles y concurrir con ellos al establecimiento del sistema constitucional : he aquí nuestras obligaciones sacrosantas : he aquí lo que el rey espera de vosotros y de lo que promete *daros ejemplo* vuestro compañero de armas.»

Despues se publicó la esposicion que el mismo señor infante elevó á S. M. diciendo: «tengo la honra de elevar á las reales manos de V. M. la esposicion adjunta, que para este fin me ha dirigido la brigada de Carabineros, cuyo mando debí á las augustas mercedes de V. M. Penetrado altamente de los mismos sentimientos que en ella se espresan, me apresuro tambien á unir mis ardientes votos con los de la brigada, felicitando à V. M. con el mas vivo entusiasmo por la magnánima resolucion que ha tenido, al oir los clamores de la nacion y darla su felicidad y gloria. Tal y tan grandiosa ha sido en efecto la resolucion de V. M. decidiéndose al restablecimiento del santuario de las leyes fundamentales que forman la sábia Constitucion de la monarquía española promulgada en Cádiz á 19 marzo de 1812. Los sínceros votos que la brigada transmite á V. M. serán constantemente sostenidos por ella. El honor y la disciplina de sus individuos son el mejor garante de su eterna fidelidad á las instituciones que han jurado y del ardor con que defenderán y observarán ciegamente los sagrados deberes que les imponen la patria la Constitucion y su amado monarca (3). »

Prosiguiéron despues las gacetas del gobierno dando á luz las contestaciones de Inglaterra, Francia y demas gabinetes á quienes se había participado la restitucion del sistema que había reconocido y ausiliado aquella Potencia desde el dia de su promulgacion : la Prusia á 20 de enero de 1814, la Rusia en 20 de julio de 1812, la Suecia á 19 de marzo del 1813, y la infanta Carlota Joaquina en carta de 28 de junio de 1812 (4); sin que alguna manifestase oposicion, ni desagrado, conservando todas sus respectivas legaciones; y el papa Pio VII, espresando en la de 30 de abril la complacencia y la esperanza que tenía de que la nacion española guardase la pureza de la Fé, y la esacta observancia de las *leyes eclesiásticas*.

Continuaron manifestando los regocijos de los pueblos: el magnífico aparato con que el déan y cabildo de la Iglesia primada de Toledo (de que era miembro don Victor Saez) solemnizaron el juramento de la Constitucion (5): las eshortaciones de los obispos para que sus diocesanos y viviesen *bajo el dulce imperio de la Constitucion*, como decia el de Mallorca (6) : llamándola el de Barbastro *baluarte de la religion, y base política de la monarquía, que aseguraba la felicidad de la nacion* (7). Continuaron refiriendo las funciones autorizadas y aun costeadas en Antequera por el obispo de Málaga (8).: las fiestas celebradas en los conventos (9) y el sin número de pláticas y sermones de los curas párrocos, que en aquellos primeros meses hicieron el panegírico del sistema constitucional (10) tomando la parte mas activa en la eleccion de cargos municipales y demas conducente á su pronta organizacion.

¡Como ni *los pueblos vejados con ecsacciones y apremios estraordinarios*; ni *las víctimas sacrificadas á las promesas del gobierno y envueltas en las miserias que se agolpaban á los oidos de S. M. sin dar lugar las unas á las otras*; ni los interesados en *los fondos particulares de que se echaba mano para salir de las urgencias del dia*, ni *los comprendidos en la ruina de los establecimientos mercantiles*, ni los perjudicados en *la venta de las cosas mas sagradas*: en *el entorpecimiento de la administracion pública*: en *las trabas de la agriclutura, comercio, é industria*; ni *las tropas que padecían grandes necesidades, sin utensilio ni cuarteles, ni la marina á quien faltaba lo mas preciso, ni los magistrados y casi todos los empleados que veían pasar dias y meses sin recibir nada de sus cortas dotaciones,* como ninguna de estas clases, ninguno de estos individuos podia tener empeño en sostener un *sistema ruinoso y falto de equidad;* un gobierno á *quien acompañaba el descrédito en todas sus operaciones, el entorpecimiento en la administracion de justicia, las dilapidaciones* y demas vicios, publicados por S. M. en los ya citados decretos! Cayó, como era natural, al leve impulso que produjeron los sucesos ocurridos en la ciudad de San Fernando, sin otro principio que el interés personal de las tropas, enseñadas en el año de 1814 á separase y destruir el gobierno establecido, el que les habia proporcionado tantos dias de gloria y esplendor.

Tales son las causas de la restauracion del régimen constitucional y no pudo nacer de otras la aceptacion aplauso y aquiescencia de todas las provincias.

Instaladas las Córtes y convencidas de que el eccesivo número de eclesiásticos dedicados á la salmodía; el cúmulo de capitales estancados en el clero : los desvíos de su primitiva institucion y la multitud de fundaciones religiosas esentas de la jurisdicion episcopal, eran las raices del abatimiento, de la miseria, despoblacion y ruina del territorio español y los obstáculos con que tropezaba la accion del gobierno, al tomar el camino de la felicidad pública, se propusieron desde luego allanarlos, restableciendo en sus primeras sesiones los decretos de las anteriores sobre la *supresion de prebendas* y otras piezas eclesiásticas; *abolicion del Santo-Oficio; voto de Santiago; reforma de monacales y enagenacion de sus bienes*, para atender con sus ventas y productos al alivio de los contribuyentes y á las necesidades del erario; debilitando al mismo tiempo la fuerza eclesiástica (11) que ve en Roma el gefe y el término de su carrera; y en España las legiones de regulares eséntos, organizadas y distribuidas en provincias para sostener ilesa la monarquía universal del papa, sin alguna sujecion, ni dependencia de la autoridad del príncipe secular (*). Así lo dice el

(*) «*Unum ex emolumentis, qaæ Regularium immunitas secum fert, in eo situm, quod auctocratem sedis Apostolicæ sustineat : cum in comperto sit, omne Monarchiæ regimen, quo sè illæsum tueatur, opus habere in singulis provinciis aliquo præ-*

cardenal Pallavicini en su *Historia del concilio Tridentino*, lib. 12, cap. 13, n° 8°; y Justino Febronio en su libro de *Statu Ecelesiæ*, dedicado á Clemente XIII, refiriéndose á estas Congregaciones, sentó en el cap. 9, § 8, n° 10, que Roma se servía de ellas como de guarniciones y ejércitos acantonados en reinos y provincias: *tanquam præsidiis, et militaribus copiis per omnia Regna et Provintias;* y asi lo hemos visto en las de España, testificado por el obispo de Córdoba en el dictámen citado al fin de la nota 12.

Aunque se quisiera prescindir de estas revelaciones y no dar crédito á cuanto dejáron escrito los reverendos obispos de Osma, Orense y Badajoz, Fr. Angel Manrrique, Fr. Francisco de Sosa, el P. Bricianos, don Mateo Lopez Bravo, Ramos del Manzano, don Pedro Hurtado de Alcocer, Castilla, Cerdá, Moncada, Navarrete y otros ilustres varones de virtud y letras sobre la desproporcion del número y rentas del clero, saltaría á los ojos comparando la situacion deplorable del estado secular, testificada por los precedentes decretos de S. M.,

valido præsidio ejusmodi subditorum, qui Principi per se, ac perpetuò illic dominanti nequaquam subjiciantur.»

con la riqueza y fausto de las catedrales, cuyas rentas anuales pasan de los 130,163,856 reales, que calculó Canga Argüelles, para mantetener esa turba immensa de capellanes de coro, músicos, monaguillos y demas que se nutren con el pasto agradable de la salmodía, estrechando á los párrocos (que suministran el mas necesario á sus obejas) á sufrir la enorme deduccion del diezmo de sus parroquias que con títulos de esceptuados, originarios, etc., se llevan los cabildos, sin contar con las rentas de fábricas y otras pensiones difíciles de averiguar.

El afan y los medios de aumentar la masa de rentas eclesiásticas son tan antiguos y conocidos, como las providencias dictadas para enfrenarlos. Los emperadores Arcadio y Honorio establecieron leyes prohibiendo hacer mandas y legados à las iglesias; y leyes tan justas, como que san Gregorio refiriéndose á ellas decía que solo se quejaba de haberlas motivado (*): y Posidio en la vida de san Agustin, cap. 24, refiere que este santo obispo no quiso aceptar los bienes dejados á su iglesia en perjuicio de los parientes del testador. Valenti-

---

(*) «*Nec de lege conqueror, sed doleo cur meruimus hanc legem.*»

niano promulgó la ley 28, tit. 2, lib. 16, Cod. Theodos. contra la ambicion de algunos eclesiásticos que andaban á caza de herencias de pupilos y viudas, grangeándose el odioso título de *heredipetas*. Los concilios de Tarragona y 2º de Braga tuvieron desde el siglo VI que prohibir á los obispos el tomar mas de la tercera parte de los productos parroquiales y el comerciar á los clérigos, disponiendo que no se recibiera precio alguno por la administracion de sacramentos; pues era tan eccesivo que algunos pobres se abstenían de bautizar á sus hijos, por no tener con qué pagar los derechos que se les ecsigía. Las actas de este concilio bracarense testifican así mismo otros abusos de los clérigos y abades en vender los vasos y ornamentos de las iglesias, invirtiendo su producto en usos familiares, dando motivo à las leyes 2 y 3, tit. 1º, lib. 5, del Fuero Juzgo, y á que los reyes tomasen á su cargo la conservacion de estos bienes y la proteccion de los cánones. Las mismas causas obligaron al rey don Sancho Ramirez de Aragon á solicitar del papa Alejandro II, la ecsencion del monasterio de san Juan de la Peña y de los demas de su reino, alegando par causa de esta perjudicial concesion la necesidad urgente de reprimir *la codicia de los obipos*. Por lo mismo mandó Alfonso VII en los fueros de Baeza, *que ninguno pudiera vender, ne dar á monges, ni á omes de órden raiz ninguna;* pues si bien *al principio se contentaban con poco aquellos religiosos por el menosprecio que profesaban de las cosas humanas, despues en poco tiempo par la ayuda que muchos á porfia les dieron, persuadidos que con esto servían mucho á Dios, juntaron grandes riquezas*, como dice Mariana, lib. 10, cap. 12, Hist. de Esp., añadiendo en el lib. 23, cap. 18, que *la avaricia se apoderó de la iglesia y con sus manos robadoras lo tenía todo estragado.*

Así se enriquecieron, contribuyendo no poco las ventas que, sin detenerse en precios, hacían los devotos cruzados para el apresto de la espedicion á los santos lugares; y así dieron lugar á la censura de los historiadores y á la multitud de cánones y leyes contra la frecuente simonía. Por estos conductos vino á España la inundacion de monasterios de benitos, bernardos, gerónimos, basilios, trapenses, cartujos, de conventos de mercenarios, trinitarios, agustinos, carmelitas, mendicantes, calzados, descalzos, hospitalarios, canónigos, clérigos reglares y demas institutos que gravitan sobre los miserables pueblos, debiendo á la devota generosidad de la Francia los monges que en el siglo XI vinieron de Cluni á sembrar los principios ultramontanos y poblar los monasterios de Leyre, Oña y san Juan de la Peña de claustrales, cuyo orígen y progresos pueden verse en la nota (12).

A la riqueza adquirida por tantos y tan diversos caminos, siguió la molicie y corrupcion de entrambos cleros. Los canónigos reducidos desde el reinado de Pipino à vivir bajo un techo y una mesa, como lo hacían en los tiempos de san Agustin, empezáron por la confusion del siglo de las *Teodoras y Marozias* á dejar la vida comun, apoyados, no en la autoridad de alguna concesion eclesiástica, sino en la inercia de los obipos y en el deseo de su propia disolucion que hizo sus costumbres mas reprensibles que las de los legos (*), como dice un celebre canonista, y lo cierto es que

---

(*) «*Canonici enim bonis aucti summa seculi decimi confusione, vitam communem relinquere cœperunt, non quidem Ecclesiæ auctoritate, sed disidia Episcoporum, et sua ipsorum malitia. In seculum autem reversi Canonici, omni vitiorum genere se ipsos conspurcarunt, evaseruntque ipsis laicis pejores.*»

profesando el celibato *lege ecclesiastica vel voto,* llegaron hasta el término de casarse con públicas amonestaciones, segun refiere el autor de la España sagrada. Estos escándalos tan repetidos, trajéron al cardenal Ricardo enviado por Gregorio VII, para reformar las costumbres de nuestros eclesiásticos cargados de mugeres, de hijos y del mal humor que les causaba el amago de la reforma que insultaron con sátiras y libelos infamatorios, haciendo necesaria la convocacion de los concilios de Burgos y de Jaca (*). Y esta corrupcion produjo el breve que en el año de 1103, espidio Pascual II diciendo á don Diego Gelmirez, arzobispo de Santiago : « Aquello de todo punto es indecente que en vuestra provincia, segun somos informados, moran juntamente los monges y las monjas. Lo cual debe procurar estorbar tu esperiencia para que los que al presente están juntos sean apartados en moradas muy diversas; y para adelante no se use de semejante libertad.» (Mariana, l. 10, c. 11, *Hist. de Esp.*) Siendo lo mas reparable que en las Córtes de Soria celebradas en 1380 tuviese que mandar

---

(*) « *Ob restaurandum S. Ecclesiæ statum nostris in partibus nostra, majorumque negligentia penè corruptum.* »

don Juan I, que las mancebas de los clérigos se distinguiesen de las mugeres honestas por un prendero de paño bermejo que les mandó traer sobre el tocado, como se vé en la ley 21, l. 1, tom. 3 y otras del ordenamiento Real, comprobantes de la insuficiencia de estas medidas, y que despues de tantos siglos de desórdenes y correctivos, no hubiesen desaparecido aquellos, pues segun refiere el mismo historiador, (l. 22, c. 20) don Rodrigo de Luna arzobispo de Santiago en el año de 1459 arrebató de las mismas bodas y fiestas una moza que se velaba para usar mal de ella, lo cual produjo una conmocion popular. Esto en la católica España; y en Ingleterra dice Baronio (tom. 13, ann. 1179 n° 14) que san Lorenzo, arzobispo de Dublin, había tenido que adoptar el medio de envíar por la absolucion del papa á los mismos clérigos convencidos de incontinencia, y que hubo remesa de 140 presbiteros lascivos ¿No era mejor haberles conservado los títulos y afectos de esposos y de padres, que escandalizar con un pecado, no conocido sino por la ley? Pero el celibato es la columna Atica, que conserva el *poder, riqueza, prestigio* y *dependencia* de Roma (13).

3.

El canónigo Marina, cuya ilustracion y franqueza no le permitían ocultar los vicios del estado á que pertenecía, en su prólogo à la *Teoría de las Córtes*, trazando el cuadro de estos malhadados siglos dice : «que la relajacion de costumbres había desfigurado la religion, contaminado el santuario y penetrado hasta los mismos asilos de la virtud; que los sacerdotes y los monges que predicaban à los fieles el desprecio de los bienes temporales y la procsimidad del fin del mundo, lejos de confirmar esta doctrina con el ejemplo, la desacreditaban con su conducta : que el clero aspiró ansiosamente al reino temporal : á acumular infinitas riquezas y á hacer una gran fortuna mundana, logrando poner en contribucion á todos los pueblos, substraerse de las leyes del Estado, influir en todos los asuntos de gobierno, sacudir el yugo de la jurisdiccion civil, estender prodigiosamente su autoridad, y usurpar en muchos puntos la del magistrado público, que este desórden se introdujo por grados, convirtiendo el clero la concesion gratuita, la gracia é indulgencia de los príncipes en una esencion legal, en un derecho irrevocable, sostenido con obstinacion y pertinacia con las armas espirituales y à veces con las temporales. »

Abatida la potestad secular con el trastorno de la disciplina eclesiástica, causado y sostenido por esa obra de tinieblas, que pasó nueve siglos sin el ecsámen y crítica que á fines del XVII vinieron à disiparlas; por esas decretales en que Isidoro Mercator (*) llegó á levantar la silla universal de Roma con mengüa y oprobio de la autoridad de los obispos, instituidos para gobernar la iglesia por el mismo Jesucristo (**), adoptadas por el interes de la curia romana y difundidas en las colecciones de Graciano, Gregorio III, Bonifacio VIII y Juan XXII las mácsimas que Fleuri llamó *nuevas* sobre el incremento de la autoridad pontificia (*Hist. ecles.*, l. 84, nº 42) como el cardenal de Luca llamó *antiguas* las que profesó san Pedro y los primeros papas, (*In Relat. curiæ Rom., disc.* 2, nº 37) é introducidos, con estas fatales innovaciones, los privilegios de los regulares crecieron estas órdenes con tal detrimento de

(*) « *Vera cum falsis permiscuisse non contentus, vera ipsa, quod gravioris flagitii est partim interpolando, partim augendo, minuendove fœdavit.* »

(**) « *Euntes in universum mundum predicate Evangelium quorum remiseritis pecata*, etc., etc. »

su instituto y perjuicio del Estado, que á peticion de los reyes católicos tuvo Alejandro VI que espedir el breve de 1497 autorizando al cardenal Jimenez para la reforma ó estincion de los claustrales de san Francisco, desviados ya de la voluntad espresa de su fundador, que presintió los males de los privilegios, ecsenciones y dependencia imediata de Roma (14). Pio V espidió otro breve sobre lo mismo; y el Consejo de Castilla en 1º de febrero de 1619 dijo á Felipe III : « que se tenga la mano en dar licencias para muchas fundaciones de religiones y monasterios y que se suplique á su Santidad se sirva poner límite en esta parte y en el número de religiosos, representándole *los grandes daños*, que se siguen de acrecentarse tanto estos conventos y aun algunas religiones, y no es el menor el que á ellas mismas se les sigue, padeciendo con la muchedumbre mayor relajacion de la que fuera justo, *por recibirse en ellas muchas personas, que mas se entran huyendo de la necesidad y con el gusto y dulzura de la ociosidad, que por la devocion que á ello les mueve*, fuera del que se sigue contra la universal conservacion de esta Corona, que consiste en la mucha poblacion y abundancia de gente *útil y provechosa para ella* y para el real servicio de S. M. cuya falta por este camino y por otros muchos, nacidos de diversas causas, viene á ser muy grande, de que están relevados los religiosos y las religiones en comun y en particular y sus haciendas que son *muchas y muy gruesas las que se incorporan en ellas,* haciéndose bienes eclesiásticos, sin que jamás vuelvan á salir, con que *se empobrece el estado de los seculares,* cargando el peso de tantas obligaciones sobre ellos (*).»

Cerca de un siglo despues, el fiscal de este mismo consejo, don Melchor de Macanáz, en su informe de 19 de diciembre de 1713 sobre los abusos de la curia romana dijo : « que el número de religiones y conventos que cada una de ellas tenía en España, era tan escesivo, que casi igualan sus individuos á los legos y han cargado con las haciendas, introduciendo tales modas de sacar dinero, frutos y todo género de bienes, que casi el todo de la monarquía viene á parar en ellos. »

En el mismo sentido había hablado el Consejo

(*) Gonzalez Dávila, Vida y hechos de Felipe III, lib. 2, cap. 86.
—Navarrete, Conservacion de Monarquías.

al devoto Cárlos II en las consultas que produjeron la ley 1 *de la Novísima Recop.* bajo el título de *Medios de reformar y reprimir la relajacion del estado religioso;* y otras resoluciones de cuya inobservancia resultó la ley 17, tit. 5 del mismo libro en que mandó Cárlos III, que por ningun caso se admitan instancias de manos-muertas para la adquisicion de bienes, aunque vengan *vestidas de la mayor piedad y necesidad;* y que el Consejo de hacienda siempre que vea este género de concesiones, ó se le pida informe sobre ellas, ántes de darles cumplimiento, ni informar, represente todas las órdenes dadas en contrario y los *intolerables daños* que se siguen á la causa pública, de que *á título de piedad mal entendida* se vaya acabando el patrimonio de los legos.

Tan intolerables, antiguos y conocidos fueron siempre en España, que en la ley de los Fueros de Soria se dispuso *que ninguno pudiese mandar de sus cosas á ningun herege, nin á ome de religion, desque hobiere hecho profesion.* En la de los de Cuenca (*), y en la de Nájera y otras se repitió lo mismo. Pero el Consejo de

(*) « *Quemadmodum ordo istis prohibet hereditatem vobis quoque forum, et consuetudo prohibitet cum eis hoc idem.* »

Castilla crée perdido el tiempo que se gaste en registrar los Fueros que descubren y señalan el remedio de estos males.

Ni puede atribuirse su procedencia á la índole y costumbres de nuestro suelo, cuando del mismo modo han aparecido en otras naciones. El soberano de Parma dijo, en su edicto de 25 de octubre de 1764: «ecsigiendo el bien público que se ponga remedio á la ilimitada afluencia de bienes que adquirieron las manos-muertas, las cuales particularmente de un siglo á esta parte se han hecho dueñas de una prodigiosa cantidad de los mejores y mas fértiles terrenos de estos estados, ademas de aquellos que en cantidad increible estaban dispuestos á transferirse por las disposiciones ya hechas y pendientes á su favor: despues de un maduro ecsámen sobre un objeto en que tanto interesa el bien público, hemos determinado, etc.» Y todos vieron el choque de estas determinaciones con la autoridad que se arrogó Clemente XIII mandado que los vasallos de Parma, Plasencia y Güastala no obedeciesen las leyes del soberano, (reconocido en el tratado solemne de Aquisgran) escomulgando sin escepcion ni ritualidad alguna á los autores de los edictos y reservando su absolucion à la **Santa Sede**; lo que produjo en Francia el acta de 26 de febrero de 1768 en que el Parlamento declaró *reos de lesa-magestad* á los reimpresores, tenedores y espendedores del breve: en España *el Juicio imparcial* que escribió Campomanes y en otras potencias el escandalo y movimientos hostiles que siguieron al monitorio y censuras.

La república de Venecia (que sirvió en otro tiempo de asilo y baluarte al pontífice Alejandro III, y despues de blanco á los furores de Clemente V) en la ley impeditiva de la amortizacion eclesiástica, promulgada á 22 de setiembre de 1767, decía: «que no habiendo tenido efecto las de los años de 1333, 1536 y 1605 dictadas con el objeto de mantener el equilibrio de la riqueza, como base de la tranquilidad y buen órden de cualquiera potencia, y evitar que los bienes raices de aquel estado pasasen á manos del clero, consideró el Senado que ya era preciso usar de medios mas eficaces para impedir el *daño gravísimo* que resultaba de la opulencia desmedida de los eclesiásticos.» En cuyo favor espidió Paulo V el monitorio que alarmó la república y por fortuna quedó pulverizado por las sábias plumas que lo censuraron, evitando consequencias semejantes á las del proyecto de Leon X para concluir el Vaticano á costa de la piedad de los fieles.

Por los años de 1753 se publicó en Francia una coleccion histórica de hechos demostrativos del sistema de independencia con que los obispos se opusieron en diversos siglos á los principios inalterables de la justicia del rey; y las maniobras de nuestros dias no lo manifiestan interrumpido.

Mas es superfluo buscar pruebas universales en la historia de paises estrangeros, cuando nuestras antiguas Córtes y códigos nacionales suministran las necesarias para demostrar el sistema, ó la tendencia constante de estos *parabolanos*, no solo á eludir, sino à tomar las armas contra las medidas que no se ajustan á sus deseos, reducidos á *amontonar riquezas: gozar de los placeres de la vida y sostener el vértigo y reputacion entre la muchedumbre,* como dijo san Juan Crisostomo, lib. 3, c. 15, *de Sacerdotio.*

Sin embargo de que el tercer concilio de Letran, en que se les ecsimió del pago de tributos ecsigidos sin mandato del papa, no fué admitido en España como puede verse en las actas de las Córtes de Guadalajara, en tiempo de don Juan I y en varias leyes del reino, no contentos todavía con enseñar y practicar la resistencia á los tributos reales, sirven de escudo á los defraudadores de las rentas del Estado. Alfonso VII les ecsimió de contribuir al fisco con la decima parte de los frutos de sus tierras: y en este y otros actos de generosidad, devocion, ó interes personal de los monarcas llegaron á fundar el derecho menos conforme al Evangelio y principios de equidad. Las leyes de la primera partida, vaciadas en testos apócrifos, arrollaron nuestra antigua constitucion eclesiástica; y á la sombra de ellas pretendieron ecsimirse, no solo de las contribuciones ordinarias, sino aun de los pedidos municipales para el reparo de las obras públicas. Y aunque el sábio don Alonso, don Enrique II y don Juan I en cédulas de 1268 y 1390 les impusieron la obligacion de pagar, nada pudo conseguirse, sino la resistencia y anatemas que solian fulminar contra los cobradores, segun se dijo en las Córtes de Zamora año de 1432; añadiendo en 1438 las de Madrigal « que sin embargo de sacar tanto, ó mas provecho que los legos de la construccion y reparo de los muros, puentes, cercas, etc., no querían pagar ni aun consienten ni quieren que paguen los sus familiares legos, *diciendo que son esentos ellos, é los dichos sus familiares, é por eso no dejan de aprovecharse de los bienes comunes segun que los otros legos; é si sobre ello alguna premia les es fecha, facen tantas fatigaciones, é descomuniones, é entredichos en los pueblos, que antes los dejan pasar con su intencion que no contender con ellos, nin ser descomulgados.»*

En el año de 1590 se les impuso y pagaron la contribucion de millones; y en el de 96 suscitó ya el canónigo Juan Gutierrez la especie de ser necesario el consentimiento del papa, debiéndose á la fanática condescendencia y política versátil de Felipe II el orígen de esta fatal intervencion.

La constancia con que estos abusos han atravesado siglos y opiniones, se vé en el dictámen que don Martin de Loinaz, dió al conde de la Ensenada sobre el perjuicio de las rentas provinciales. Alli se dice (§ 45 y siguientes) que el clero defraudaba las rentas de consumo, usando diversas medidas, y que resistía el pago de la contribucion de millones, lanzando escomuniones injustas, aunque suficientes para amedrentar y conseguir que el pueblo cubriese el *déficit*.

El consejo de hacienda, en real provision de 30 de abril de 1751, echó en cara á los prelados eclesiásticos el abuso de patrocinar el fraude de hermitaños y sirvientes seculares de las iglesias, sustrayéndose al pago de las contribuciones reales.

Por los impuestos escesivos conque se hallaban gravados los bienes de los legos y por la incapacidad absoluta de sobrellevarlos se celebró con la Santa Sede el concordato de 26 *de* setiembre de 1737, por el cual se convino en que todos los bienes que por cualquier título adquiriese cualquiera iglesia, lugar pio, ó comunidad eclesiástica, y que por tanto recayesen en mano-muerta, quedásen sujetos desde la fecha de la concordia al pago de los impuestos y tributos reales, que satisfacen los legos.

Publicado así por el nuncio apostólico, librados los avisos correspondientes y las órdenes para que las iglesias, lugares pios y comunidades eclesiásticas contribuyesen con los reales derechos por las nuevas adquisiciones, se retardó ocho años el cumplimiento á pretesto de las dudas satisfechas en la instruccion comprendida en la ley de Felipe V. Quince años despues, y á los veinte y tres de la data del concordato, llegando á saber Cárlos III el atraso en que se hallaba su observancia, publicó en cédula de 9 de junio de 1760 «los manejos y colusiones del clero, que fingía contratos, enagenaciones, etc., para ecsimir del tributo del Estado á los verdaderos dueños de los bienes; y no pudiendo (dice en la ley 15, l. 1, tit. 5, *novis. Rec.*) mirar con indiferencia que esté sin efecto el concordato, ni que mis vasallos seculares se hallen privados despues de tanto tiempo de un alivio que les procuró el amor de mi augusto padre, estando como estoy informado de que por mi Consejo de hacienda se dieron estrechas órdenes en los años de 45 y 46 à los intendentes, arzobispos y obispos con instruccion para que se dedicasen á su complimiento, y que sin embargo *nada se ha adelantado* en un negocio de tanta importancia y comun beneficio de mis vasallos, mandé que el Consejo repitiese las circulares, advirtiéndoles que estoy determinado á no permitir que se quede sin efecto este articulo del concordato, y á tomar á este fin todas las providencias que contemple precisas y propias de mi soberanía y de la obligacion en que me veo de atender al alivio de mis vasallos.»

Las causas que motivaron esta seria prevencion, se hacen mas notables si se atiende á la autoridad indudable que reside en el soberano de un Estado para gravar en justa y equitativa proporcion los bienes de sus súbditos en casos de necesidad y utilidad pública : al derecho de dirigir á ella todos los intereses y causas del reino; y si se recuerda, que los impuestos eccesivos que dieron lugar al concordato procedian en gran parte de las guerras emprendidas por Cárlos I y Felipe II para dilatar los términos de la iglesia romana y libertar la Italia de su ruina. Ellas agotaron las rentas y recursos de la corona, produjeron sus empeños y reagravaron los pueblos con las sisas, millones y otros impuestos que ya no les era posible soportar.

Sin salir de ese código de la Novísima Recopilacion, se vé á Enrique IV dictando providencias contra los continuos desórdenes escitados por los que debian dar ejemplo de mansedumbre y respeto á las legítimas autoridades y estableciendo la pena de estrañamiento del reino y pérdida de temporalidades contra los clérigos que *en adelante* formasen bandos, ligas ó parcialidades: á los reyes católicos promulgando las que debian sufrir los que se juntasen con los clérigos para quitar y apoderarse de los reos, cuando la justicia ordinaria los conducia á la cárcel ó al suplicio; y á Felipe II tomando medidas contra los atentados y violencias que acompañaban á la posesion de beneficios (*).

Por otra parte: el haber puesto á las leyes civiles en la necesidad de prohibir que los eclesiásticos seculares y regulares se mezclasen en pleitos y negocios agenos, ni aun á titulo de piedad; y mandar que no se permitiese con pretesto alguno vivir á los conventuales fuera de los claustros, hace ver la inobservancia de sus institutos (**); mas el hallar repetidas leyes, que testifican la falta de cumplimiento de aquellas y los males consiguientes á su infraccion, equivale á demostrar la hipocresía de los que, predicando y erigiendo en dogma religioso la ciega obediencia á los principes, eluden sus mandatos, buscando especiosos pretestos para sustraerse á su real autoridad.

(*) **Ley 3, tít. 12, lib. 1 de la Novísima Recapitulacion.** — Pragmática de 1493. — Cédula de 15 de octubre de 1560.

(**) « *Nemo militans Deo implicat se sœcularibus negotiis.* »

Bajo este aspecto los presentan todas las leyes del *tit.* 27, *lib.* 1º *de la Nov. Recop.* En la 1ª, sabiendo Cárlos II que muchos religiosos se introducían en negocios y dependencias del siglo, dispuso que fuesen totalmente escluidos de representar dependencias y negocios seculares; y noticioso Cárlos III de la infraccion de ésta y otras iguales resoluciones, mezclándose los eclesiásticos en pleitos y negocios temporales, con perjuicio público y de la Real hacienda, mandó en la 2ª que no se admitiera en los tribunales ni aun la sustitucion de sus poderes.

Dispuso Fernando VI en la 3ª: «que no se permitiese á los religiosos vivir fuera de los claustros, ni andar vagueando por los lugares; y el haber tenido Cárlos III que reproducirla y tomar en la 4ª varias medidas para su ejecucion, bastaría á convencer su inobservancia, si en la 5ª no se demostrara la tenacidad de eludirlas *por la frecuencia con que clandestinamente y de propia autoridad estableciéron los regulares hospicios y grangerías,* obligando á S. M. á decir en la 6ª (son sus palabras)» que atendiendo el Consejo al *sin número de espedientes tan ecsorbitantes* que ocurren en él, *por la infraccion que se esperimenta en los regulares* á las precedentes Reales disposiciones, encargó á las Chancillerías y Audiencias espidiesen estos negocios, dando las órdenes necesarias *para reducir á clausura los regulares,* ó para separarlos y á los clérigos de administraciones temporales. Y ahora con motivo de haber ocurrido el procurador general de agustinos recoletos, solicitando licencia para enviar un religioso á recoger los frutos de su hacienda y *teniendo presente que esta instancia y otras introducidas de igual naturaleza son un arbitrio para burlar las citadas Reales disposiciones,* y se dirigen á que no se mantenga en su vigor la disciplina monástica, y á *no apartarse de comercios y grangerías los religiosos con relajacion suya,* deshonor de su instituto y daño de los pueblos, á quienes usurpan esta industria; prohibo que en adelante puedan enviar los superiores regulares á ninguno de sus religiosos con pretesto de coger frutos, etc.»

Pero nada puede ecsistir tan degradante, escandaloso y ridículo como la reciente Encíclica de don Francisco de los Condes de Tiberio, Patricio de Rieti, Sabina y de la república de San Marino, Abad comendatario perpétuo de los santos Damian y Pastor, *nullius Dióces*, del colegio de Prelados Proto-Notarios apostólicos, refrendario de una y otra signatura, prelado doméstico de nuestro santísimo padre y *Señor* Leon, por la Divina Providencia, papa XII, arzobispo de Atenas, obispo asistente al sólio pontificio y de la Santa Sede, Nuncio apostólico en estos reinos de España, con facultad de legado *á latere*, etc., etc., fecha en Madrid á 21 de junio de 1828, é inserta en el tomo 13 de la Coleccion, y á par, de los decretos del rey, para manifestar en esta forma solemne y autorizada, la humillacion con que el primer secretario de Estado y del despacho don Manuel Gonzalez Salmon, había suplicado á su Eminencia, se sirviera prevenir al clero la observancia de las leyes del reino, y dar su permiso apostólico para que los empleados del resguardo pudiesen registrar las iglesias y conventos, convertidos en sementeras de tabaco, en depósito de géneros y efectos clandestinos y en güaridas de contrabandistas; y para que los dependientes de la Real hacienda reconocieran en las puertas de las ciudades los carros y equipages de los clérigos, del mismo modo que se registran los de todo vecino ó traficante sujeto á las órdenes generales. A lo que el M. R. nuncio tuvo la bondad de acceder con las restricciones que le plugo dictar, sin embargo de decir literalmente, que las contínuas prevenciones de S. M. no habían alcanzado á contener los eclesiásticos que abrigan ó encubren á los defraudadores ó contrabandistas.

Las Córtes á vista de los desórdenes inscriptos en la historia de los pueblos, y testificados de un modo tan terminante y cronológico por la legislacion del reino; atendiendo á los males, cuya progresion ha hecho del territorio español una colonia del clero, y á su rey un prolegado de Roma, que esprime toda la sustancia de la nacion y la oprime con el peso enorme de la ignorancia y de la supersticion, proveyéron y fomentáron el desestanco de sus bienes, la circulacion de sus rentas y la secularizacion de los conventuales.

La diseminacion de esta clase de súbditos: de estas fuertes guarniciones acantonadas en todas las provincias para sostener las Encíclicas de Roma con las armas poderosas del púlpito y del confesonario (15): la dispersion de estos soldados que reconocen *á Roma por patria comun,* como les enseña el ilustrísimo Devoti en sus instituciones canónicas y que *no están sujetos á la potestad secular,* como dice el cardenal Pallavicini : el desmembramiento de sus cuantiosos bienes, comunmente adquiridos *in articulo mortis* de los atribulados poseedores : las restricciones que iban debilitando su influjo y enervando su poder : los golpes que lo estenuaban : el haberse trasladado al ministerio de Gracia y Justicia y dado publicidad á la queja de los vecinos de Castejada (obispado de Palencia) sobre habérseles ecsigido en la curia eclesiástica 1500 reales, por diligencias prévias á una dispensa matrimonial, no obstante el cánon que dice que no debe llevarse nada (*), y sin embargo de estar declarandos pobres de solemnidad: la órden de 26 de octubre de 1820 en que dispusieron las Córtes que estos y todos los demas miserables quedásen en lo succesivo esentos de pagar derechos en las curias, como lo están y han estado siempre en los juzgados y tribunales civiles; y sobre todo la ley de 17 de abril de 1821, sancionada por S. M. á 15 de mayo siguiente, en que las Córtes interceptaron el oro y la plata que salía para Roma, en cambio del plomo que

---

(*) « *In contrahendis matrimoniis, vel nulla omnino detur dispensatio, vel raro idque, ex causa et gratis concedatur.* »

traen las bulas de arzobispados, obispados, capelos, dispensas matrimoniales, relajacion de votos, indulgencias, relíquias, oratorios domésticos, bulas de composicion y otros indultos y gracias apostólicas (16) consignando á su Santidad por vía de ofrenda voluntaria 9000 pesos fuertes cada año, sobre las cantidades señaladas en los anteriores concordatos: estas y otras disposiciones de igual naturaleza produjéron, como era de conjeturar, el disgusto de aquella curia, que, *está siglos ha con la nota de sumamente interesada*, (17) y el choque con todas sus fuerzas ausiliares, que destacaron las guerrillas de los *Merinos*, *Antones*, y *Trapenses* á vindicar con la espada de san Pablo el dinero que ya no podian guardar las llaves de san Pedro (*).

Posponiendo el lustre y dignidad de la nacion á la triste gloria de dominar en sus ruinas, empezáron su cruzada por degollar á sangre fria á un oficial y ocho soldados del regimiento de voluntarios de Cataluña, que sorprendiéron el dia 29 de mayo de 1821 en el sagrado monasterio de Arlanza, apagando en la sangre de estas víctimas la *cruz de fuego*, que

(*) «*Ut Helena Trojanis, sic iste hinc retpublicæ causa belli.*»

voló á fascinar las provincias. En ellas gritaron que la religion estaba perseguida, designáron los perseguidores, llenándolos de improperios y ecsecraciones. Se tituláron *defensores de la fé*. Sedujéron porcion de miserables, deslumbrándoles con el sostenimiento del altar y del trono. Se apandáron con los resentidos. Hiciéron causa comun con presidarios y salteadores de caminos. Obtuviéron muy pronto el apoyo y la cooperacion activa del gabinete francés, identificado con su causa. Estrecháron sus relaciones, lisongeáron los principios adoptados por la Santa Alianza en los memorables Congresos de Aix-la-Chapelle, Troppau, Laybach y Verona. Introdujéron la discordia y la licencia, valiéndose de la perfidia de los Regatos y demas demagogos, enviados á diseminarla en diversas provincias insultando la circunspecion y probidad de los que no estaban acordes con sus perversos designios. Inspiráron la desconfianza para debilitar y destruir la fuerza moral del gobierno, estrechándole á parecer ménos severo y circunspecto, que condescendiente y popular : y dando impulso y osadia à la venalidad de los *Zurriagos*, *Tercerolas* y otros infames folletos y periódicos que con sarcasmos y detracciones abusaron de la ciega credulidad, osáron persuadir que la moderacion era un crímen y una virtud la ecsaltacion, acompañada del denuesto y desacato; haciendo por otra parte resonar las mismas voces que sirvieron despues para redactar el decreto de la festividad eclesiástica que llamáron de *Desagravios al Santísimo Sacramento*, cuyas aras acostumbradas á la hostia de la reconciliacion, al dulce acento de la paz, de la mansedumbre y de la caridad cristiana, se estremecieron entónces, viéndose profanar por los gritos destemplados del resentimiento, del furor y de la venganza. Desplegando el carácter de Recafredo y renovando las persecuciones sostenidas por este prelado, vendido al trono de Abderraman II siguiéron el camino hollado por los obispos Tello de Valencia, Rodrigo de Sigüenza, Mendo de Osma, Pedro de Avila, Domingo de Plasencia, García de Tarazona y Berengario de Barcelona, que acordaron la matanza y esterminio de los habitantes de Ubeda, cuando rendidos á los vencedores de las Navas de Tolosa, ofrecian sus bienes en obsequio de la paz. Tomáron por modelo al arcediano de Ecija, Fernan Martinez, que so-color de piedad amotinó la plebe y quitándola el freno de la subordinacion á las autoridades constituidas la condujo con sus pláticas y sermones sediciosos á los horrores y atrocidades que sufrieron Córdoba y Sevilla en la minoridad de Enrique III; del mismo modo que amotinaron á los pillos de Triana y los Humeros que corrieron sin freno á robar cuanto encontraron el 13 de junio de 1823 en el barranco de Sevilla á la salida del gobierno constitucional, y del mismo modo que levantaron en Córdoba la partida titulada de *la Porra* acaudillada por un fraile capuchino y por el Manco de la Benamejí, anteriormente pregonado por salteador de caminos. Imitáron á los canónigos de Toledo Juan Alonso y Pedro Galvez, fautores de los incendios robos y violencias cometidas en aquella ciudad *á son de campana* el 26 de enero de 1443 : del mismo modo que se vió en 1823 robada por el filibustier que salió de las estercoleras de Ciudad-Real con el apodo de *el Ocho*, acompañado de un enjambre de vandoleros y de otro fraile capuchino que seguía la turba en un coche con su concubina y la del caudillo que volvió á la Mancha con mas de tres millones robados en las platerías de Toledo. Repitiéron las escenas de los frailes dominicos de Lisboa que en 1506 ecsaltaron la cólera y rapacidad de la plebe, llevándola bajo *el estandarte de la Fé* á saquéar las casas y degollar mas de dos mil personas quietas y pacíficas para vengar con sus bienes y con su sangre la injuria hecha á Jesucristo, en decir, que no era milagro el reflejo de un cristal colocado sobre la llaga de su efigie : del mismo modo que la animáron en todos los ángulos de la Península, saquéando á nombre de la Fé las casas, talando las haciendas de los constitucionales, y degollando á los que no creyeron que *el Ocho era un enviado de Dios para esterminar à los francmasones,* como predicaba el padre capuchino. Y llevando por todas partes la hipocresía el fanatismo, la codicia, la ambicion, resentimientos, venganzas, discordias, perfidias y asesinatos. ¿Pretenden todavía ser respetados como ministros de una religion que inspira candor, pureza, desprecio á las pompas y vanidades del mundo, indiferencia á las alabanzas y vituperios, compasion hácia los miserables, indulgencia con el prójimo, predileccion al enemigo, paciencia en las desgracias, moderacion en la prosperidad, odio al vicio y amor á las virtudes sociales?

Ella verá siempre con horror la felicitacion dirigida por el cabildo eclesisático de Málaga al general González Moreno, con motivo de la vileza y cobardía premeditada, con que ajustó la matanza de Torrijos y de sus 54 compañeros.

Tales fueron nuestros modernos Druïdas, cuya aparicion parece que estaba anunciada en los libros santos. «Vendrá tiempo, decía san Pablo, que será muy peligroso á los que entónces vivieren, porque aparecerán ciertos hombres que no guardarán la palabra dada, ni tendrán escrúpulo en calumniar; pérfidos, crueles, codiciosos, enemigos del bien y mas amigos de sus placeres que de Dios, aparentarán piedad, sin tener alguna en su interior, procurando ganarse buen concepto con su virtud esterior y compostura aparente, á fin de agregar otros á su modo de pensar y á su método de vida. Y facilitándose con capa de santidad la entrada hasta las piezas mas retiradas de la casa se grangearán el afecto de las mugeres inconsideradas, haciéndolas concebir diversos deseos. Yo os ruego, hermanos mios, que observéis bien á los que promueven disensiones, en las cuales no sirven á Jesucristo, sino á su vientre : que miréis bien à los que con palabras dulces y con bendiciones seducen el corazon de los inocentes. Ellos no tienen otro Dios que sus comodidades y su vientre; guardáos, hermanos mios, de los falsos apóstoles y doctores, que para atemorizaros están siempre declamando, así como los perros ladran á los que creen sus enemigos. » Y ostigados de su avaricia, añade san Pedro, procurarán ganar vuestro afecto con palabras artificiosas y despues que se lo hayan grangeado, os sacarán vuestros bienes. »

El eco de estos sibáritas, el *Memorial bordelés* de 29 de julio de 1822 en un artículo de reflecsiones sobre la situation de España se lamentaba diciendo : « El clero que es ya víctima de la revolucion conoce (mejor que la nobleza) la suerte que le amenaza y que amenaza á la religion. Así se puede contar *de seguro* con que la *oposicion del clero, será efectiva, general y aun universal.* He aqui el motivo porque los realistas armados toman el título de *Ejércitos de la fé.* Los párrocos conservarán siempre la mayor influencia entre labradores y artesanos y les será fácil oponer una resistencia eficáz, llevando al cabo una sublevacion general y *seduciendo* á los milicianos y á las pocas tropas constitucionales. »

El *Morning Chronicle* de 10 de agosto siguiente decía, que nada era mas natural que ver á los monges y frailes de España capitaneando las cuadrillas de bandoleros con el deseo de volver á la antigua holganza, que tambien aparecieron en Inglaterra estos *defensores de la Fé* cuando Enrique VIII destruía los monasterios; pero que ninguna nacion ha sufrido mas abusos religiosos que la española.

Miéntras las fracciones del partido apostólico, lanzadas de las fronteras de Navarra y Cataluña, se refugiaron en Perpiñan y Burdeos á llorar la funesta catástrofe ocurrida en Madrid el 7 de julio con los cuerpos de la guardia Real, y á esperar la invasion de los franceses para arruinar, envilecer y subyugar su patria, el caballero don Javier Burgos, *sub-prefecto de Almería,* nombrado por José Napoleon en pago de haber vendido al general Sebastiani la confianza y efectos que recibió de la Junta de Sevilla, y de los versos que publicó contra el marqués de la Romana, poniendo en ridículo á los que sostenían el honor y la independencia de su patria; *periodista* en el gobierno constitucional; comensal perenne todos los jueves y domingos de Zéa, Revenga y Echevarría, emisarios de la repúblíca de Colombia, á donde no se trasladó con ellos porque no quisieron despacharle en Madrid el diploma del alto empleo que les pedía; *intendente* de la creacion de 1824; *miembro de la Real Junta de Fomento y riqueza del reino; enviado á Paris* para acreditarla (en compañía del presbítero Miñano y del banquero Aguado) negociando empréstitos que los enriqueciéron, arruinándonos; *propietario de casas y haciendas* compradas despues del año de 1823, sin que le obstase para nada de esto la amonestacion que en una Corte pública le hizo el rey José en Valencia, sobre las quejas á que había dado lugar su manejo en la sub-prefectura, ni haber dicho en su Miscelánea de 10 de marzo de 1820, que el único bien que había hecho Fernando en los seis años de su reinado, fué jurar la Constitucion : este agiotista de créditos y opiniones dirigía *á los amantes del poder absoluto* las espresiones siguientes, que pueden verse en su periódico titulado *el Imparcial*, nº 305, correspondiente al dia 9 del mismo mes de julio de 1823. «Yo no califico vuestras opiniones, les decía; pero hay un hecho cierto, temible, inevitable, cuya fuerza tenéis que reconocer, y es que el mundo civilizado las ha abjurado ya. Llamád como queráis al actual esípritu de la sociedad. Llamádle impiedad, irreligion, sedicion, ó deslealtad. El nombre no importa; lo que importa es saber que la cosa ecsiste, y que los hombres del siglo XIX no quieren cadenas civiles ni religiosas. No quieren reconocer en los ministros del santuario mas autoridad que la espiritual que les confirió el Divino legislador de los cristianos. Los hombres no se matarán ya por asegurar la propiedad del cuchillo en la misma mano que ondéa el incensario. Estáis en minoria en el mundo culto y ¿os atrevéis á conspirar? No os seduzca el número de ignorantes é ilusos que habréis podido agabillar en ciertos instantes de delirio. La ignorancia y la ilusion son malísimos elementos de poder. Esos ilusos que arrastráis á la carnicería gritan al cielo contra vosotros. La religion os abomina, os desconoce, y si fuera posible que ella pereciese, querria mas bien perecer que ser defendida por vuestras manos sacrílegas que alternan con la immolacion de la víctima sagrada de piedad, el asesinato y la violencia. Dejád de invocar la religion. Ya no podéis engañar á nadie. La conservarán en nuestro suelo, no vuestros furores, sino la misericordia Divina y el carácter religioso de los españoles. El trono no tiene enemigos mas crueles que vosotros. Os proclamáis enemigos del desórden, y empezáis á destruir todas las garantias sociales en nombre del cielo. Enfin dejád ya de aspirar al mando. Se sabe el uso que habéis hecho de él cuando lo obtuvistéis y el que haréis, si volvéis á obtenerle. *Todos vuestros medios de gobernar se reducen á la hipocresia, al espionage y á la proscripcion.*»

Las Córtes que no necesitaban de estos Protéos, ni de semejantes apóstrofes para saber de un modo positivo que la oposicion del clero á las reformas de su número y rentas, confirmada por bula pontificia de 1º de agosto de 1823, reconocida y recompensada en el decreto de 22 de julio de 1824 y en otras varias resoluciones, era, como dijo el Memorial bordalés, *efectiva, general y universal*; y que trabajaba incesantemente en *seducir labradores y artesanos*, habian comunicado al ministerio de Gracia y Justicia la órden de 30 de abril de 1821, previniendo que se ecsigiese la responsabilidad á los arzobispos y obispos de Burgos, de Osma, Calahorra, Avila y demas, que habiendo *jurado* observar y sostener la Constitucion política, no dieron parte al gobierno de que algunos párrocos de aquellas diócesis, abandonando sus iglesias, andaban en las cuadrillas de facciosos convertidos en lobos de sus ovejas y en enemigos públicos del Estado: que sus prelados diesen cuenta justificada de las medidas que hubiesen adoptado para reprimir y cortar el escándalo que daban á sus feligreses. Que del mismo modo ecsigiese la responsabilidad á los prelados regulares que no dieron parte á los gefes políticos de los conventuales que salieron de sus claustros (*tanquam præsidiis, et militaribus copiis*) á aumentar el número de facciosos; y que constando á ciencia cierta sus discursos y voces subversivas, y siendo tan notorio, como funesto el abuso que hacian de su sagrado ministerio para fomentar la sedicion, se ecsigiese la responsabilidad mas estrecha á los obispos que dieran licencias de confesar y predicar á sacerdotes notoriamente desafectos al gobierno: *ejusmodi subditorum qui Principi dominanti nequaqnam subjiciantur.*

Pero el écsito de los alzamientos de Navarra,

Cataluña y Madrid, manifestó su impotencia y la necesidad de replegarse al centro de la coalizacion apoyada en los gabinetes estrangeros.

En Francia la revolucion de 1789 llegó á poner como en subasta las riendas del gobierno que fueron cayendo en diversas manos. El clero que no habia renunciado al espíritu de dominacion, amortigüada por las luces de los siglos posteriores á Pipino, Carlo-Magno, Gregorio VII, Inocencio III y Bonifacio VIII, concurrió entre los licitadores al reino temporal. Asi pasaron los Franceses del poder de Luis XVI á los sanculotes, destronados á su vez por la fuerza armada. A Napoleon siguieron las Cámaras, y los prelados Boulogne y Frayssinous (que en las ecsequias de Luis XVIII presentó la España entregada á la anarquia y á la enseñanza de mácsimas subversivas) descubrieron el cuadro de la soberanía eclesiástica, desplomada en los tres dias de julio de 1830.

El ilustre conde de Montlosier, realista y enemigo de licencias populares, en su *Memoria sobre el sistema religioso que se encaminaba á trastornar la religion, la sociedad y el trono*, trazando la conspiracion que observó en todos sus periodos, presenta el mismo orígen, la misma tendencia, la misma marcha, los mismos progresos, los mismos directores y agentes que aparecieron en España, acreditando que la conjuracion del clero contra el torrente del siglo era *efectiva, general y universal*, como dijo el Memorial bordalés, y lo confirma la adiccion al tratado de la Santa Alianza, *empeñada en destruir todo gobierno representativo, libertad de imprenta* y cuanto contribuya à la ilustracion de los pueblos; sin advertir que cuando decaen las letras, y los ingenios cultivados se apartan del camino recto, por necesidad se oscurece la ciencia del gobierno.

El honrado conde, siguiendo los pasos de la conspiracion que describe, recuerda que los jesuitas con la invencion de las Congregaciones, domináron la Alemania, Nápoles é Italia: que Génova las disolvió en 1604, sabiendo que se juraba en ellas no votar para la magistratura sino á sus miembros: que en 1716 se multiplicaron en Francia, ocupándose en seducir y prohijar soldados que juraban observar sus ritos misteriosos, sostener la bula *Unigenitus* y los derechos del papa. Que el gobierno descucubrió el hilo de esta trama y lo cortó reprendiendo al obispo de Poitiers y otros prelados mezclados en ella. Que en el consulado de Napoleon se publicáron diversas memorias, persuadiendo la utilidad de encargar la educacion de la juventud á una Congregacion religiosa: que bajo la direccion del superior de san Sulpicio, y á pretesto de fortificar la piedad de los fieles, se viéron reuniones religiosas protegidas por el cardenal Fesch, apareciendo los jesuitas bajo el nombre de *Padres de la Fé* (*): que en 1808 fundáron la Congregacion de la Vírgen, ampliada en tiempo de la restauracion y multiplicada por el calor de las felicitaciones de las ciudades de segundo y tercer órden. Y contraido á sus progresos en los dos últimos reinados, afirma que ella elevó á M. de Villéle al ministerio, haciendo entrar el ministerio en la Congregacion y la Congregacion en el ministerio, estrechado á llenar los empleos de congregantes que elevaron el vil espionage á un noble cargo de conciencia, resultando que los *ar-*

(*) En España no necesitaron de estos disfraces, y solo en el Colegio imperial de Madrid se cuentan ya las Congregaciones tituladas la Concepcion, la Natividad, la Anunciacion, la Buena muerte, la de san Estanislao de Koska, la de Estudios mayores y otras en que se ven filiados el duque de Villahermosa y gran multitud de fanáticos de todas clases.

tesanos, taberneros y lacayos regimentados (*) y al mando del jesuita Lueven (**), subyugáron á las clases superiores, propasándose á insultarlas. Que las ciudades del campo, oficiales de la corte y guardia Real, entráron por medrar en la liga, viendo con oprobio que un mariscal de Francia lleno de méritos y servicios no pudo conseguir una miserable subprefectura para su hijo, hasta que el cura del pueblo en que vivía recomendó la instancia al gefe de la Congregacion. Que ella contaba 150 miembros en la Cámara de los diputados, cuyo número fué en aumento, componiéndose sus fuerzas del partido jesuita, que tiene el centro en Roma: del ultramontano y de clérigos coligados para someter la sociedad civil al sacerdocio. Testifica haberse dicho en la Cámara, que el Estado no fundó la iglesia, sino la iglesia al Estado: y que recordando los tiempos en que ella decidía con autoridad soberana en materias temporales, se *proclamó la doctrina de que sus decretos no reciben autoridad, ni han menester el ecsequatur de los reyes* (***). Todo

(*) Como los realistas de España.
(**) Que equivale á Merino, al Trapense ó Mosen Anton.
(***) Véase la nota 40.

con el designio de aumentar las rentas eclesiasticas y elevar la iglesia al rango de una propietaria opulenta, como deseaba M. de Boulogne y el arzobispo de Besanzon. Añade este testigo intachable, que muchos personages pertenecientes mas á la profesion monástica que à la cristiana, se regocijaban y aplaudian estos absurdos : que la mayor parte de los obispos seguian la misma direccion, burlándose de los prefectos que no se atrevian á oponerse, ni á quejarse, temiendo el desaire de su autoridad, la indignacion del gobierno y el odio implacable de 48,000 individuos que contaba la Congregacion; cuyo sistema ya religioso, ya político, ya con ambos caracteres : unas veces misterioso, otras descubierto, dirigia por rumbos diversos el proyecto de trasladar al papa la corona y la libertad, pretendiendo mover la juventud con el resorte de la educacion y dominar á los incautos con la artería de sus gestiones y reglamentos. Y concluye anunciando que la Francia, viendo su gobierno á discrecion de clérigos y frailes, miraba procsima la caida del trono.

Por estos medios artificiosos creyéron llegar al colmo de la soberanía temporal, acordándose, acaso, de que Gregorio VII decia al obispo de Metz, que si la Santa Sede habia recibido de Dios el derecho de juzgar las cosas espirituales ¿porqué no lo habrá recibido tambien para juzgar las temporales? Pero conociendo que las armas de la seduccion y fanatismo habian perdido el temple en España, acordáron y consiguiéron subyugarla, invadiendo el territorio la fuerza estrangera, movida por el influjo de la Congregacion.

M. Canning en el discurso pronunciado en la sesion del 14 de abril de 1823 dijo en la Cámara de los Comunes, que de ninguna Potencia se esperaba ménos que de la Francia el rompimiento con la España, habiendo declarado solemnemente Luis XVIII el dia 5 de junio de 1822, al cerrar las sesiones: *que la estacion le obligaba á mantener el cordon sanitario en las fronteras*, añadiendo S. M. que *solo la malevolencia podria atribuir á otras causas la permanencia de aquellas tropas destinadas á precaver su territorio de la peste que sufría la Península*. Que bajo esta declaracion consignada en el discurso del trono, pronunciado á la faz del reino, no hubo motivo de recelar, ni de dar al lord Wellington instrucciones para oponerse en Verona á proposiciones hostiles contra la España : que no entendia las razones de invadirla, porque no habia cometido los eccesos y atrocidades que se vieron en Francia, ni ésta nacion, ni su ejército querian tal agresion, debida al influjo de cuatro ú cinco emigrados, contra el artículo adicional al tratado de 5 de julio de 1814 donde se estipuló: *que por ningun pacto de familia pudiera el rey Fernando VII comprometer la independencia de la nacion española.*

Sin embargo de todo, la Santa Alianza autorizó á sus plenipotenciarios Metternich, Chateaubriand, Brunet y Nesselrode para adicionar el tratado de la esclavitud de los pueblos ; y reunidos en Verona el dia 22 de noviembre de 1822 (*) firmaron los articulos siguientes :

1º Las altas Potencias contratantes convencidas de que el sistema de gobierno representativo es tan incompatible con los principios monárquicos, como la soberanía del pueblo con el derecho divino, se comprometen de la manera mas solemne á reunir sus esfuerzos *para poner fin al gobierno representativo en cual-*

(*) Despues de los sucesos de julio lo publicaron varios periódicos de Paris, como encontrado en el archivo secreto de relaciones estrangeras.

quier punto donde pueda ecsistir en Europa, é impedir que se introduzca en los Estados donde aun no es conocido.

2º No pudiendo dudarse que la *libertad de imprenta* es el medio mas eficáz para deprimir el poder de los príncipes, las altas Potencias contratantes prometen recíprocamente adoptar todas las medidas conducentes á *suprimirla, no solo en sus Estados sino tambien en el resto de Europa.*

3º Siendo evidente que los principios de la religion contribuyen poderosamente á mantener las naciones en el estado de obediencia pasiva que deben á sus príncipes, las altas Potencias contratantes declaran tener intencion de *sostener* en sus Estados respectivos *las medidas que adopte el clero con el fin de mejorar sus propios intereses,* íntimamente unidos á la conservacion de la autoridad de los príncipes. Las Potencias contratantes dan *gracias al papa por lo que ha hecho ya acerca de esto.*

4º La situacion de España y Portugal reune desgraciadamente todas las circunstancias relativas á este tratado (*es decir que se hizo para ellas*). Las altas Potencias contratantes, confiando á la Francia el cuidado de terminarlas, se empeñan en asistirla del modo que se comprometan lo ménos posible con sus pueblos y con el de Francia por medio de un subsidio por parte de los dos imperios de 20 millones de francos cada, año principiando á contar desde el dia de la firma de este tratado hasta el fin de la guerra.

En el articulo 5° se resuelve restablecer en la Península el gobierno absoluto de 1820 y en el 6° se indican algunas precauciones.

Ratificados los artículos anteriores en el término de dos meses fijados en el 7° y último, Luis XVIII en el discurso leido el 28 de enero de 1823 en la apertura de las Cámaras anunció « que ya había mejorado la situacion del reino, concluyendo con el papa los convenios de crear nuevos obispados : que todas las iglesias tendrían pastores por cuyas manos recibiría la Francia los beneficios de la Providencia, no pudiendo los pueblos prosperar sino en el seno de la religion amenazada de peligros originados por las calamidades de España : que no habiendo podido alejarlos con las medidas hasta entónces adoptadas (*púlpitos, confesonarios, seducion, armamento en las fronteras*, etc., etc) había mandado retirar su embajador de Madrid : que 100,000 Franceses, mandados por un príncipe de su familia marchaban invocando al Dios de san Luis para conservar en el trono á un nieto de Henrique IV, y que solo emprendia la guerra por conquistar una paz que hacia imposible el estado de España. » Y asi acreditó la *malevolencia* de que se habló en su anterior discurso Real.

En el periódico que se publicaba en Paris, con el título de la *Bandera blanca* se manifestó el objeto de esta brillante cruzada, insertando la accion de gracias que el fraile trapense Antonio Marañon dirigió *Al muy alto y muy poderoso príncipe monseñor duque de Angulema* diciendo : sean para siempre alabados los incomprehensibles decretos del Altísimo. Cuan reconocidos no debemos estarle por el insigne favor que nos dispensa, mandándonos un ángel tutelar que *nos librará del azote* del ateismo y de la impiedad que los modernos filósofos, los jacobinos y los jansenistas han introducido en nuestra patria. Oh príncipe magnánimo! *Vais á destruir la cizaña que se ha multiplicado en el campo del señor!* etc.

Hé aquí uno de los órganos principales y el primer ensayo de la Congregacion que introdujo la discordia en las fronteras y la sostuvo y animó, proporcionando 22 millones de francos á las facciones de Navarra y Cataluña y cerca de 12 mas á la regencia de Madrid de que proceden los 128 millones de reales que está pagando el miserable pueblo en recargo de la contribucion de paja y utensilios. Hé aquí los promovedores y estímulos de la reaccion aniquilada, en cuyo lugar vino á subrogarse el cordon sanitario, que á pesar de las protestas y seguridades dadas por Luis XVIII el dia 5 de junio de 1822 se transformó el 28 de enero siguiente en ejército de operaciones que invadió el reino, so-color de preservarle de su ruina y protegerle, mejorando la posicion de clérigos y frailes, como Beltran Claquin la de Enrique el bastardo, condujo al héroe del Trocadero hasta la vista de Cádiz, donde el rey Fernando firmó y publicó el siguiente

MANIFIESTO.

« Españoles, — Siendo el primer cuidado de un rey el procurar la felicidad de sus súbditos, é incompatible ésta con la incertidumbre sobre la suerte futura de la nacion y de sus individuos, me apresuro á calmar los recelos é inquietud que pudiera producir el temor de que se entronize el despotismo ó de que domine el *encono de un partido.*

« Unido con la nacion he corrido con ella hasta el último trance de la guerra; pero la ley imperiosa de la necesidad obliga á ponerle un término : en el apuro de estas circunstancias solo mi poderosa voz puede ahuyentar del reino las venganzas y las persecuciones : solo un gobierno sábio y justo puede reunir todas las voluntades y solo mi presencia en el campo enemigo puede disipar los horrores que amenazan á esta isla gaditana, á sus leales y beneméritos habitantes y á tantos insignes españoles refugiados en ella.

« Decidido pues á hacer cesar los desastres de la guerra, he resuelto salir de aquí el dia de mañana; pero ántes de verificarlo, quiero publicar los sentimientos de mi corazon, haciendo la manifestacion siguiente :

« 1° Declaro de mi libre y espontánea voluntad, y prometo bajo la fé y seguridad de mi real palabra, que si la necesidad ecsigiere la alteracion de las actuales instituciones políticas de la monarquía, adoptaré un gobierno que haga la felicidad completa de la nacion afianzando la seguridad personal, la propiedad y la libertad civil de los españoles;

« 2º De la misma manera prometo libre y espontáneamente, y he resuelto llevar y hacer llevar á efecto, un olvido general, completo y absoluto de todo lo pasado, sin ecepcion alguna para que de este modo se restablezca entre todos los españoles la tranquilidad, la confianza, tan necesaria para el bien comun y que tanto anhela mi paternal corazon;

« 3º En la misma forma prometo que cualesquiera que sean las variaciones que se hagan serán siempre reconocidas, como reconozco, las deudas y obligaciones contrahidas por la nacion y por mi gobierno bajo el actual sistema;

« 4º Tambien prometo y aseguro, que todos los generales, gefes, oficiales, sargentos y cabos del ejército y armada, que hasta ahora se han mantenido en el actual sistema de gobierno, en cualquiera punto de la Península, conservarán sus grados, empleos, sueldos y honores. Del mismo modo conservarán los suyos los demas empleados militares y los civiles y eclesiásticos que han seguido al gobierno y á las Córtes, ó que dependen del actual sistema; y los que por razon de las reformas que se hagan no pudieren conservar sus destinos, disfrutarán á lo ménos la mitad del sueldo que en la actualidad tuvieren;

« 5º Declaro y aseguro igualmente, que así los milicianos voluntarios de Madrid, Sevilla y de otros puntos que se hallen en esta isla, como cualesquiera otros españoles refugiados en su recinto que no tengan obligacion de permanecer por razon de su destino, podrán desde luego regresar libremente á sus casas ó trasladarse al punto que les acomode en el reino con entera seguridad de no ser molestados en tiempo alguno por su conducta política, ni opiniones anteriores; y los milicianos que lo necesitaren obtendrán en el tránsito los mismos ausilios que los individuos del ejército permanente. Los españoles de la clase espresada y los estrangeros que quieran salir del reino podrán hacerlo con igual libertad y obtendrán los pasaportes correspondientes para el pais que les acomode.

« Cádiz 30 de setiembre de 1823.

« FERNANDO. »

Es forzoso convenir en que sin embargo de estar reconocida en el derecho público y por las leyes del decoro y probidad la obligacion de cumplir esta especie de pactos, el partido apostólico, que vió tan procsima la destruccion de su predominio en la baja de sus rentas y dispersion de sus fuerzas debia rechazarlo, por mas justo, político y decoroso que fuera, observándole se habria seguido la doctrina de san Agustin (*); pero se habría perdido la turba de empleados, que nacieron á la sombra del ejército francés con la necesidad de sucumbrir al antojo de sus protectores ; y se habria perdido el provecho de los embargos y confiscaciones decretadas contra los bienes de los constitucionales. Por esto se vió siempre inflecsible con los que podian reclamar las consideraciones de la patria y la gratitud del monarca qor quien derramaron su sangre, é indulgente con los que entónces se prostituyeron ayudando á la usurpacion del trono de Fernando que afectan ahora sostener.

Es sabido que redactado este manifiesto por uno de los secretarios del despacho (cuyo original ecsiste) S. M. lo ecsaminó suprimió y

---

(*) «*Fides enim quando promittitur, etiam hosti servanda est, cantra quem bellum geritur*»

adiccionó lo que tuvo por conveniente; y es un hecho público y notorio, que habiendo arribado al Puerto de Santa María el dia siguiente 1º de octubre y pasado á la casa de su alojamiento, se agolpó en la calle Larga una muchedumbre de gente, aclamándole y pidiendo que se dignara salir al balcon, desde el cual contestó á las aclamaciones, esparciendo entre la multitud por sus Reales manos algunos ejemplares del mismo manifiesto y diciendo: *Eso es lo que he ofrecido y lo que estoy resuelto á cumplir;* y el pueblo oyéndolo y redoblando sus *vivas* se retiró tranquilo y satisfecho de su Real bondad.

No bien se habia concluido esta alegre jornada con la mas pública y solemne ratificacion del pacto, cuando el canónigo don Victor Saez, ministro de Estado, hecho por la regencia de Madrid y enviado á dirigir el trono de san Fernando, se presentó al rey, nó para manifestarle lo digno que era de su clemencia el librar de infortunios ese gran número de españoles desgraciados, y lo propio que era de su sabiduría el preveer que la calamidad de muchos es la calamidad del Estado, sino para abrir la escena del poder absoluto, diciendo á S. M.

mas como visir turco, que como sacerdote católico :

...... Ne rougissez point : le sang des Ottomans
Ne doit point en esclave obéir aux serments

. . . .

Et d'nn trône, *si saint* la moitié n'est fondée
Que sur la foi promise, et rarement gardée (*).

Y en seguida le llenó de temores, desconfianzas y conjuros, estrechándole á rubricar este:

DECRETO.

« Bien públicos y notorios fueron á todos mis vasallos los escandalosos sucesos que precedieron, acompañaron y siguieron al establecimiento de la *democrática* Constitucion de Cádiz en el mes de marzo de 1820 : la mas criminal traicion : la mas vergonzosa cobardía, el desacato mas horrendo á mi Real persona, y la violencia mas inevitable, fueron los elementos empleados para variar esencialmente el gobierno paternal de mis reinos, en un *código democrático, orígen fecundo de desastres y desgracias.* Mis vasallos acostumbrados á vivir bajo leyes sábias, moderadas y adaptadas á sus usos y costumbres y que por tantos siglos habian hecho felices á sus antepasados, dieron

(*) BAJACET *de Racine.*

bien pronto pruebas públicas y universales del desprecio, desafecto y desaprobacion del nuevo régimen constitucional. Todas las clases del Estado se resintieron á la par de unas instituciones, en que preveían señalada su miseria y desventura (18).

Gobernados tiránicamente en virtud y á nombre de la Constitucion, y espiados traidoramente hasta en sus mismos aposentos, ni les era posible reclamar el órden ni la justicia, ni podian tampoco conformarse con leyes *establecidas por la cobardía* (19) y la traicion, sostenidas por la violencia y *productoras del desórden mas espantoso, de la anarquía mas asoladora y de la indigencia universal.*

El voto general clamó por todas partes contra la *tiránica* Constitucion: clamó por la cesacion de un código *nulo* en su orígen, *ilegal* en su formacion, *injusto* en su contenido: clamó finalmente por el sostenimiento de la *santa religion* de sus mayores: por la restitucion de sus leyes fundamentales, y por la conservacion de mis legítimos derechos que heredé de mis antepasados, que con la prevenida solemnidad habian jurado mis vasallos.

No fué estéril el grito general de la nacion:

por todas las provincias se formaban cuerpos armados (20) que lidiaron contra los soldados de la Constitucion : vencedores unas veces y vencidos otras, siempre permaneciéron constantes á *la causa de la religion* y de la monarquía : el entusiasmo en defensa de tan sagrados objetos nunca decayó en los reveses de la guerra; y prefiriendo mis vasallos la muerte á la pérdida de tan importantes bienes, hicieron presente á la Europa con su fidelidad y constancia, que si la España había dado el ser y abrigado en su seno á algunos desnaturalizados hijos de la *rebelion universal*; la nacion *entera* era religiosa, monárquica y amante de su legítimo soberano; *la Europa entera,* conociendo profundamente mi cautiverio y el de toda mi real familia, la *mísera situacion* de mis vasallos fieles y leales y las mácsimas perniciosas que profusamente esparcian á toda costa los agentes españoles por todas partes, *determinaron* poner fin á un estado de cosas que era el escándalo universal, que caminaba á trastornar todos los tronos y todas las instituciones antiguas cambiándolas en irreligion y en inmoralidad.

Encargada la Francia de tan *santa* empresa,

en pocos meses ha triunfado de los esfuerzos de todos los rebeldes del mundo reunidos por desgracia de la España en el suelo clásico de la fidelidad y lealtad. Mi augusto y amado primo el duque de Angulema, al frente de un ejército valiente, vencedor en todos mis dominios, me ha sacado de la esclavitud en que gemía restituyéndome á mis vasallos fieles y constantes.

Sentado ya otra vez *en el trono de San Fernando* (21) por la mano sábia y justa del Omnipotente, por las generosas resoluciones de mis poderosos aliados y por los *denodados esfuerzos* de mi amado primo el duque de Agulema y su valiente ejército (22) deseando proveer de remedio á las mas urgentes necesidades de mis pueblos y manifestar á todo el mundo mi verdadera voluntad en el primer momento que he recobrado mi libertad, he venido en decretar lo siguiente : 1° son nulos y de ningun valor todos los actos del gobierno llamado constitucional, (de cualquiera clase y condicion que sean) que ha dominado en mis pueblos desde el dia 7 de marzo de 1820, hasta hoy 1° de octubre de 1823, declarando, como declaro, que en toda esta época he carecido de libertad, obligado á sancionar las leyes y á espedir las órdenes, decretos y reglamentos que contra mi voluntad se meditaban y espedian por el mismo gobierno: 2° apruebo todo cuanto se ha decretado y ordenado por la junta provisional de gobierno y por la regencia del reino, creada aquella en Oyarzun el dia 9 de abril, y ésta en Madrid el dia 23 de mayo del presente año, entendiéndose interinamente hasta tanto que instruido competentemente de las necesidades de mis pueblos, pueda dar las leyes y dictar las providencias mas oportunas para causar su verdadera prosperidad y felicidad, objeto constante de todos mis deseos. Tendréislo entendido y lo comunicaréis á todos los ministerios.—Rubricado de la Real mano.—Puerto de Santa-Maria 1° de octubre de 1823.—A don Victor Saez.»

El lenguage de este desconcertado y furibundo decreto (que se pudo haber sellado con el *Irurac-vat, ó tres en uno* de Guipuzcoa) y la atropellada, pero irrevocable aprobacion de cuanto se habia dispuesto en Oyarzun y en Madrid, bajo el poder y dominacion estrangera, sin que S. M. hubiese tenido siquiera medio dia para hojear el registro de sus resoluciones, junto con la naturaleza de ellas, bastan para conocer la identidad del *Canónigo* con la *Junta y Regencia* y todo el fondo de estos acontecimientos. Se ha visto ya en lo que dejamos espuesto la necesidad y la deliberacion de mudar la forma del gobierno, mandando el rey convocar las Córtes á consulta de sus Consejos. Se ha visto la mudanza efectiva : los encomios de todas las clases del Estado, empezando por el que entónces era heredero presuntivo del trono, y el reconocimiento de las potencias que conservaron sus legaciones. Se ha manifestado igualmente el disgusto y la pugna de los intereses del clero, por haberse cegado la rica mina de las dispensas, que debian darse *raro ex causa et gratis* y haberse suprimido algunas prebendas, é institutos monacales. Se han visto levantar los coriféos interesados en paralizar estas reformas saludables y precisas : las seducciones con que los inocentes pueblos fueron arrastrados á la coyunda y los gabinetes estrangeros á prestar sus brazos á la opresion. Se ha visto en fin el triunfo de la milicia romana : veamos ahora el resultado necesario, ó sus consecuencias.

PERSECUCIONES Y DESPOJOS.

Fulminada la proscripcion de los que siguieron francamente á S. M. por la senda constitucional, creyendo *en la fé de su Real palabra*, en la sinceridad de sus demostraciones públicas : en la proclamas de su augusto hermano : en las pastorales de los reverendos obispos : en las ecsortaciones de los párrocos : en las felicitaciones de comunidades religiosas y establecimientos literarios : en el entusiasmo de la nacion entera y en la libertad con que el rey dió y negó la sancion á las leyes ; ya no pensó el canónigo Saez sino en estenderla y perpetuarla, tirando todas las líneas para dejar al rey, como sitiado dentro del círculo de sus parciales. Incomunicado de esta suerte, consiguieron desnudarle de la investidura de gefe supremo de la nacion, erigiéndole en cabeza del partido que, por alhagarle, sustituyó al nombre de *la fé* el de *realista*, dejando el reino convertido, como era natural, en un semillero de sediciones y discordias. Desde aquel momento empezaron los conjuros y anatemas. No se oyó mas voz que la de la persecucion y esterminio, pronunciada por energúmenos que con el Cristo en la mano, escitaban el pueblo á clavar el puñal asesino en el corazon de sus hermanos ; y no pocos fueron víctimas de aquel infando frenesí. El gobernador eclesiástico de la diócesis de Barcelona, reprendiendo estos eccesos en circular de 25 de noviembre de 1823, dijo : *que se había profanado la cátedra del Espíritu Santo con espresiones bajas, escitando al odio y á la venganza.*

Y para hacer eviternos é impenetrables los misterios de la colusion y tiranía, se acudió desde luego á rafearla con una junta secreta de Estado, erigida en virtud de órden reservada y compuesta de varios eclesiásticos entre los cuales se halló el rector del hospicio de Madrid, don José Salomé, canónigo de Granada, capaz de prestarse á todo género de manejos, y por consiguiente el mas á proposito y necesario para desempeñar la plaza que se le confirió de secretario.

El objeto principal de este conciliábulo, que dejó en pañales los tiempos mas florecientes de la suspirada Inquisicion, fué la formacion de un padron en que apareciesen clasificados con nombres, apellidos, empleos ú ocupaciones, todos los que pertenecieron á sociedades secretas de masones, comuneros, etc., y los que se quisieran reputar por tales para asegurar las pretensiones é intereses del partido, ó satisfacer el resentimiento personal de sus miembros. Los materiales que sirvieron á levantar la obra fueron: 1° varias listas de nombres simbólicos que entregó un corredor de oreja (Rodriguez, conocido por el tocinero) por cuyo servicio fué nombrado administrador de la aduana de Valencia: 2° otras listas remitidas de las provincias y formadas con mas ó ménos confusion y acrimonia por los clubs de conspiracion, dependientes de don Antonio Ugarte Larrazabal (*): 3° delaciones particulares, sin prueba, ni justificacion alguna: 4° las revelaciones del pérfido Regato: 5° las de diferentes

---

(*) Parece increible que este agente del absolutismo, tan soez como Chamorro y tan estúpido como Calomarde, llegase á ser el árbitro de los ministerios y de la suerte de los españoles. Destinado por la ingrata rivalidad de Zéa Bermudez (á quien puso en zancos) á la embajada de Turin, pasó despues á Florencia; se presentó al gran Duque, y como no sabía otro idioma que el que oyó hablar á su madre, pronunció, cual pudo, una tosquísima arenga, saboreándose con la especie de *que era un amigo de S. M. católica*. Y al oir las sandeces con que entretuvo á los espectadores, un diplomático italiano, revestido del carácter sacerdotal, dirigió la palabra á uno de los que asistieron á la ceremonia, preguntándole, «*Cavalliere é questo quello Don Antonio che commandaba nei Consigli di S. M. catolica?*» y habiéndosele respondido: «*Eccelenza si è lo steso*» el diplomático esclamó: «*Povera Nazzione! Povera Spagna!*

sugetos que se espontanearon y que conservando el espíritu de la secta, en medio de aquella violentísima coaccion, delataron falsamente á muchos que no pertenecian á ella, por cumplir con lo que se les ecsigia y ocultaron los nombres de sus verdadores compañeros: 6° los informes reservados pedidos á los de la pandilla, ó dados oficiosamente por ellos: 7° las indicaciones ó inducciones de diversasas causas y las conjeturas y juicios parciales de los coligados: 8° el Confesonario.

La inecsactitud de estos datos ha hecho comparecer como masones y comuneros las personas que no lo habian sido, dejando de anotarse millares de las que realmente lo fueron. Pero el respeto y veneracion que inspiraba este libro verde en todas las secretarías del despacho fué tal, que ningun mérito, ni servicio, ninguna razon, ningun convencimiento ha podido contrastar la decision inecsorable de sus hojas sibilinas (23).

El mismo dia 1° de octubre de 1823 quedó disuelta la compañía de alabarderos que habia acompañado á S. M. desde Madrid y que siempre se halló dispuesta á sacrificarse por la seguridad de su Real persona. Sus individuos escogidos, como era costumbre, de los sargentos mas acreditados por su valor y buena conducta en el ejército, quedaron por decreto de este dia, reducidos á la mas deplorable indigencia, en remuneracion de sus antiguos y acreditados servicios: el defensor de Tarifa don Francisco Copons y Návia sufrió la misma suerte y porcion de familias beneméritas (24) debieron en este dia su horfandad y desolacion a *la insigne virtud, ciencia, y prudencia* atribuida á este *Juan sin piedad* en el decreto de 4 de octubre, en que es nombrado confesor de S. M. con retencion del ministerio de Estado y ejercicio libre del universal.

Para hacer al rey mas inaccesible al clamor y lamentos de los desgraciados se mandó por decreto de este dia que ningun individuo de las Córtes, Consejo de Estado, tribunal supremo de justicia, secretarias del despacho, comandantes generales, gefes ú oficiales de la milicia nacional, pudiese permanecer á cinco leguas del tránsito de S. M. á la Corte, prohibiéndoles para siempre la entrada en Madrid y sitios reales al radio de quince leguas.

Resolvióse luego la ecsoneracion de todos los empleados que habian seguido *la marcha* de S. M., negándoles todo género de socorro, aun cuando lo pidiesen á cuenta de sueldos devengados (*Decret. de 7 y 17 de noviembre*).

Los individuos del resguardo militar, acreditados en la anterior campaña de la independencia, quedaron depuestos con prevencion de que ni aun interinamente volviesen á sus destinos, por haber cumplido las órdenes del gobierno que reconocieron y juraron, cuando lo hizo el rey y toda la nacion (*Decr. de 7 de noviembre de* 1823, *y de* 8 *de marzo de* 1824).

Mandóse despojar de sus propiedades á los regidores hereditarios que hubiesen dado, *muestras de adhesion* al sistema constitucional y fueron reemplazados por los que designaron los curas ó frailes del pueblo respectivo, á quienes se piden infaliblemente los informes para la confimacion de estos cargos municipales (*Decr.,* 13 *de julio de* 1823).

Establecióse *por base* para la ecsoneracion de militares y empleados el conceptó que habian tenido *de adhesion al gobierno* á quien sirvieron (9 *de agosto* 1824) pudiendo hablar impunemente sobre este concepto cuanto quisieran los escogidos informantes, libres, no solo de toda reconvencion y responsabilidad, sino asegurados con el ofrecimiento de ocultar sus nombres y quemar sus escritos para que en ningun tiempo puedan manifestarse las calumnias.

Mandáronse borrar perpétuamente de la lista militar los bizarros regimientos de Guadalajara y Lusitania, (tan distinguidos en la guerra de la independencia) por haber rechazado á los bandidos acaudillados por el francés Bessieres en las puertas de Madrid, libertando la poblacion de los saquéos y violencias de aquella horda de foragidos, á cuyo maléfico influjo debió su destitucion absoluta el benemérito teniente general don José de Zayas (*Decreto* 3o *de mayo de* 1823).

Decláronse inhábiles para obtener destinos y usar armas (aun siendo nobles autorizados por las leyes) los milicianos nacionales y los que pertenecieron á sociedades secretas (23 *de julio de* 1823, *y* 4 id. *de* 1825) indultando á estos en el caso de delatarse voluntariamente ante *los obispos, ó sus vicarios* (25 *de setiembre* de 1824) quienes lo comunican á las autoridades respectivas para proceder á la ecsoneracion de los crédulos y contra los cómplices marcados en sus revelaciones.

Mandóse que por ningun pretesto se recibiera en la nueva creacion del ejército sargento alguno que hubiese pertenecido á las tropas constitucionales, sin probar antes *con hechos positivos* su aversion á aquel sistema (2 *de octubre* 1824); ó la cualidad de pérfidos, cobardes y perjuros, que es su equivalente.

Dispúsose no proveer empleeos, sino *en los amantes de S. M.* (26 *de octubre* 1823) reservándose el juicio de este *amor entendido* á la invencion amplísima de los informes reservados, para cuyos autores, la integridad en la distribucion de justicia; la esactitud y desinteres en el manejo de las rentas; los bienes perdidos y la sangre derramada por sacarle del cautiverio de Napoleon, no son pruebas del amor que se apetece, ni cualidades para obtener, ó ser repuestos en los destinos. Los Estados están en punto de perecer, decia Antistenes, cuando las recompensas del mérito llegan á ser el precio de la intriga.

Declaráronse nulas las provisiones posteriores al 7 de marzo de 1820 y se sujetó á los empleados antiguos de la Península á purificarse, estableciendo la fórmula segura de su reprobacion y la facultad de disponer de todos sus empleos, negándoles las defensas legales (27 *de junio* 1823); y se confirmáron al mismo tiempo las gracias, condecoraciones, sueldos y empleos concedidos para la América por el gobierno de la rebelion (25 *diciembre de* 1823), ecsonerando y proscribiendo á los empleados que intervinieron en su concesion, como si la distancia cambiase la naturaleza de las cosas, ó el mar preservase las órdenes del contagio supuesto en los que las escribieron y firmaron en la Península.

Por decreto de 27 de setiembre de 1823 quedaron estinguidos todos los colegios, academias, ó escuelas militares, por haberse estraviado la educacion cristiana de los alumnos, tratando en las aulas (son palabras del decreto) sobre cuestiones políticas y mudanzas de gobierno; disponiéndose por tanto que todos los oficiales, cadetes y demas individuos de estos establecimientos científicos, se retirasen á sus casas con licencia ilimitada (25).

Por el de 31 de diciembre del mismo año se estingueron todos los depósitos militares creados por las Córtes en el decreto de 13 de marzo de 1814, que decia: « La nacion recibe bajo su inmediata proteccion á los soldados que se inutilizaron en su defensa, sean naturales ó estrangeros. En cada cabeza de provincia se elegirá el edificio mas á propósito para depósito de inutilizados en el servicio militar. A todo soldado de esta clase, se le abonará vestuario, pan, prest y utensilio, se le procurará dedicar al arte ú oficio que se incline y la utilidad de su trabajo, será como adicional al haber que le señala la patria, se aplica á los gastos de su manutencion varios ramos, entre ellos *la mitad del importe del indulto cuadragesimal* (que ahora se consume en el lujo asiático del canónigo Varela, comisario-general de Cruzada (*) y en dotar doncellas agraciadas) y el de *la tercera parte pensionable de las mitras* de España é Islas, disponiéndose en el citado decreto abrogatorio, que estos miserables estropeados se fueran á sus casas donde se vieron obligados á pedir limosna por las calles, que tal vez habian regado con su sangre, defendiendo el trono de su rey y la independencia de su patria, mientras los canónigos de Toledo, rogando en la misa por José Napoleon, entonaban en la catedral al-

---

(*) Es digno de notar que en el tribunal de este sicofanta el retrato del papa está á la derecha del de S. M. Así el rey en su propia Corte tiene quien le presida de hecho y de derecho, ó hay un Estado dentro de otro Estado.

gun solemne *Te Deum* por las victorias de Ocaña ó Medellin. Asi pagaron los valientes de la Albuhera y San Marcial el desacato de haber puesto el Congreso en contribucion las bulas y las mitras para el reparo de sus miembros mutilados.

Y por Real cédula de 17 de octubre de 1824 se derribaron las leyes fundamentales de la monarquía, insertas hasta en la Novísima y *escamoteada* recopilacion de Castilla (26) bajo el título: *Del gobierno civil, económico y político de los pueblos*, despojándolos (con el ausilio de las bayonetas estrangeras) de los fueros ó privilegios, que llamó *inviolables* el famoso decreto de Valencia, y que se mandaron guardar por aquellas *leyes que por tantos siglos habian hecho felices á nuestros antepasados*, como se dijo en el del Puerto de Santa María.

Estos fueros municipales, llamados por Alfonso VII *pactum, et fœdus firmissimum*, se consideraron siempre como parte esencial de nuestra jurisprudencia. Entre ellos, ya por su antigüedad, ya por los reyes constituyentes, ya por las corporaciones y derechos constituidos, parecian dignos, si no del respeto y acatamiento, á lo ménos del ecsámen y consideracion del Consejo de Castilla. El fuero de la ciudad de Leon, dado en el año de 1020 por Alonso V, estendido á Llanes, Carrion y otros pueblos: el de Nájera por el rey de Navarra don Sancho el mayor, confirmado en 1076 por Alonso VI. el de Sepúlveda, objeto de tantas investigaciones y elogios: el de Logroño de 1094 que se dilató con tanto crédito y autoridad por Castilla, Rioja y Provincias Bascongadas: los de Sahagun conocidos, disueltos y renovados segun lo ecsigia el interés público en los reinados de los Alonsos VI, VII y X: el de Salamanca que comprende las ordenanzas hechas por el ayuntamiento con autorizacion de de los reyes: el de Toledo librado por Alonso VI en 1118, aumentado y confirmado por san Fernando en 1222, que lo estendió á Córdoba, Sevilla, Niebla, Murcia y otras ciudades: el de san Sebastian concedido en 1150 por don Sancho el rey sábio de Navarra y confirmado por Alonso VIII de Castilla y sus succesores: el del Señorío de Molina aprobado por Alonso VII y aumentado por el infante don Alfonso: el de Zamora que empieza con la ordenanza del ayuntamiento confirmada en 1208 por Alonso IX de Leon: los que se otorgaron en el reinado de Alonso VIII á Valencia y otras ciudades del reino : el fuero célebre de Cuenca, tan venerado en tiempo de Alonso el sábio que se hacia estudio de sus ordenanzas trasladadas en los privilegios de Consuegra, y otras ciudades : los de Madrid de 1145 ampliados, y al fin recopilados con aprobacion de Alonso VIII, en 1202 : el de Benavente dado por Alonso IX de Leon : el de Sanábria concedido por el mismo rey en 1220 y mejorado por Alonso X en 1263 y otros muchos á cuya observancia y complimiento se comprometieron los reyes en términos que Alonso IX dijo á los comunes : « A tal afirmamento vos fago, que nunca *por malos consejeros*, nin por lisongeros, nin por vuestros enemigos, nin por otros homes, *ninguna cosa vos mengüe* de aquesto que vos do » y Fernando IV en las Córtes de Medina del Campo mandó en 1305 que « los privilegios, é las cartas levadas contra sus comunes que non valan, nin usen dellas. »

De acuerdo con estos privilegios y seguridades las leyes del siglo XIV establecieron, que todas las ciudades, villas y lugares se gobernasen por las ordenanzas y costumbres que tuviesen : que se les guardasen los usos y privilegios de elegir los oficios de regidores, jurados escribanos, fieles, mayordomos y otros oficialas de sus ayuntamiento, bastando el transcurso de 40 años para fundar la posesion del fuero, y el rey don Juan II en otra del siglo XV, dijo: «que las ciudades, villas y lugares, que tienen el privilegia ó costumbre antigua *de dar y proveer los oficios de concejo* en cada ciudad, villa y lugar así como regimientos y escribanías y mayordomías y fieldades y otros oficios, *que son de los dichos concejos,* que los puedan *libre y desembarazadamente dar y proveer*; y *persona alguna no se entrometa en ello*: y si algunas cartas contra ello mandáremos dar, aunque tengan cualesquier cláusulas derogatorias, *que no valan.* »

Hé aqui los fueros ó la autonomía que halló y juró guardar Fernando al subir al trono.

Poco se necesita para reconocer por causa de estas *leyes fundamentales* el influjo de la libertad en el acierto de las elecciones populares encargadas á los que teniendo el interés mas inmediato, el interés mas conocido en la recta administracion de justicia y distribucion de los fondos públicos, tienen igualmente la proporcion de observar de cerca las cualidades de los nombrados. Los pueblos suelen no equivocar la cuenta de sus bienes y de sus males; mucho ménos la calificacion de sus vecinos. Y si en todos tiempos se han visto los efectos de la confianza que inspira la eleccion de personas conocidas por su probidad, talento y patriotismo, nosotros tuvimos la gloria de haberlos palpado en la terrible crisis de 1808, cuando rotos los lazos de la sociedad por las armas de Napoleon, se presentaron estas fracciones municipales á soldarlos con su sangre, proveyendo al armamento y defensa de las provincias y al establecimiento de la Junta central, subrogada en el lugar de los príncipes que adormecidos con el engrandecimiento de un privado, despertaron para ver el desórden de su casa, el descrédito y abominacion de su gobierno: aniquiladas las rentas de la corona, destruida la escuadra y el prestigio de las provincias de ultramar : espatriadas las tropas veteranas, despreciados sus gefes por la emulacion de una Corte corrompida : inundado el suelo español de enemigos, que con el salvo-conducto de sus reales órdenes se habian apoderado de las pricipales plazas y fortalezas del reino.... subrogada en el lugar de los reyes, que de hecho y de derecho con fugas, renuncias y solemnes abdicaciones abandonaron el trono, endosándolo cual letra de cambio á la orden del usurpador con desprecio del clamor y demostraciones de los pueblos, entregados al recurso de su espada y á la suerte de la guerra (*); y es bien cierto que la España sola conquistó su independencia, y ninguna nacion ha tenido mas derecho para constituirse en el caso reconocido por Wolfio, Gottofredo y otros publicistas : *Si rex qui regnum habet in patrimonio illud alienet, aut alii subjiciat*, doctrina que no pudo ocultarse á los disidentes de Caracas, cuando en el art. 8º del acta de su emancipacion fecha en 5 de julio de 1811, dijeron : «Los Borbones que concurrieron á las inválidas estipulaciones de Bayona, abandonando el territorio español contra la voluntad de los pueblos, faltaron, despreciaron y hollaron el deber sagrado que contrageron con los españoles de ambos mundos, cuando con su sangre y sus tesoros, los colocaron en el trono á despecho de la casa de Austria : por

---

(*) C'est aux Cortès qu'est dû le triomphe de l'Europe sur la France : c'est l'Espagne seule qui a amené *l'Europe à Paris, qui a vaincu Napoleon*, decía un escritor francés.

esta conducta quedaron inhabiles, ó incapaces de gobernar á un pueblo libre, á quien entregaron como un rebaño de esclavos.»

Pero ni estos sucesos memorables, ni estos principios trillados, ni las leyes que habian fundado el gobierno político y económico de los pueblos sobre el *pactum et fœdus firmissimum*, sostenido por una larga y no interrumpida succesion de siglos y de reyes, ni el pudor de incurrir en las contradiciones mas necias y absurdas, sirvieron de embarazo para hacer decir el Consejo á Fernando en esta Cédula. «Con el fin de que desaparezca para siempre del suelo español hasta la mas remota idea, de que la soberanía reside en otro que en mi Real persona; con el justo fin de que mis pueblos conozcan que jamas entraré en la mas pequeña alteracion de las leyes fundamentales de esta monarquía, encargué al Consejo me consultase lo conveniente á evitar la popularidad en las elecciones de justicia y de ayuntamiento, *teniendo presentes las diversas costumbres* autorizadas por su largo uso y *ordenanzas particulares*. Que el Consejo considerando *que no era necesario* ver, ni ecsaminar estos *usos, costumbres y ordenanzas, ni conveniente el hacerlo por el tiempo que se perdia* en adquirir semejantes noticias, consultó: que en todos los pueblos se reuniesen el dia 1º de octubre de cada año los individuos del ayuntamiento á proponer tres personas para cada uno de los oficios de alcaldes, regidores y demas de república, inclusos los diputados del comun, procuradores, síndico general, personero, alcaldes de barrio y otros que *hasta el año de 1820 se hacian por los pueblos y sus vecinos,* remitiéndose las propuestas á la audiencia ó chancillería. Que *el Consejo nombrase los oficios de diputado y personero de Madrid,* y *los alcaldes de Corte á los de barrio;* debiendo hacer lo mismo las audiencias en sus distritos. Que luego que ellas reciban las propuestas de los ayuntamientos tomen *los informes necesarios de personas amantes del gobierno monárquico* sobre las circunstancias y conducta moral y política de los propuestos: y hallándoles libres *de toda tacha,* les espidan sus títulos» con todo lo cual se conformó S. M. en la resolucion de la consulta.

No nos detendrémos en pensar lo que entienda la Cédula por *leyes fundamentales,* cuando protesta no alterarlas, en el mismo acto de destruir las que determinan la forma del gobierno civil, político y económico de los pueblos que oyen proclamarle *absoluto*; ni en reseñar las órdenes y decretos que indicando las circunstancias de los propuestos, ó el punto de que han de salir sus recomendaciones, la calidad de sus tachas y el carácter y divisa de los censores, han hecho un estanco de cargos y rentas municipales, un cúmulo de jurisdicciones disyuntivas, y un semillero de proscripciones, cohechos y discordias. Mas no podemos ménos de notar:

1º La ligereza y modo ignominioso con que el Consejo de Castilla, compuesto en su orígen de *cuatro perlados, cuatro caballeros é cuatro cibdadanos*, consultó despojar á todos los pueblos de la posesion en que estuvieron hasta el año de 1820 de elegir libre y desembarazadamente sus ayuntamientos, hollando la ley espresa con el nombramiento que se arrogó de diputado y personero; y añadiendo á esta infraccion escandalosa, á esta usurpacion atrevida, el desprecio de no estimar siquiera necesario el reconocimiento de sus fueros, usos y costumbres, mandadas guardar por diversos príncipes, cuando debia reflecsionar, que siendo sus leyes las mismas que el decreto de 1º de octubre de 1823 llamó *sábias, moderadas y adaptadas á sus usos y costumbres*, no debian borrarse sin un prolijo ecsámen de los antecedentes, *razonando mucho* sobre la naturaleza de los pactos, sobre el orígen y estabilidad de los privilegios, sobre *los males que hi fallaren*; y manifestando el *provecho comunal* que resultase de su abrogacion para no caer en la nulidad declarada por la ley de 1442. Pero el Consejo que debe á una serie de usurpaciones y tolerancias la variedad de sus formas y el monstruoso hacinamiento de aconsejar, juzgar, hacer leyes, interpretarlas, aplicarlas, anularlas, gobernar y administrar (*), desdeña la persuasion y convencimiento del bien que ofrecen los actos legislativos con prévia deliberacion: y subyugado á la Junta apostólica profesa los principios de ser honesto y lícito todo lo útil y provechoso para ella, estimando tal cuanto coopere á la aclimatacion de la ignorancia, á propagar la supersticion, profundizar y estender los cimientos del poder arbitrario, que

---

(*) Con la formacion posterior del ministerio del Fomento, las facultades del Consejo se han limitado considerablemente en bien de la monarquía.

dispensa del estudio y allana los obstáculos y dificultades de la penosa gobernacion.

2° Que con la prevencion indispensable de pedir á los titulados amantes del gobierno monárquico los informes reservados para sacar de la terna pestífera alcaldes, regidores y demas oficios municipales, se deja, como es visto, la eleccion y nombramiento de ellos á la voluntad y antojo de clérigos y frailes, que encapillándose el privilegio de ser los amantes del gobierno monárquico, se han hecho en todas partes calificadores natos, de cuya censura no pueden separarse los consejeros, ni oidores, sin temer las resultas de algun *Monitorio* que les haga perder las togas pendientes de la oculta y vengativa mano del clero.

3° Que siendo, como es sin duda, la oscuridad en el manejo de las rentas el enemigo que mina y desploma el Estado: el orígen de lo que padecen las provincias por la desigualdad de sus cargas, y el manantial de disgustos que hacen odioso el gobierno, á quien ofenden las luces, parece que se ha trabajado en aglomerar todos estos males, perpetuando los cargos de justicia y ayuntamiento en un corto número de individuos estraidos de las hezes y escoria de los pueblos y coligados por la estupidez y codicia, para vivir de las varas milagrosas, engordando con el sudor de los pobres vecinos que ven correr el flujo y reflujo del peculado por el pequeño círculo de nombrar parciales que los absuelvan, oculten su manejo y nombren á su vez: de ser nombrados para encubrir, absolver y robar: de robar para corromper y de corromper para robar impunemente: pudiendo decir nosotros lo mismo que Ciceron (*).

4º La desconfianza con que los mira y el vilipendio con que los trata el mismo gobierno que los escoge y destina.—Pruebas: 1ª El testimonio de un alcalde nombrado por los vecinos habia bastado siempre para que la Superintendencia de Propios abonase á los ayuntamientos las cantidades pagadas por la matanza de animales dañinos, y habria sido indecoroso el dudar de su verdad. Pero en el dia el alcalde que suele titularse Real (por que no quede vestigio popular) necesita comprobar la partida con el *visto bueno* del cura párroco, ú del vicario eclesiástico, que diga lo que no se crée bajo la firma de todo el escogido y espurgado concejo (27).

(*) «*Videbat enim Populus Romanus*, non locupletari quotannis pecunia publica, præter paucos.»

—Segunda prueba: La Real órden de 26 de mayo de 1830, dictando los medios de evitar *las ocultaciones que hacen* (son sus palabras) *algunas autoridades del dinero de las multas correspondientes al fondo ds penas de Cámara,* establece y señala las que han de pagar los *gobernadores, alcaldes y síndicos* que cometan ó cooperen al robo; infiriéndose desde luego que para estampar en una Real órden y poner en una gaceta, cláusulas tan denigrativas era preciso tener (ademas de poca consideracion al prestigio de las autoridades y á las obligaciones del supremo gobierno) convencimientos demostrativos de lo que ocultaron y razones muy poderosas para publicar, como tambien se hizo por bandos y edictos, el recelo y presuncion de que los gobernadores, alcaldes y síndicos fuesen todavia capaces de ocultar la amonestacion y seguir la carrera de los latrocinios: y sobre todo era preciso haber tocado el fondo de penas de Cámara (propiedad sagrada del Consejo) para que saltase el resorte de la indignacion, comprimido siete años á vista de las estafas, cohechos, prevaricatos, fraudes, saquéos, depredaciones, atentados, tropelías, opresion, ruina y sufrimiento de los pueblos (28).

Hemos indicado las clases, cuerpos y personas que han sufrido las *persecuciones y despojos*; veamos las que se han enriquecido obteniendo.

RESTITUCIONES.

Por decretos de 11 y 21 de juino de 1823 (á los 15 dias de instalada la Regencia) se restablecieron los *conventos de frailes* suprimidos por las Córtes en 1º de octubre de 1820, mandando devolverles las fincas y rentas enagenadas y previniendo que á los compradores de los efectos vendidos por el gobierno constitucional se les suspendiese el reintegro de sus desembolsos hasta otra determinacion; y se cumplió tan ecsactamente, que perdieron hasta las vidrieras y muebles que se hallaron en las casas de que fueron despojados como por asalto (*).

Mandáronse volver á los jesuitas las casas, colegios, bienes y rentas que habian pasado á manos legas; y que el crédito público no interviniese mas en los atrasos y beneficios de sus temporalidades (19 *febr. y* 22 *diciembre* 1824.)

Determinóse que las órdenes religiosas de

(*) Y la suspension del reintegro dura todavía.

Redencion de cautivos volviesen al ejercicio libre de la colectacion y administracion de las limosnas y demas que manejaban antes del 6 *de diciembre de* 1814 en que S. M. hallándose en la plenitud de sus derechos, libre de la influencia de ministros constitucionales, las habia privado de la administracion de estas rentas (10 *de junio de* 1826), declaráronse nulas todas las redenciones de censos pertenecientes á los regulares; y sin provéer *el justo reintegro*, se dispuso, que los censualistas pagasen á las respectivas comunidades las pensiones vencidas (16 *de enero de* 1825).

Se ecsimió á los frailes franciscos y capuchinos de pagar por los efectos de consumo el derecho de puertas (4 *de noviembre y* 18 *diciembre de* 1826) que se ecsije, y se cobra irremisiblemente al infeliz jornalero que trae un haz de leña para calentarse en su casa y al mendigo que recogió en el campo un puñado de espárragos ó de tagarninas.

Anuláronse todas las disposiciones testamentarias hechas por los monges esclaustrados á favor de sus parientes, deudos y amigos en los tres años del gobierno constitucional; y se mandó volver á los monasterios respectivos, cuanto dejaron aquellos en su fallecimiento (13 de *enero* 1824).

Y se dijo finalmente : que *para volver al altar aquel brillo y esplendor que por desgracia habia perdido en las ultimas épocas de guerra y revolution, los novicios de las órdenes religiosas quedasen eceptuados y libres del sorteo para el remplazo del ejército* (26 *de enero del* 825) : y los labradores y artesanos condenados á servir por ellos.

Asi ha perdido la milicia, la agricultura y las artes una porcion de brazos útiles. De este modo han ingresado en esos conventos ó cajas de Pandóra las crecidas sumas invertidas en levantar desde los cimientos infinitas casas y haciendas destruidas por la incuria y abandono, ó por la calidad de estas plantas parasitas y ecsóticas del Estado, que chupando la sustancia, no sirven nunca mas que á su individuo. Sus rentas, libres del cargo de satisfacer mejoras, y de subsanar los enormes perjuicios irogados por la violencia del despojo, han multiplicado el número de conventuales á proporcion de la seguridad de vivir en holganza; y no han servido poco á sostener y propagar el espíritu de la Congregacion en los reinos vecinos.

Hé aquí el postrer eslabon de la cadena forjada en el siglo III por los anacoretas del Egypto. El término de los solitarios que en el IV empezaron á formar comunidades profesando *en los desiertos* la castidad y el celibato, que allanando el camino de obtener mitras y oficios eclesiásticos, consiguió difundirse, desnaturalizar el clero y remontar el pontificado á la altura de pisar las coronas de los príncipes. Hé aquí el provecho de esos cenóbitas, que en el siglo V empezaron á fastidiarse de la vida ascética, acumulando riquezas, que separándoles de la perfeccion evangélica, los hicieron intrigantes, soberbios y voluptuosos. El beneficio de las famosas *Cruzadas*, que vinculando los subsidios concedidos por Sixto IV y amalgamando las armas con la cruz y el incensario, el espíritu de la paz y mansedumbre con la guerra y esterminio, formaron los batallones sagrados que aun conservan títulos y escudos militares; llegando el genio de los siglos posteriores á refundirlos y sacar las grandes masas de predicadores, mendicantes, redentores de cautivos y demas impropiamente llamadas Religiones, cuyos miembros, perdiendo la eficacia de su fundador, vieron aparecer los austeros reformadores, que embasteciendo el sayal y cambiando zapatos y capillas por capuchas y alpargatas, sacaron la ganancia de duplicar, ó triplicar sus conventos y la carga devota de sostenerlos. « El número de los que nada poseen (decia un escritor del tiempo de Cárlos III) necesita límites mas estrechos, porque siendo el número mayor hacen mas falta al Estado. Ellos comen como los otros ó mejor, y viviendo de la mendicacion, se hacen mas gravosos que los demas. »

Dificil parece entender cómo unas corporaciones tan poco notables en su orígen, segregadas del comercio del mundo, dedicadas por su instituto á la oracion y penitencia y que no heredaron de sus santos fundadores sino el patrimonio de la humildad y pobreza, han llegado á crecer tanto en España, haciéndose dueñas de las mejores fincas y pudiendo decir con verdad que apenas ven posesion urbana ó rústica que no sea su tributaria. Pero los medios son demasiado conocidos y los testimonios irrecusables.

Apénas se contaban treinta años despues de la muerte de San Francisco, cuando siendo general de la órden san Buenaventura censuró severamente la codicia de sus súbditos en circular de 1257 á los Provinciales y Custodios (*).

La Sociedad económica de Madrid, comparando el impulso que el descubrimiento de la América dió á la la navegacion, al comercio, industria y artes con el abatimiento y ruina en que cayó la agricultura del reino, dice en su Informe dado al Consejo en el espediente de la *ley agraria,* que la misma opulencia en que se vió Castilla, abrió las puertas á las fundaciones de conventos, cofradias, patronatos, capellanías, memorias y aniversarios que son los desahogos de la riqueza agonizante, siempre generosa, ora la muevan los estímulos de la piedad, ora los consejos de la supersticion, ora los remordimientos de la avaricia, no habiendo quedado de aquella antigua abundancia, sino los esqueletos de las ciudades, antes populosas llenas de fábricas y talleres, de almacenes y tiendas y hoy solo pobladas de iglesias, conventos y hospitales que sobreviven á la miseria que han causado, sin que pueda haber dique, ni barrera que baste á los esfuerzos de la codicia

---

(*) «Occurrit etiam sepulturarum, et testamentorum *avidæ quædam invasio,* non sine magnà turbatione cleri, et maxime sacerdotum.»

y de la supersticion reunidos en un mismo punto (*) (29).

Asi pensaba aquella Sociedad respetable; y el rey don Cárlos III indicando los manejos que intervinieron en la mayor parte de estas adquisiciones, dijo en la ley de la Novísma Recopilacion: « La ambicion humana ha llegado á corromper aun lo mas sagrado; pues muchos confesores olvidados de su conciencia inducen *con varias sugestiones* á los penitentes, y lo que es mas, á los que están en artículo de muerte, á que les dejen sus haciendas con título de fideicomisos, ó con el de distribuirlas en obras pías, ó aplicarlas á las iglesias y conventos de su instituto, fundar capellanías y otras disposiciones pías, de que proviene que los legitimos herederos quedan defraudados y sobre todo el daño es gravísimo y mayor el escándalo. Considerando pues *la repeticion y multitud de estas mandas violentas y dispuestas con persuasiones y engaños,* como dice la ley, se declaran nulas y se impone la pena á quien las autorice (30).» Dígase ahora que la guerra de 1808 y la revolucion de 1820 empa-

---

(*) Por eso en vez de Medina del Campo, hoy tenemos los Campos de Medina.

ñaron el brillo del altar. Propálese la persecucion de sus ministros, la profanacion de los templos, los vicios de la enseñanza, el veneno de les filósosfos, el contagio de sus doctrinas y denúnciese, como enemigo del altar y del trono al que osare decir, que *no pudiendo servirse á Dios y á las riquezas, las personas dedicadas á Cristo destruyen la heredad de Cristo mucho mas aun que sus mismos contrarios y enemigos* (*).

Por circular de 28 de abril de 1823 y decreto de 31 de mayo siguiente la Junta de Oyarzun y la Regencia de Madrid dispusieron que los prelados eclesiásticos recogiesen inmediatamente las licencias de *predicar y confesar* y los títulos de curas, librados por el tiempo del gobierno constitucional á los regulares secularizados, sustituyendo en lugar de estos los monges espulsados de sus monasterios y los religiosos que se mantuvieron en sus conventos durante aquel sistema (31). Lo acorde y adecuado de esta medida al concepto de sus opiniones políticas y á la influencia del púlpito y del confesonario, amortiguó sin duda los escrúpulos de relajar la clausura y enmudeció á

(*) Math. cap. 6, v. 24 —Chrisostomo de Sacerdotis, l. 1, c. 15.

los celosos obispos que vieron empezar el gobierno de estas corporaciones, ostensiblemente seculares, por introducirse en la direccion de los sagrados ministerios de la predicacion y de la penitencia.... Pero el mal era grave, amenazaba el contagio y este era el remedio mas eficáz.

REINTEGROS Y CONCESIONES AL CLERO SECULAR.

En el decreto de 22 de julio de 1824 se dijo: Que la recompensa debida á los servicios hechos por el clero de España en la última desgraciada época de los tres años y *la falta de ministros* que causó en las iglesias la *furiosa persecucion* que sufrieron del gobierno revolucionario, *hacia necesaria la provision de prebendas y beneficios eclesiásticos;* y que *no seria político* adoptar en las presentes circunstancias la medida de suspender la presentacion de estas prebendas y beneficios por los dos años que estaban prevenidos en el decreto librado por S. M. á 5 de agosto de 1818; época de toda la plenitud de sus derechos y en que debia haber mas necesidad de proveer estas piezas por ser mayor el número de aspirantes, supuesto que aun no había llegado la *furiosa persecucion* que causó *la falta de ministros en las iglesias* (32). De estos *motivos políticos*, ó de esta condicion servil del gobierno, que es lo mismo, han salido las numerosas promociones publicadas en casi todas las gacetas, llenando los coros de las iglesias catedrales de eclesiásticos imberbes, corrompidos ó estúpidos (33); y de esta dependencia del clero han salido todas las demas providencias con que ha sido alhagado y satisfecho.

DIEZMOS.

Abolidas las leyes y ritos judáicos, Jesucristo libró la subsistencia de sus discípulos sobre la caridad de los fieles. *No poseais oro, ni plata, ni lleveis dinero en vuestras fajas*, les dijo su divino Maestro; y asi es que las rentas de la iglesia se vieron en los primeros siglos reducidas á oblaciones espontáneas y cuanto sobraba de la comida y vestido de los operarios evangélicos era el patrimonio de los pobres, distribuido por ecónomos nombrados al efecto. Pero con el tiempo llegaron á olvidarse estas prácticas y preceptos. Las oblaciones se convirtieron en deudas forzosas, en apremios, amenazas, azotes; y desde el siglo VI empezaron los concilios de Tarragona y de Braga á clamar contra la codicia y contra el abandono del ejemplo de los apóstoles. El pan de los pobres convertido en funciones suntuosas, y en usos familiares que produjeron las censuras del 2.º concilio de Braga y del 16.º de Toledo hizo decir al Crisóstomo. «No se complacen los mártires con el dinero, que hace llorar á los pobres; y á San Bernado: gritan los desnudos, claman los hambrientos; á nostros se nos usurpa cruelmente lo que vosotros disipáis en vuestro lujo y vanidades (*).»

La iglesia fundada y sostenida por la caridad recíproca, no contó los diezmos entre sus rentas, ni llegó á indicar la obligacion de pagarlos hasta el año de 585 que fueron establecidos en Francia por el cánon 5.º del concilio de Macon á que asistieron 43 obispos (**).

(*) «*(Sup. Math.) Non gandent Martyres, quando ex illis pecuniis honorantur in quibus pauperes plorant.—(Ad Hen. Senos. arch. ep. 42.) Clamant nudi clamant famelici: nostrum est quod effunditis: nobis crudeliter substrahitur quidquid accedit vanitatibus vestris.*»

(**) En el se dijo: «*Leges itaque Divinæ consulentes sacerdotibus ac Ministris ecclesiarum pro hæreditaria portione omni populo præcepevunt Decimas fructuum suorum locis sacris præstaré, ut nullo labore impediti, horis canonicis, a spiritualibus possint*

Con la irupcion de los sarracenos y la disolucion del imperio de Rodrigo, la division territorial de España sufrió tal trastorno que á principios del siglo IX los sufragáneos de Tarragona reconocian por metropolitano al arzobispo de Narbona y por principes á los reyes de Francia. Estos sin observar que las leyes citadas por los padres de Macon, quedaron abolidas por el Nuevo Testamento habian confirmado las actas de ese concilio; y como Carlo-Magno tenia dispuesto que todos sus vasallos pagasen el *diezmo* á la iglesia, empezaron á percibirlo las incorporadas á su corona, de las cuales pasó como oblacion voluntaria á las de Aragon, Navarra, Castilla y Leon, segun dice el sábio Antonio Agustin. (*De vet. jur. pontif.*)

Impúsose luego en algunas provincias por donaciones, como la de Urgel hecha en 1099 y la de Santiago en 1113: en otras por privi-

---

vacare ministeriis. Quas leges christianorum congeries longis temporibus custodivit intemeratas. Nunc autem paulatim prævaricatores legum pene christiani omnes ostenduntur, dum ea que *divinitus* sancta sunt, adimplere negligunt. Unde statuimus, ut mos antiquus a fidélibus reparetur, et Decimas ecclesiasticas famulantibus cæremoniis Populus omnis inferat. »

legios como el de don Sancho el Mayor en 1015 à favor del monasterio de Leyre: el de don Sancho II á favor de los monges de Oña: el de don Ramiro á la iglesia de Jaca y el de don Alonso á la de Zaragoza.

Alfonso X que recopiló en su primer partida cuanto apócrifo y verdadero se halla en las colecciones canónicas, atribuyó al patriarca Abrahan la fundacion de los *diezmos* diciendo en seguida, que los santos que fablaron desto mostraron que por ser diez las órdenes de los ángeles, diez los mandamientos dados á Moises y diez los sentidos que tienen los homen, debian dar á Dios la decena parte de sus bienes; este rey llamado el sábio dejó en sus leyes de partida la justificacion de los abusos en cobrar *diezmos duplicados* y en tomar contra derecho, *é, por cobdicia bacas por becerros et ovejas por corderos, é puercos por lechones;* manifestando en ellas mismas la resistencia que desde aquellos tiempos se opuso al pago de los diezmos, sobrecargados á los granos empleados en la siembra; y el poco peso de las razones en que se apoya su esaccion.

El R. obispo de Pamplona Fr. Prudencio de Sandoval versadisimo en las antigüedades de

España atribuye á los reyes el señorío de iglesias, monasterios y diezmos antes y despues de la irupcion agarena. Y no solamente se reputaron los diezmos como rentas seculares de los reyes, sino de otras personas legas. Infiérese asi del Memorial que presentaron los hijosdalgo á don Juan I en las Córtes de Güadalajara año de 1490, diciendo entre otras cosas que pueden verse en la Crónica de este rey: «Señor, nosotros habemos oido que los perlados de vuestro reino vos han querellado que nosotros lebamos los diezmos de algunas iglesias que son Vizcaya, Guipuzcoa é Alava, é en otras partidas de los vuestros reinos: é sobre esto propusieron é dijeron muchas cosas para mostrar como nos non debemos lebar los tales diezmos: á lo cual respondemos que de cuatrocientos años acá, asi que non es memoria de homes en contrario, nosotros é otros fijos-dalgo, que aqui non son, lebamos siempre los diezmos de tales iglesias, como ellos dicen: é segun oimos de nuestros antecesores esto vino de cuando los moros ganaron á España los fijos-dalgo alzáronse en las montañas, é para se mejor defender ordenaron que todos hobiesen cabdillos: para su mantenimiento ordenaron que todos les diesen un diezmo de todo lo que ellos labrasen : é entonces non habia iglesia ninguna poblada en aquella tierra.... E fasta el dia de hoy señor, en ningun tiempo del mundo nunca por el papa, nin perlado, nin iglesia nos fué contradicho esto.... Otrosi por esta demanda habemos tenido nostro consejo é acuerdo con grandes letrados é nos dicen que á lo que los perlados alegan, que en el viejo testamento fué ordenado que los sacerdotes é ministros é servidores del templo hobiesen los diezmos para sus mantenimientos, dicen que es verdad; mas por todo esto fué ordenado que los tales ministros non hobiesen otras heredades salvo los tales diezmos. E por esta razon nuestro Señor mandó á Josué que partiese la tierra de promision en once suertes; cá magüer eran doce tribus de Israél, al de Leví non le mandó dar suerte de heredad por cuanto mandaba dar los diezmos, para de ellos se mantener en el templo del Señor. E agora *quiérenlo todo,* cá despues de la temporalidad que han, quieren haber los diezmos. E señor en los perlados levar tales temporalidades es muy contrario al servicio de Dios é de las iglesias, é de sus personas mismas; é *por esta razon andan ellos en las casas de los reyes é en las Cortes,* dejando de proveer, é visitar las iglesias, que muchos clérigos por non ser visitados, nin ecsaminados, non saben consagrar el cuerpo de Dios, nin viven honestamente. E si dicen, Señor, que agora en el nuevo testamento les es consentido levar diezmos é haber temporalidades, á esto decimos, que bien puede ser: pero todos tienen, que si así lo han, es porque los decretales, é los tales mandamientos fechos, los ficieron clérigos en favor de ellos. »

Lo cierto es que hasta el siglo VIII no se conoció en España esta contribucion ni fué general hasta los años 1480 y 1501.

La repugnancia del pago indicó la necesidad de vencerla, consultando todos los medios que estaban al alcance de papas, obispos, teólogos y canonistas. No omitió alguno Leon V en el concilio de Letran y los cuerpos del derecho canónico testifican el afan y cuidado de los otros pontífices, en conservar y aumentar la renta. Los prelados de Toledo, Palencia, Segovia, Sigüenza, Osma y Cuenca en el concilio provincial celebrado en el año de 1302. *Saluti animarum providere volentes,* mandaron pagar el diezmo de las arboledas, huetars, miel, cera, lana, quesos, *et de omnibus utilitatibus,* bajo la pena de escomunion y privacion de sepultura eclesiástica; pero decian que esto era *por atender á la salud de las almas.* El concilio de Zamora de 1313 anatematizó á los que retuviesen diezmos, oblaciones, y otros bienes de la iglesia, mandando *no absolverlos* durante la retencion. Los obispos que concurrieron al de Valladolid en 1322 mandaron denunciar públicamente á los religiosos defraudadores de diezmos (*).

Los que asistieron al de Toledo en 1323: «*en uso de nuestro derecho y queriendo preservar las almas de las penas eternas* (**)» escomulgaron á los que resistian el pago de los diezmos. Y para evitar el peligro de sus almas, el concilio Mejicano de 1555, mandó negarles la absolucion (***).

El P. Brocardo siguiendo en su teología moral á los ultramontanos y casuistas dividió los

---

(*) «Disponiendo *ut in majoribus locis diocesium ex comunicati publice dennncientur.*»

(**) «*Volentes jus nostrum, et animas pœnæ formidine præservare.*»

(***) «*Ut antmarum periculis non in recta Dectmarum solutione obviemus, confesoribus præcipimus, est pœnitentes non absolvent usque-quo cum effectu satisficerint.*»

diezmos en tres clases, todas de procedencia divina, enseñando que la autoridad eclesiástica debe fijar la cuota y cobrarla con preferencia á jornales y demas créditos privilegiados : que es sacrilegio la retencion y sacrilegio en que incurren los que dan lo mas débil de la cosecha, etc., etc.

Las Córtes que no podian ignorar la antigüedad y subsistencia de estos y otros abusos, por efecto de reunir el clero y arrogarse las facultades de legislador, juez privativo, acrehedor privilegiado, administrador y ejecutor en causas decimales (*esto es causa propia*) : y notando por otra parte la indecorosa chanalería conque suelen ejecutarse los remates productores de tantas quiebras y ruinas; considerando ademas que en la forma ordinaria de ecsigir el diezmo, sin deducion de las semillas que lo tenian pagado : del cánon ú arrendamiento de las tierras, correspondientes por lo comun á manos muertas y de los desembolsos invertidos en su labranza, ascendian en algunas partes al 40 por ciento sobre el producto líquido; y que los pueblos habian repugnado y resistido este gravámen, como lo testifica la misma severidad de los cánones y de las leyes dictadas y repetidas para realizar su esaccion; por decreto de 28 de junio de 1821, redujeron á la mitad el peso de esta contribucion eclesiástica, estableciendo reglas para su recaudacion y distribucion.

A los once dias de creada la Regencia de Madrid se revocó este decreto diciendo en circular de 6 de juinio de 1823: « que la indiscreta pasion á la novedad y el criminal empeño de engañar á los pueblos con teorías falsas y seductoras, produjeron aquella medida, que dejó indotado al clero, en indigencia á los ministros del altar y abandonado el culto divino por falta de fondos para sostenerlo, atacando unos bienes que la religiosidad española habia mirado siempre con el mayor respeto. » — *A vuestra avaricia dais el color de religion* decia el Crisostomo (*); y nosotros pudiéramos añadir, que no sería tanta la indigencia de los ministros ni la falta de fondos para sostener el culto; cuando en aquel mismo año de 1823 se dijo : « Que á pesar de haber vivido el clero por espacio de tres años y medio (que duró el gobierno constitutional) en una privacion casi

---

(*) « *Avaritium enim vestram religionis colore depingitis.* »

absoluta de sus rentas, y del lastimoso estado de la Península, los canónigos de Sevilla y otros habian regalado á S. M. once millones, novecientos setenta mil reales, que aceptó con su acostumbrada bondad, mandándolo publicar, como se hizo en la gaceta de Madrid y en otros periódicos.

Restablecióse el pago efectivo del diezmo entero; mas como en aquella fecha eran de suponerse ya recogidas las semilllas sembradas en las provincias meridionales, sujetas todavía á las decisiones del gobierno representativo, fué preciso dar á la órden reglamentaria de 6 de setiembre de aquel año y al decreto adicional de 12 de abril de 1824 una fuerza retroactiva sobre los frutos colectados, y acaso consumidos, antes de su publicacion, declarando en aquella, hallarse comprendida en la satisfaccion del diezmo entero toda la cosecha de 1823 y mandando en éste sobrecargar el *déficit* ó los créditos á la de 1824.

Destacáronse por todas partes misioneros apostólicos que en el púlpito y confesonario recalcasen la obligacion de pagar el diezmo entero, amedrentando al labrador sencillo y fomentando la delacion por los medios que el respeto no permite, ni aun indicar. Recomendóse á los curas rurales el encargo de persuadir la divinidad de su orígen; y hubo canónigo en Zamora que para probarlo citó en un folleto el diezmo que percibian los templos de Apolo, Diana y demas de la gentilidad (34). Cuidóse mucho de ponderar el pecado de la retencion y hasta los prelados eclesiásticos lo hicieron en visitas diócesanas con mengua de la ilustracion y dignidad arzobispal.

Y á instancia de los cabildos de Jaen y Ciudad-Rodrigo se libró la circular de diciembre de 1826 restableciendo la observancia y amenazando con el cumplimiento de las leyes antiguas, que condenaban á la pena de *cincuenta azotes* por las calles acostumbradas al que, antes de levantar la hera, no entregase el diezmo en *trigo limpio, seco y enjuto, sin mezcla de paja, piedras ni neguilla.* Prueba evidente *del respeto con que la religiosidad española* habia mirado su esaccion.

Lo único que puede echarse de menos en estas instancias y concesiones, es no haberse solicitado tambien la renovacion y utilisima observancia de las leyes que sujetaban á la contribucion decimal «los prados, árboles, leña, hornos, molinos, pesqueras, baños, etc. : de las que imponian esta obligacion á todos los hombres del mundo, no pudiendo ecsimirse *nin los emperadores, nin* los reyes, ricos-homes, caballeros, maestros de cual sciencia, mercaderes, menestrales, cazadores, pescadores, boceros, escribanos, gafos, moros y judios : » y finalmente de la Ley que esplicando : « de cuales ganancias son tenudos los homes de dar diezmo magüer ellos las ganen mal; *dice*, derechamente ganando los homes las cosas deben dar dellas el diezmo, segun dicho es ; pero porque ganan algunos muchas cosas sin derecho, como lo que ganan de guerra non derecha, robo, furto, simonía : de lo que ganan los jueces dando malos juicios, ó los abogados razonando pleitos injustos á sabiendas, ó los testigos afirmando falsos testimonios : ó lo que ganan las malas mugeres faciendo su pecado, porque dubdarian algunos si deben dar diezmo de tales ganancias ó no; tovo por bien Santa eglesia de lo mostrar. É mandó que qualquier destos sobredichos dé el diezmo de ello. »

DIEZMOS NOVALES.

Llámanse asi los procedentes de terrenos

que en treinta años no han sido cultivados, perteneciendo al rey por bula pontificia (si asi se quiere que sea) S. M. los cedió por años determinados á favor y como estímulo y fomento de los que emprendiesen los costosos desmontes, imponiendo á los labradores el deber acreditar la naturaleza designada del terreno con la deposicion de testigos autorizada por el párroco; y á los obispos la obligacion de declarar sin estrépito ni figura de juicio y en el término prefijo de 40 dias, si estas roturaciones resultan hechas en terrenos novales. Un cúmulo de quejas y otro de espedientes promovidos por los roturadores, yacen sin curso por la repugnancia que deben causar estas declaraciones á los obispos, jueces y al mismo tiempo partes muy interesadas en la eliminacion del diezmo de sus iglesias. Los 40 dias prefijos en el real decreto han visto pasar años y años; y para evitar los perjuicios reclamados y el amago de las ejecuciones, de que se hace cargo la real órden de 27 de noviembre de 1826, se mandó en ella, nó que los prelados obedeciesen, como deben, los decretos del rey útiles y necesarios al fomento de la agricultura, sino que los diezmos novales se depositáran en el granero de los cabildos eclesiásticos, hasta que los obispos quisieran cumplir lo resuelto por S. M., quedando entretanto el clero en pacífica posesion y tranquilo goze de la recompensa ofrecida á las fatigas y gastos del labrador : el erario defraudado de una renta que le pertenece : yermos los campos y demostrado el principio de que las tierras no se cultivan con proporcion á su feracidad, sino en razon de la libertad que gozan y de la proteccion que se les dispensa (35).

Y en prueba de la subsistencia de estos males y de la pertináz resistencia del clero á sus remedios, puede verse la real órden de 23 de enero de 1830 en que se dijo á la Direccion general de rentas, «que con motivo de los contestaciones ocurridas entre el tribunal eclesiástico y el administrador de las decimales de Barcelona, se habia enterado S. M. de que las disposiciones acordadas por el referido tribunal, sobre el método que debe observarse en la declaracion de diezmos novales, no están en armonía con lo dispuesto en las reales órdenes, declarando nulos y de ningun valor ni efecto los espedientes instruidos y fallados, ó que se fallen en adelante sobre el particular por el provisor de Barcelona, sin citacion de la parte de la Real hacienda y que en lo succesivo se observen las reglas establecidas : las raices del mal son profundas : se estienden desde Sevilla á Barcelona, y no hay mas remedio que estirparlas ó para arruinar la agricultura.

A solicitud del vicario capitular del arzobispado de Sevilla, y por órden de 2 de setiembre de 1823, se revocó el decreto de las Córtes de 9 de noviembre de 1820 que habia incorporado al Crédito público todos los bienes, raices, derechos y acciones de las capellanías vacantes hermitas, santuarios, cofradías, etc. ; volviendo á las cajas del clero estos intereses destinados á satisfacer la deuda del Estado.

Por decreto de 16 de febrero de 1824 se relevó al clero del pago de la contribucion de frutos civiles que paga el comercio ademas del subsidio ; y por el de 1º de setiembre del mismo año fué absuelto de todo el subsidio eclesiástico, correspondiente á los dos años del gobierno constitucional.

Por Real órden de 28 de agosto de 1824 se aumentó la suma de mil reales á la dotacion de doscientos que apenas podia pagar el miserable fondo de propios de la Villa de la

Torre para la fiesta de la hermita de Santiago; concediendo á la misma Villa la gracia de celebrar, á costa de los pobres vecinos, otra funcion de iglesia en celebridad de la prision del difunto Riego; y á su párroco una canongía en la catedral de Jaen por *su celo religioso* en promover estos piadosos cultos, tan varios y multiplicados en los pueblos, que absorven las rentas de Propios y gran parte del haber de los vecinos comprometidos por la vanidad de parecer devotos. En Zamora y otros pueblos de Castilla se subasta y remata todos los dias en la muger que dá mas fanegas de trigo la devocion de llevar al hombro la imágen que sale en procesion, y mientras esta dura (que es largo tiempo) continua la subasta entre la confusion de licitadores que rodean al párroco, ocupado en sentar las pujas del grano, que ha de salir del sudor y trabajo de sus maridos.

Mandóse en 22 de setiembre 1º *castigar los escándalos y delitos públicos ocurridos por la inobservancia de las fiestas eclesiásticas*, con las cuales se distrae la mitad del año á los pastores y jornaleros que van á celebrarlas en las tabernas con riñas y puñaladas, abandonando los ganados y perdiendo los dias mas críticos de sementera y cosecha, dejándola abandonada en los campos y espuesta á inundaciones y robos frecuentes en estos dias aciagos para el labrador, y desconocidos de los apóstoles que solo celebraban los domingos sin promulgar ley de abstinencia de trabajo, hasta que el emperador Constantino publicó la en que mandaba no trabajar el domingo, á no ser en la agricultura; 2° *castigar las injurias y el desprecio con que se hable de los ministros de la religion*; como sino hubiera leyes que determinan el modo de repararlas y como si el castigo pudiese infundir el aprecio y veneracion que inspira la práctica de las virtudes evangélicas y el ejemplo de los Pastores (36); 3° *las irreverencias en el templo*: dejando correr el platillo de las limosnas con que se distrae la devocion de los fieles, importunándoles durante la misa y embistiéndoles con la demanda de la cera, ánimas, etc., etc. contra lo mandado por Pio V, en el concilio de Milan, por el tridentino de *questoribus, et elemosinis*: y por la circular de 5 de mayo de 1778 en que el Consejo dijo á los prelados, que esperaba de su celo el que S. M. no se viera en la estrema precision de cometer á otras personas el cumplimiento de sus resoluciones, dictadas con el objeto de evitar la inquietud que causan los demandantes dentro de las iglesias; y lo 4° se previno : *que los jueces Reales ausilien francamente á los eclesiásticos y párrocos*, cuando les es ménos permitido que á todos los demas el emplear la fuerza en las caidas de los pecadores : « Los jueces esternos, dice el Crisostomo, ejercen su gran poder sobre los delincuentes que han faltado á las leyes : nosotros hemos de mejorarlos con la persuasion, porque ni las leyes nos han dado facultad de reprimir al delincuente y aunque la tuviéramos, nos faltaria la ocasion de emplearla, porque Dios corona á los que se abstienen del pecado por eleccion y no por necesidad. »

En la Real órden de 17 de diciembre de 1827 se dijo : que *teniendo siempre á la vista la consideracion que ecsige el carácter elevado de los ministros de la religion*, se espresase *en las ojas de servicio de todo oficial militar el concepto que merecia por su conducta cristiana;* quedando por lo mismo sugetos á la inspeccion, juicio y censura eclesiástica.

Publicose en 30 de noviembre el ceremonial para la misa de la tropa, disponiendo que los sargentos subministrasen el agua bendita, para que los soldados no careciesen de los saludables efectos y beneficios de esta operacion edificante y útil; espresándose en el edicto del Cardenal patriarca la licencia para que los soldados pudiesen comer huevos, queso, manteca y promiscuar carne y pescado en los dias señalados, y concediéndoles ademas indulgencia plenaria si confesaren y comulgaren en los dias de Natividad, Resureccion, Asuncion, y cien dias mas de perdon á los que asistieren á los sermones de su párroco; mandándose (9 *de octubre* 1823) que en todas las iglesias se haga (á costa de los pueblos) un funeral solemne por los que murieron sosteniendo la causa de Dios y del rey.

Dispúsose en el decreto de 6 de octubre de 1823 celebrar en todos los pueblos de la monarquía (y á su costa) una fúncion de desagravios al Santisimo Sacramento; haciendo decir al rey: que su espíritu se confundia con el horroroso recuerdo de los sacrilegios, crímenes y desacatos que la impiedad osó cometer contra el Supremo hacedor del universo: que los ministros de Cristo habian sido perseguidos y sacrificados: el venerable succesor de san Pedro ultrajado : los templos del Señor profanados, destruidos : el evangelio despreciado : las hostias santas pisadas, etc., etc. »

Justamente pudieran dirigirse á los autores de este aparato alarmante las palabras del P. Griffet en el sermon sobre los caracteres de la verdadera piedad (*) : Menos plegarias en vuestros lábios y mas desinteres en vuestras acciones; pues á la verdad los que han visto la Constitucion hecha en nombre de Dios todo Poderoso, Padre, Hijo y Espiritu Santo; y leido el artículo 12 en que se dice : *La religion de la nacion española es y será perpetuamente la católica, apostolica romana, única verdadera,* prohibiendo espresamente *el ejercicio de cualquiera otra* : los que hayan leido el artículo 173 en que se establece la fórmula del juramento del rey á su advenimiento al trono, prometiendo ante todas cosas defender y conservar la religion católica sin permitir otra alguna : los que vieron con sus ojos á los ministros de Cristo, á los succesores de los apóstoles, á los obispos de Urgel, Mallorca, Leon, Calahorra, Puebla y otra porcion de prelados

---

(*) « Eh ! mes frères, un peu moins de prières, et plus de désintéressement. »

venerables desempeñar libremente los cargos de diputados y presidentes de aquellas Córtes y prestar sus votos á la formacion de ese Código que ahora llaman *democrático, orígen fecundo de desastres y desgracias: de esa Constitucion tiránica productora del desórden y anarquía* en que aparecen sus firmas, sin que alguno de ellos hubiese dicho entónces, como en otro tiempo los apostoles: *Non possumus:* no podemos hacer, no podemos aprobar, no podemos suscribir á lo que pretendeis; viéndose por el contrario el impulso que dieron á *la soberanía del pueblo y al derecho de establecer sus leyes fundamentales y poner restricciones al monarca*, probando en sus discursos, que no se equivocó el docto Eneas Sylvio, cuando, instruyendo al canciller Schlick sobre la autoridad de los reyes, para cortar el cisma con la seguridad de que el papa que ellos reconocieran en sus Congresos seculares sería el indudable, le manifestó que no veia clérigos que quisieran sufrir el martirio por esta ú la otra parte: que todos tenian la fé de sus príncipes; de manera que si estos diesen culto á los ídolos, ellos harian le mismo, negando no solo al papa, sino al mismo Jesucristo cuando fuesen requeridos por la potestad secular; porque se habia enfriado la caridad y perdido toda la fé (*).

Asi escribia aquel Eneas que en el año de 1458 subió al sólio pontificio; y bajo el nombre de Pio II lanzó el anatema contra los que apelasen del papa al concilio, sin embargo de que poco antes habia reconocido y afirmado las bases de estos recursos en sus obras apreciables por su elocuencia y doctrina.

Con estas nociones y recuerdos no deben admirarse ni sorprenderse los que tres siglos y medio despues oyeron en la isla gaditana *al cardenal Inguanzo* primado de Toledo asegurar en la sesion de 23 de agosto de 1811, que la soberanía es general á todas las naciones y Estados de Europa y del mundo, y decir en la de 12 de setiembre siguiente. «Las Córtes, las Córtes son el contrapeso que tiene el Poder real para moderar su poder. *Al arzobispo de Burgos don Alfonso Cañedo* sentar en la sesion de 13 de setiembre del mismo año, que era

---

(*) « Non vides *clericos* quod velint pro ista, vel illa parte martyrium ferre : Omnes hanc fidem habemus quam nostri Principes; qui si colerent idola, et nos coleremus, et non solum Papam, sed etiam Christum negaremus sæculari potestate urgente; quia refriguit charitas, et omnis interiit fides.—Epist. 54.»

un principio incontestable y recibido como tal entre los acsiomas del derecho público, el de que la soberanía reside esencialmente en la nacion, á quien pertenece *esclusivamente* el derecho de hacer sus leyes fundamentales. *Al obispo de Barbastro don Juan Lera* en la sesion del 29 de agosto del mismo, probando que la soberanía reside tanto en la nacion constituida, como en la constituyente; y que por derecho natural tiene la facultad de poner restricciones al monarca. *Al arzobispo de Tarragona don Jaime Creux* decir en la sesion de 8 de junio de 1812, que en su provincia seria mirado como traidor el que intentase destruir la Constitution, que llamó *don Blas Ostolaza* antemural dol despotismo; *al arzobispo de Valencia don Simon Lopez* en la sesion de 12 de octubre de ese año reclamar enérgicamente su observancia, cuando favorecia la posesion de cobrar el voto de Santiago : y en fin cuantos hayan observado el espíritu de la intolerancia religiosa, conque fueron dictados los artículos de la Constitucion y observen el estado en que se mantuvieron los templos, el culto y hasta las supersticiones, conocerán la tendencia de estos *desagravios*, pudiendo señalar ecsactamente el núcleo de las diatribas del canónigo Saez.

Es tan conocido, que no hay siglo ni pais en que la religion no se haya empleado como medio político, y la política, como medio religioso para dividir y dominar los pueblos, ó en que la creencia religiosa se haya librado de servir de apoyo al interés personal de sus oráculos. El viejo Minos hizo descender de Júpiter el cetro, las leyes y la órden de fundar á Cydonia y otras ciudades de su reino. Licurgo, á quien segun Polibio no puede tacharse de supersticioso, conociendo la propension de los pueblos á doblar la cerviz á este género de ilusiones, autorizó siempre sus pensamientos con los misterios de la Pythia, que no era mas que un instrumento pasivo en mano de los Amphictiones, protectores del oráculo de Delfos, cuyas respuestas ambiguas llevaron al templo las riquezas, y al ignominioso cautiverio el esplendor y persona de Creso. Scipion el africano hizo atribuir á revelacion de los Dioses los sueños que realmente eran las consecuencias precisas de la meditacion de sus planes, y de la justísima estimacion que le grangearon sus virtudes eminentes. Por conseguir el honor del triunfo solicitó Ciceron acciones públicas de gracias, atribuyendo á los Dioses las victorias de Amano y Pindeniso, debidas á su integridad y al acierto en el mando de las armas, como espuso Caton en el Senado, votando contra la solicitud y en obsequio de la probidad y reputacion de su amigo. En la misma Roma que odiaba la memoria de los Tarquinos tentó Julio César ceñirse la diadema Real con la supersticion de los libros sibilinos, animada por el deseo de destruir á los Parthos. En la antigua España Sisenando, que protegido por Dagoberto rey de Francia destronó á Suinthila, cargando despues sobre el miserable pueblo los gastos de la usurpacion del trono, no halló medio mas espedito para legitimarla y cohonestar la humillacion y vilipendio de su patria subyugada por los franceses, que el de *invocar la religion y asirse al brazo eclesiástico* (37). Con el paró Flavio Ervigio el golpe que temía del odio que engendraron los medios infames de satisfacer su deseo de reinar; pues cediendo á los 35 obispos del XII concilio de Toledo una de las mayores prerrogativas de la corona, que por antigua costumbre creaba y elegia libremente estos prelados para todo el reino, consiguió en cambio, que ellos destronasen á Wamba, fulminando anatemas contra los que no reconocieson al usurpador (*).

Ni es ménos digno do consideracion el ejemplo que presenta un pueblo heróico por su valor y por sus desgracias. La Polonia fué en otro tiempo el terror de los turcos, la libertadora de Viena, y si nó incorporó la Prusia en el número de sus provincias fué por no haber sabido Jagellon aprovechar sus triunfos. El valor y las armas la elevaron y robustecieron : el fanatismo y las disensiones religiosas la debilitaron y abatieron. Sometida á las condiciones y gravámenes con que Benedicto IX dispensó al monge Casimiro el poder aceptar la corona hereditaria, empezó á ver la propagacion de la doctrina de los protestantes á quienes concedió Segismundo Augusto libertad de cultos y todos los honores que los católicos querian reservarse esclusivamente. Enrique de Valois los despojó con infraccion del tratado de Oliva. Poniatowski subió al trono en 1746 protegido por Catalina de Rusia; y no teniendo facultad contra las decisiones de la Dieta, los quejosos ocurrieron á las Cortes de Londres, Petersburgo y demas garantes del pacto. Estas desa-

(*) «*Entreprise téméraire sur le temporel des Rois*, dice el abate Choisy (Hist. de l'Eglis. l. 15, ch. 1.)»

venencias, nacidas de la intolerancia de los católicos, abrieron á Catalina las puertas de su dominacion, so-color de amparar á los oprimidos. El Austria, Francia y Prusia, celosas de su ascendiente en Polonia, animaron el partido católico que, arrastrado por un ciego fanatismo, quemó las iglesias protestantes, cometiendo atrocidades. Y por segregar á los protestantes patricios de sus Congresos y Senados, tuvo que sufrir la ley de soldados estrangeros y el abono de los gastos de la intervencion. Vió la desmembracion del reino, apoderándose la Rusia de la parte mas dilatada del territorio, el Austria de la mas poblada y la Prusia de la mas comerciante. Sintió la pérdida de cinco millones de habitantes y de las ricas minas de sal; y esclavos del emperador Nicolás, por consecuencia de su progresiva decadencia, enseñan los polacos el término de las preocupaciones religiosas, inspirando admiracion y simpatía.

«¿Cuantos engaños han bebido las naciones con especie de religion? decia Saavedra en la Empresa 27. ¿Que serviles y sangrientas costumbres, no se han introducido con ellos en daño de la libertad, de las haciendas y de las vidas? La política se vale de la máscara de la piedad. No solamente ha abrasado ciudades, sino provincias y reinos. Si á título de ella se introduce la ambicion y la codicia y se agrava al pueblo, éste desconoce el yugo suave de Dios con los daños temporales que padece, y viene á persuadirse que bajo la religion se ocultan los medios con que quieren tenerle sujeto y beberle la sustancia de sus haciendas. »

INSTRUCCION PUBLICA.

Mas como para estrechar esta sujecion, para reducir la obediencia á la clase de ciega que no ecsamina los motivos ni razones del que manda, *y facer su pró magüer sea en daño de la tierra*, era preciso *puñar:* 1° *Que los de su Señorío fueran siempre necios et medrosos, porque cuando á tales fuesen, non osarien levantarse contra ellos nin contrastar sus voluntades;* 2° *que hayan desamor entre sí, de guisa que non se fien unos dotros;* 3° *de los facer pobres, matar á los sabidores, et vedar siempre cofradías, et ayuntamientos, et saber lo que se dicie ó se facie en la tierra;* como para obtener este poderío, con que la ley de partida marca al tirano, era absolumente necesario apagar las luces difundidas y detener sus progresos, se creyó indispensable apoderarse de la *Instruccion*, fuese de grado ó por fuerza, para disponer de las ciencias y dirigir los establecimientos literarios á fin de tener á los pueblos en una profunda ignorancia, en una dependencia servil y manejarlos á su gusto hasta reducirlos, y reducir al mismo Gobierno á la condicion brutal en que hubo de verse el colegio de Santo Tomas de Sevilla, (al que nunca alcanzó el *cierre* de las universidades), cuando en febrero de 1784 publicó impresas las theses, que en acto público de filosofiá ofreció sostener el P. maestro Alvarado, diciendo literalmente en la 29 «mas queremos errar con S. Basilio y S. Agustin que acertar con Descartes y Newton (*)»: el intendente don José Rey Alda, cuando en su proclama de mayo de 1823 dirigida á los habitantes de Madrid se quejaba de los males producidos *por la ilustracion y luces del siglo* : la universidad de Cervera, cuando en su esposicion publicada en la gaceta de Madrid de 3 de mayo de 1827

(*) «*Nos autem ubi controversia sub judice sit malimus cum Clemente, Basilio, Agustino, vel Thoma errare, quam cum Cartesio, Gasendo, vel Neutono vera sentire.*»

dijo : *Lejos de nosotros la peligrosa novedad de discurrir!!!* Y el ministerio de Calomarde cuando en sus gacetas preconizó como victorias ganadas contra la libertad de los pueblos los decretos que debian derribar y en efecto derribaron del trono á Cárlos X : y cuando llamó ufano la atencion de los lectores al anunciar *con letras grandes* la caida del lord Grey, sin conocer el estado de la Inglaterra, ni preveer los inmediatos sucesos que no podian ocultarse al sentido comun (*).

Los Reyes Católicos al principio de su reinado, *considerando cuanto era provechoso y honroso traer á sus reinos libros de otras partes para que con ellos se hiciesen los*

(*) No solo no cayó entónces el ministerio presidido por el lord Grey, sino que en 17 de julio de 1833 acaba de decir á los incorregibles Lores : « hemos llegado, señores, á una situacion en que es inevitable el triunfo de uno de los dos principios de gobernacion, es menester, ó tomar la audáz y temeraria resolucion de oponerse á toda reforma, usando de medios coërcitivos, ó marchar con el espíritu y sentimientos del siglo, procurando corregir los abusos que se han introducido en nuestra Constitucion, como en las de los demas paises.

El primero de estos dos sistemas no puede dejar de ser repelido, por que nos conduciria á una nueva Santa Alianza, etc., etc.» (*Véase en la sesion de aquel dia sobre la reforma de las rentas de la Iglesia anglicana.*)

hombres letrados, confirmaron por ley de 1480 la esencion de alcabalas concedida por sus predecesores al renglon estimable de libros; y deseosos de fomentar la ilustracion multiplicando las importaciones *por mar y por tierra,* añadieron la libertad de todos los demas derechos y portazgos *á los muchos libros* que introducian los mercaderes *nacionales y estrangeros en provecho universal y enoblecimiento del reino*.

Restringida esta ley á los 22 años de sa promulgacion, quedó al fin abrogada por la de Felipe II que en 1558 desmontó las prensas útiles, dejando intactas y espeditas las que sudaban Misales, Breviarios, Diurnales, Canto llano para iglesias y monasterios, Sinodales y Flos Sanctorum; y amenazó con pena de muerte y confiscacion de bienes, no solo al que osára imprimir otra clase de libros, sino al que se atreviese á tener ó comunicar los manuscritos. Su hijo Felipe III en la ley de 1610 prohibió á los españoles imprimir sus escritos fuera del reino: Felipe IV en otra de 1627 cerró la puerta á la impresion de todo discurso sobre materias políticas y gobernativas; y en todas se advierte el fatal influjo de la Inquisicion, que forzó en Roma á Galileo y en España hizo gemir en sus calabozos á Fr. Luis de Leon, al Brocense, á Olavide, y otra porcion de sábios virtuosos y venerables.

Al incremento del poder de Fernando, á las desavenencias de su yerno Felipe, al temple y educacion de Cárlos, y al genio dominante tétrico y supersticioso de su hijo Felipe, se debió sin duda el orígen y succesion de las trabas que sufrieron los ingenios y de las prohibiciones que cegaron y corrompieron los manantiales que fecundizaron las obras de Nebrija, Victoria, Arias Montano, Vives y demas ornamentos de la patria. Doloroso es por cierto descubrir el cuadro de nuestra degradacion ignominiosa; mas no podemos dejar de manifestarle en la siguiente Real Cédula que miramos como el monumento mas digno de la memoria de Cárlos III.

REAL CÉDULA.

« Don Cárlos por la gracia de Dios, rey de Castilla, de Leon, etc., á los del mi Consejo, presidente y oidores de mis audiencias y chancillerias, alcaldes, alguaciles de mi casa y corte, y á todos; á quienes lo contenido en esta mi carta toque, ó tocar pueda en cualquier manera; y señaladamente á vos el Asistente de la ciudad de Sevilla: ya sabeis que con fecha de 14 de abril del año pasado de 1767 por la Real academia de Buenas letras de esa ciudad se hizo una représentacion á mi Real persona, solicitando se tuviesen presentes á sus individuos en la provision de cátedras vacantes, por la espulsion de los regulares de la Compañía, y demas destinos que con este motivo podian ofrecerse en beneficio del público: la cual con papel de mi primer secretario de Estado se remitió á mi Consejo en el estraordinario, para que hiciese de ella el uso que juzgase conveniente. Y habiéndose pasado á mi fiscal don Pedro Rodriguez Campománes, espuso cuanto le pareció en el asunto: en cuya vista, conformándose el mi Consejo con el deseo de establecer la enseñanza pública en esa ciudad en el mayor vigor, poner floreciente su Universidad literaria, contener la mendicidad y ocurrir en lo posible á los demas fines indicados en la Real pragmática-sancion de 2 de abril de 1767, por decreto de 21 de agosto del mismo año, acordó se os pidiesen sobre ello los informes correspondientes, tratándolo con el regente de la Real audiencia de esa ciudad y el M. R. cardenal arzobispo, indicándoos espusiéseis el destino que pudiera darse á la fábrica material de las casas y colegios, que en esa ciudad correspondieron á los regulares de la Compañía. En su consecuencia, unidamente y de un acuerdo y conformidad con dicho regente y M. R. cardenal arzobispo lo evacuásteis con fecha de 12 de febrero de 1768, señalando con esactitud, claridad y beneficio del público la aplicacion de las seis casas que en esa ciudad poseyeron los dichos regulares, esponiendo, por lo respetivo á la que fué casa profesa, ser conveniente establecer en ella la Universidad literaria, con consideracion á estar situada en el medio de esa ciudad y á la proporcion del edificio, dándola la magnífica iglesia de ella para celebrar los actos públicos, grados y demas funciones, y dividiendo la habitacion por su mucha capacidad en dos cuerpos, uno para la Universidad y el otro para Seminario de estudios, en que pudiesen habitar los maestros, y recogerse los porcionistas que acudiesen. Y en cuanto á la ereccion y cualidades, informásteis con separacion cuanto os pareció, que á la letra dice asi:

IDEA GENERAL.

Hemos dicho que la casa profesa puede comprehender en su buque una Universidad magnífica y un suntuoso seminario. Este será el cuerpo, y el Consejo intenta darle el alma. Quiere que esta Universidad y colegio florezcan, no en las ciencias inútiles y frívolas, sino en los verdaderos conocimientos permitidos al hombre, y de que puede sacar su ilustracion y provecho. Conocemos con dolor que en el estado actual de las letras en España, no bastan paliativos para conseguir tan importante fin, pues no se curan las gangrenas con colirios, sino con cauterios. Que será inutil suprimir unas cátedras y subrogar otras, quitarlas alternativas, separar un cuerpo para reponer otro, dar esta ó la otra forma á las oposiciones y grados, desterrar finalmente tales ó cuales abusos : estos remedios evitarán algunos inconvenientes, pero dejaran siempre en pie la parcialidad, el espíritu de partido y escolástico, la division de escuelas, la prepotencia de unos cuerpos respecto de otros, la perversion del raciocinio, la futilidad de las cuestiones y demas vicios que infestan las escuelas, y que no pueden esterminarse, sino sacándolos de raiz refundiendo la forma y método de los estudios, y creando, para decirlo asi, de nuevo las Universidades y colegios por principios contrarios á los establecidos. Para que la nacion vuelva al antiguo esplendor literario de que ha decaido, poniendose al nivel de las demas naciones cultas, que le llevan dos siglos adelantados en descubrimientos y progresos, nos parece indispensable dar nueva planta á nuestros estudios, contentándonos por ahora con estudiar lo que dichas naciones han adelantado, y esperando que, luego que estemos en proporcion con ellas, los genios españoles siempre felices y vivos sobrepujarán á los demas, como hicieron en los antecedentes tiempos. Pero esto no se conseguirá sin dos pasos esenciales. El primero es remover todos los estorbos que impiden el progreso de las ciencias, destruyendo el mal espíritu introducido y rectificando todo lo que haya de vicioso en lo interior de su método y administracion. El segundo el de establecer los buenos estudios que serán nuevos para nosotros; pero que son los únicos, útiles, y los que solo pueden hacer prosperar á la nacion. Fuera muy prolijo insinuar todos estos puntos; y asi indicarémos solamente los que nos parecen mas precisos, sujetándolo todo á la ilustracion del Consejo.

Dos espíritus se han apoderado de nuestras Universidades, que han sofocado y sofocarán perpetuamente las ciencias : el uno es el de partido ó escuelas ; y el otro el escolástico. Con el primero se han hecho unos cuerpos tiranos de otros, ha avasallado á las Universidades reduciéndolas á una vergonzosa esclavitud, y adquiriendo cierta prepotencia que ha estinguido la libertad y emulacion : con el segundo se han convertido las Uuniversidades en establecimientos frívolos é ineptos, pues solo se han ocupado en cuestiones ridículas, en hipótesis quiméricas y distinciones sutiles, abandonando los sólidos conocimientos de las ciencias prácticas, que son las que ilustran al hombre para invenciones útiles, y despreciando aquel estudio serio de las sublimes, que hace al hombre sincero, modesto y bueno, en vez de que los otros, como futiles é insustanciales, lo hacen solo vano y orgulloso. Por una desgracia deplorable ha mucho tiempo que nuestra nacion se halla dominada de uno y otro espíritu : puede decirse que el de partido es el carácter que la distingue, pues casi no se encuentra en otra alguna, y comprende á la nuestra en toda su estension, sin distincion de clases ni personas. Parece que España es cuerpo compuesto de muchos cuerpos pequeños, destacados y opuestos entre sí, que mútuamente se chocan, oprimen, y desprecian haciéndose una continua guerra civil. Cada provincia forma un cuerpo á parte que solo se interesa en su propia consèrvacion, aunque sea con perjuicio y depresion de las demas. Cada comunidad religiosa, cada colegio, cada gremio se separa del resto de la nacion para reconcentrarse en si mismo. De aqui viene que toda ella está dividida en porciones y cuerpos aislados, con fuero privativo, con régimen distinto y hasta con trage diferente: siendo la resulta de esta segregaçion, que el militar, el letrado, el colegial, el religioso, el clérigo, solo son lo que su profesion indica; pero jamas ciudadanos. De aqui nace este espíritu de cofradías, con que el pueblo desde el alto al bajo se divide cada uno en su clase, y quiere distinguirse hasta en el culto. Y proviene en fin aquel fanatismo con que tantos han aspirado á la gloria de fundadores, queriendo cada particular establecer una república á parte con leyes suyas y nuevas. Vanidad que se ha introducido en la religion; y en la liberalidad de los que mueren; pues llenos de esta idea, ántes han pretendido fundar un hospital, una casa de recogimiento ú otra institucion piadosa, que mejorar ó aumentar las establecidas por otros. Esta singularidad hace que la nacion esté llena de tantas pequeñas fundaciones, ya inutiles por mal dotadas y peor administradas.

Por estos principios harto conocidos se puede hoy mirar la España como un cuerpo sin vigor ni energia, por estar compuesto de miembros que no se unen entre si, sino que cada uno se separa de los demas perjudicándoles en cuanto puede para ecsaltarse á si mismo; como una república monstruosa, formada de muchas pequeñas que reciprocamente se resisten, porque el interes particular de cada una está en contradiccion con el general : como una máquina inerte, sin union ni fuerza, porque le falta el principal resorte de la emulacion, á quien ha estinguido la prepotencia; pues estando todos los individuos en guerra de poder unos con otros, se reducen à la triste alternativa de opresores ó de oprimidos, dando el tono los que llevan el mando. Tal vez todos los empleos se confieren á los natarales de una provincia con esclusion de los demas : tal vez los obtienen solo los colegiales, desatendidos todos los otros estudiantes. Tal vez el servicio de tierra se ecsalta con abandono del de marina y al contrario. Un gefe en poder determina el giro de las cosas. Y de aqui nace que cada particular, á quien no gobierna sino su propio interes, se concentra cuanto puede con su cuerpo y se enciende en todos el espíritu fanático de partido, que apaga el nacional. Cada uno es militar, es eclesiástico, es colegial tan esclusivamente que desprecia á los otros, y nunca es español : se estíngue el amor de la patria, no se entra en la idea de la nacion ; y cada cual es tan frio é indiferente para el bien de su pais, como ardiente y determinado para el de su profesion. Dirémos de paso que á esta infeliz constitucion han dado mucho aumento, sino el orígen, los privilegios concedidos á cada cuerpo, y sobre todos el del fuero privativo que ecsime á los individuos de la jurisdicion ordinaria que es la única que debiera regir, como que es la fuente de todas (*). Seria muy conve-

---

(*) 36 fueros distintos se cuentan en la poliárquica España.

niente estinguir este abuso, mandando que cada cuerpo tenga solo fuero en los delitos y causas relativas á su profesion; pero que en las civiles ó comunes á los ciudadanos, se sujeten á la jurisdicion ordinaria, como se practica en las naciones de mejor policía. Y mientras la nuestra se mantenga en el estado de inhibiciones, competencias y privilegios que la dividen y desconciertan, ni será una nacion unida y vigorosa, ni se verá en ella la recta administracion de justicia.

Volviendo á recojernos á nuestro asunto, discurrimos que este pernicioso espíritu de partido sino ha nacido y tenido su cuna en las escuelas, á lo menos se refugió y acojió desde luego á ellas para reforzarse y estenderse despues en los demas institutos. Por varios medios se ha apoderado de los estudios, ya en la fundacion de colegios, que al fin se han levantado con llamarse y ser mayores, pues han tiranizado á los otros y aun á las mismas Universidades, á las que han dado rectores necesarios; y ya con la odiosa invencion de escuelas en que, adoptando cada gremio ó comunidad sobre cuestiones inútiles y abstrusas una opinion particular, se forma un partido que se sostiene por empeño, versándose en asuntos que era mejor no se estudiasen, pues se abandonan por ellos los estudios útiles y serios. En la actual constitucion de las escuales es preciso ser Tomista, Jesuita, Baconista ó Escotista, segun los maestros que el acaso ó la proporcion presenta; y se defiende con tenaz obstinacion una doctrina que, sin iluminar ni aun ocupar el entendimiento, pasa á desazonar la voluntad. Es visible cuanto, contra el espíritu de la caridad cristiana, indisponen estas frívolas disputas los ánimos de los profesores, enconándolos y produciendo un desprecio mútuo y una discordia que los tiene siempre en continua guerra: cuyo desafecto no se queda en los colegios, sino que, depositado en los corazones, sigue á todas las profesiones, y abraza todos los estados de la vida hasta el de la edad mas seria.

Pero aun todavía consideramos ciertamente por mas perjudicial al progreso de las letras el segundo espíritu que es el escolástico; pues si el primero ha podido pervertir los ánimos, este ha pervertido ciertamente el juicio. Este es aquel espíritu de error y de tinieblas que nació en los siglos de la ignorancia, en la que mantuvo por mucho tiempo á la Europa, de que no se han podido sacudir enteramente algunas naciones hasta el siglo pasado : época feliz de la resurreccion de las ciencias. Esta gran revolucion se debió á un solo hombre que no hizo otra cosa que abandonar el método aristotélico ó escolástico, subrogándole otro geométrico. Este dió á las ciencias nueva forma, desterrando las frívolas cuestiones escolásticas, y buscando con orden práctico y progresivo aquellos conocimientos útiles y sólidos de que es capaz el ingenio humano. Por nuestra desgracia no ha entrado todavía á las Universidades de España ni un rayo de esta luz. Y mientras las naciones cultas, ocupadas en las ciencias prácticas determinan la figura del mundo, ó descubren en el cielo nuevos luminares para asegurar la navegacion, nosotros consumimos nuestro tiempo en vocear las cualidades del ente, ó del principio *quod* de la generacion del verbo. Este escolasticismo peca en su objeto y en su método : en su objeto porque siempre se versa en cuestiones frívolas ó inútiles; pues ó son superiores al ingenio de los hombres, ó solo son de nombre, incapaces de traer utilidad, aun cuando fuese posible demostrarlas. Peca en su método; porque en lugar de buscar la verdad por medios simples y geométricos, la presume hallar por una logica enredada, capciosa y llena de sofismas, que obscurecen el entendimiento, lo acostumbran á raciocinios falsos, y á desviarse de la misma verdad, contentándose con palabras y con ciertas distinciones que se llaman sutiles y son ineditas, llegando la desgracia á tal punto que se ha dado el nombre de agudeza á este continuo delirio de la imaginacion. Asi es que este estudio de las Universidades empieza por pervertir el entendimiento y el primer mal oficio que hace á todo estudiante, es obligarle á perder aquella lógica justa y natural con que nace todo hombre dotado de mediana razon. De aqui procede el haber salido de las Universidades el espíritu escolástico á derramarse por toda la nacion, infestando sus profesiones y clases. Del mismo principio ha nacido el falso gusto que en todos asuntos la domina, el no verse que en ninguna profesion se llene debidamente su objeto, ni que clase alguna esté en su lugar. De este mismo espíritu son hijos los muchos malos sermones que se predican, en que perdiéndose de vista la seria elocuencia que ecsige la magestad del púlpito, todo el empeño se reduce á proponer un asunto absurdo, paradojico é improbable, para persuadirlo escolásticamente con testos violentados y con toda la forma que lleva el *ergo* en las escuelas. Igualmente lo son los bajos y triviales alegatos en derecho y estemporáneos, que hasta ahora pocos dias hacian los abogados, aun en los tribunales de la Corte. Tambien lo son las malas comedias y pésimas poésias, en que todo se da á la sofisteria, al equívoco y juego de palabras, y nada á la solidez, ni á la razon. Del mismo orígen proviene la imperfeccion y groseria de todas nuestras artes que, gobernadas por un espíritu falso, no pueden elevarse á los luminosos principios que las adelantan: nace tambien este espíritu superficial que se observa aun entre las mugeres y el bajo pueblo, á quienes se oye hablar con el estilo pedante de las escuelas, soliendo usar de distinciones capciosas que desfiguran la verdad, y manejar el sofisma sin arte y por ejemplo. Y sobre todo nace el detestable abuso con que se ha querido desconocer la religion hasta en su parte moral, corrompiendo la simplicidad y pureza de los preceptos evangélicos, pues á la sombra de sus distinciones escolásticas y quiméricas restricciones han pretendido eludir la fuerza de los divinos mandamientos, introduciendo opiniones relajadas, y haciendo de la santa moral de Jesucristo un asunto de controversias escandalosas, ó pueriles. No se ha contentado este mal espíritu con viciar la filosofía y corromper la teología, convirtiéndolas en unas ciencias de palabras vanas y de especulaciones futiles. Tambien ha contagiado á la jurisprudencia, la que por su instituto, que no es otro que el de buscar la razon moral de las cosas para la distribucion de la justicia, parece debia haberse preservado de aquel daño. Pero ha tenido tanta influencia en nuestros estudios que ha envuelto tambien en su confusion las materias del derecho civil, pues hoy no son mas que cuestiones de la misma especie. Lo mas estraño es que la medicina, ciencia práctica cuyo objeto no puede ser otro que el de conocer las enfermedades para curarlas, ni tener mas principios que los de la esperiencia sin dejar la observacion de la mano para seguir á la naturaleza, ha abandonado por el mismo vicioso influjo estas respetables guías: se ha entregado á la disputa frívola, al raciocinio falso, y se ha hecho ciencia de quimeras, probabilidades y sofismas, poniéndose al nivel mismo que las demas. La resulta de todo esto ha sido el haberse hecho inútiles los estudios de las Universidades: que, despues de acabados los cursos, ningun estudiante sale filósofo, teólogo, jurisperito ni médico: que cada uno se halla precisado á empezar nueva carrera y nuevo estudio para practicar de algun modo su profesion. Y ¡ojalá que solo fueran inútiles! Lo peor es que son perjudiciales; porque salen los jóvenes con la razon pervertida, con el gusto viciado y con el juicio acostumbrado á raciocinios falsos. Impresiones tenaces que, contraidas con la primera educacion, suelen durar el resto de la vida; siendo necesario un genio sobresaliente para rectificar despues las ideas con el uso del mundo y mejores estudios; pero este número suele ser muy corto.

De lo que dejamos demostrado y discurrido hasta aqui se deduce que el espíritu escolástico es el destructor de los buenos estudios, el corruptor del gusto y con el que son incompatibles las verdaderas ciencias y sólidos conocimientos del hombre; y por consiguiente que si el Consejo quiere que renazcan las letras en España, es preciso que le haga la guerra á sangre y fuego: que lo estermine de modo que no quede semilla de él, porque sin duda volveria á inficionarnos: que en este mal no caben temperamentos, ni pueden bastar paliativos: que es absolutamente indispensable desterrar de nuestras Universidades uno y otro espíritu, ó abandonar el empeño de su reforma; porque ninguna otra puede ser suficiente, quedando nosotros en la íntima y firme persuasion, (que hacemos presente sin vacilar) de que siempre que subsista el espíritu de partido, ó se conserve el escolástico, es imposible que haya en la nacion buenos estudios, ni que florezca en las letras. Nosotros pues, gobernados por estas ideas, intentamos proponer el régimen y plan de estudios que nos parece conveniente señalar á esta Universidad, la que consideramos que se debe erigir como de nuevo. No espondrémos todo lo que fuera necesario para su perfecto establecimiento. La perfeccion requiere progresos, y es menester empezar por algo para arribar á ella. Usarémos de moderacion. Solo propondremos aquello que creemos absolutamente necesario para dar una forma mejor á los estudios, sin lo cual jamas podrán ser buenos. Tememos que alguna de nuestras proposiciones pueda parecer atrevida á los espíritus débiles ó preocupados, que han hecho los mismos estudios que deseamos esterminar; y al mismo tiempo recelamos que esa misma proposicion parezca tímida y pusilánime á los espíritus ilustrados que, conociendo la estension y la fuerza del mal, buscan la actividad de los remedios. Procurarémos tomar un justo temperamento, haciendo presentes los medios que nos parecen sólidos, sin chocar, en cuanto sea posible, con la comun preocupacion. Mas tampoco este temor nos hará omitir nada de cuanto juzguemos necesario para lograr el objeto, pues á todo riesgo, por cumplimiento de nuestra obligacion y desahogo de nuestro celo, debemos manifestar al Consejo con sinceridad nuestras reflecsiones, seguros de que su ilustracion rectificará lo que pudiere haber defectuoso en nuestras ideas.

RÉGIMEN DE LA UNIVERSIDAD.

La Universidad debe ser un cuerpo sujeto á las leyes ó estatutos que se le dieren; pero libre en la eleccion de sus miembros, para que la noble emulacion no desfallezca. Por consiguiente es menester separarla del Colegio mayor de Maese-Rodrigo, cuyo rector lo es hoy necesariamente de la Universidad. No se puede comprehender la razon de una institucion tan estraña, ni qué motivo pudo haber para que un colegio domine por instituto á una Universidad: que la parte absorva al todo y que al rector de uu colegio, que lo suele ser el mas jóven, se le fie la direccion y gobierno de un cuerpo tan respctable como debe ser el de la Universidad. Como quiera que sea, parece regular que esta no sufra la espresada esclavitud, ni se esponga, como hasta aqui, á una tirania. Debe pues el cláustro elegir á pluralidad de votos cada tres años á un doctor provecto y esperimentado para rector suyo, poniendo á su cargo el régimen y direccion de todo el cuerpo: asi mismo tres conciliarios para asociarlos con igual voto á su gobierno y un promotor fiscal (todos doctores y triennales), cuyo encargo sea velar sobre la observancia de los estatutos, y promover cuanto le parezca conveniente al adelantamento de los estudios. A todos debe acompañar un secretario que será perpétuo, para que en todo tiempo pueda dar las noticias necesarias á los que entraren de nuevo al manejo. Y el colegio de Maese-Rodrigo debe quedar como un cuerpo dependiente de la Universidad, adonde deberán hacer sus cursos los colegialos que los necesiten, y los que se hallaren ya graduados en ella, podrán oponerse á las cátedras y competirlas con los demas escolares, estando como todos sujetos al juicio del claustro en la pluralidad de votos. El cuerpo místico ó moral de la Universidad se compondrá de los nombrados que tendrán su gobierno y direccion : de los catedráticos que serán los maestros que enseñen : de los doctores y demas graduados que estarán en disposicion de pasar á maestros; y de los escolares ó cursantes, que serán los discípulos que esten aprendiendo. Por este órden viene à ser una oficina pública que instituye el Gobierno para dar buenos estudios á la Provincia, conociendo su importancia, y que no puede florecer la nacion en agricultura, fábricas, ni aun en las armas, si no florece en las letras; esto es, en las ciencias prácticas, cuyos sólidos conocimentos son los que conducen á la invencion de las artes útiles y cómodas, y los que elevan el alma á las virtudes. Viene à ser un taller donde deben formarse los pocos hombres que han de servir al Estado, ilustrando y dirijiendo la muchedumbre. Pero este no debe abrirse para todos : se hallaria muy mal aquella nacion, en donde el gusto ó empeño de la literatura arrancára á los muchachos del arado, de la oficina ó del telar de sus padres para trasportarlos á un colegio. Y solo estará bien aquel pais en que, abundando el número de labradores, artesanos y fabricantes, se destina un número suficiente de individuos á las ciencias utiles para ilustrar á los otros con reglas y preceptos. Una sola cabeza dirije á muchas manos. Esta reflecsion hace conocer que no conviene al Estado que se dediquen los pobres á las letras, sino que sigan la profesion de sus padres, y que de ellos se formen los hombres mas útiles á la sociedad, porque son los que la hacen subsistir. Edúquese en hora buena á la nobleza, y sea su educacion la mas superior, pues es la que por lo comun forma el gobierno : densc buenos estudios para aquella gente acomodada que puede pagar la módica pension que requieren, y que no se aplicaria á las artes, que el orgullo llama bajas; pero no se distraigan los hijos de los menestrales del ejercicio de sus padres. Por estos principios nos parece poco discreta y filosófica aquella empeñada caridad, con que nuestros mayores quisieron dar esta tentacion á los pobres, ya fundando en los colegios becas destinadas para ellos, y ya facilitándoles por otros medios los estudios. No hay duda que se perderán muchos grandes ingenios, que tal vez habria entre la gente pobre : pero ademas de que no faltarán entre la noble y acomodada, pues el entendimiento no está aligado á la baja ni alta calidad : lo cierto es que la primera atencion de un Estado debe ser cuidar que no le falten las manos que lo sostienen. Por otra parte no deja de ser dificil y raro, que se aplique bien á estudiar el que no se puede mantener. Lo mas comun es que un pobre labrador ó artesano por mejorar la suerte de sus hijos, se quite de la propria subsistencia lo que destina para sustentarlos en la Universidad, sacrificando, por la vanidad de hacer á alguno de ellos sacerdote, al resto de su familia y su proprio bienestar : de lo que resulta que con abandono de los campos y telares, se pueblen tanto los conventos y se aumente el número de los clérigos. Pensamos pues que deben escluirse de las Universidades los absolutamente pobres nos gobierna el mismo espíritu que á la ley del reino, que prohibe haya estudios de gramática en los lugares cortos, porque es una continua distraccion de la gente del campo. No por esto pretendemos que solo puedan estudiar los ricos : nos contentarémos con que estudien aquellos que puedan pagar la moderada pension que necesitan para subsistir durante sus cursos, á modo que ninguno se puede ordenar, sin tener congrua con que mantenerse.

Si los pobres deben ser escluidos de las Universidades, mucho mas y por mayores motivos lo deben ser los regulares. Dijimos que la Universidad es la oficina pública que instituye el gobierno para educar á los hombres que han de servir al Estado. En este concepto no pueden comprehenderse los regulares, mediante el santo retiro á que se han consagrado. La perfeccion cristiana á que deben aspirar por los votos que prononciaron, el austero silencio y penitente mortificaéion que han escogido y á que los sujeta lo sublime de su vocacion, no son compatibles con el roce y bullicio de las escuelas que, cuando ménos, no puede dejar de servirles de distraccion enfriando el fervor y devocion de su instituto. Unos hombres que han jurado ser austeros y separarse del comercio del mundo: que se han distinguido de los demas hasta en el traje, vistiendo el que desde luego manifiesta la humildad y obediencia que profesaron: que se han dedicado especialmente á la predicacion, á la oracion, al rezo y demas retiradas virtudes de su estado: ¿estarian bien, revueltos en los cláustros de la Universidad entre una juventud viva y despejada, que, llena de las ideas y mácsimas del mundo, no sigue la penitente austeridad de los religiosos? ¿Estarian bien estos arguyendo con los jóvenes profanos, disputando las cátedras, animados de las mismas pasiones de vanidad y triunfo, que por precision se escitan entre los opositores? ¿Y como podria estinguirse el espíritu de partido, si pueden oponerse á las cátedras los regulares? Cuando se oponga alguno ¿no le ayudará su religion? ¿No le buscarán votos? ¿No formará ligas? Y dejando aparte el perjuicio de la Universidad, ¿no es este un medio infalible de relajar su disciplina monástica? ¿No es introducir las pasiones tumultuosas, las discordias y enemistades en el seno de los cláustros, donde solo debe respirar un mudo y pavoroso silencio? Se puede decir sin temeridad que una de las causas que mas han contribuido á la triste relajacion de las religiones, y por consiguiente á verse tanto ménos estimadas de lo que debieran ser, es el uso y dominio que han tenido en las Universidades. Y aseguramos con firmeza, que todos los varones santos que florecen en dichas religiones verán complacidos una reforma absoluta en esta parte, pues por ella se les acaba una tentacion vehemente, que los ponia en la precision de no alejarse del mismo siglo á que habian renunciado, y podrán florecer en la disciplina de que han decaido, con la confianza de que pueden hacer en sus mismos cláustros, con menos distraccion y riesgos, aquellos estudios monásticos que fueren necesarios para el desempeño de su instituto. Por otra parte, si se pretende arrancar de las Universidades el escolasticismo ¿como podrá conseguirse su esterminio continuando los regulares en la enseñanza? todos saben que ellos han sido sus promotores, y que cada uno tiene su corifeo en cuyas palabras jura, pues la obediencia les obliga á defender su doctrina. Este forzoso método de enseñar, ha producido los nombres de Tomistas, Suaristas, Escotistas y demas : ¿Se puede esperar prudentemente que por mas órdenes que se den, por mas reglas que se pongan, puedan de repente los regulares enseñar estudios puros, sencillos, é indiferentes? ¿Y como los han de enseñar, sino los saben? Lo que se puede temer es, que aunque se separen, aunque se dicten las mejores reglas y se prescriban los mejores cursos, se halla tan arraigado el vicio escolástico que costaria suma dificultad y mucho tiempo esterminarlo. Para esto seria necesaria toda la ilustracion del Consejo á fin de señalar las pautas que han de seguirse y toda su constante vigilancia para mantenerlas. Este es un empeño árduo, dificil y contingente: ¿Que será pues si á tantas dificultades como trae consigo, se añade la de dejar en la palestra unos cuerpos que nunca se han empleado en otros ejercicios que en aquellos que se van á proscribir? Lo primero que harán será desaprobar las mismas providencias que conspiren á mejorarles los estudios. Pero aun cuando fuese posible ponerlos en tal órden, que abrazasen efectivamente la reforma y se redujesen á estudiar con la nacion: ¿se puede esperar que los regulares se mantengan siempre asi? ¿No se debe temer que el tiempo que lo relaja todo, altere estas mismas reglas, seguidas por unas comunidades que estarán en continua tension para aflojarlas? ¿Serán sus individuos tan puros que nunca propenderán á favor de sus hermanos? ¿Que no formarán pandillas para levantarse con las cátedras, ni se entregarán al fanatismo tan natural al hombre de dar y persuadir sus propias opiniones? *La esperiencia nos ha enseñado el poder que adquieren los cuerpos estables y subsistentes para alzarse á la larga con el dominio de todo aquello en que tienen parte.* No podran resistir pocos catedráticos disgregados (si quedan algunos) y un corto número de estudiantes dispersos al crédito y autoridad que han de adquirir con el tiempo comunidades permanentes y numerosas: ¿y que sucederá pues? Lo que ha sucedido siempre; que estas sojuzgarán á aquellos, que se disputarán entre sí el dominio de la Universidad, que unas tendrán prepotencia sobre otras; y que le darán por fin el tono, las opiniones y la forma que les acomode, relajando el instituto establecido; y el gobierno será triste testigo de un desórden que debió prever y pudo evitar con separar unos cuerpos que precisamente han de estar en continuo conato de promoverlo. Sobre todo no se descubre razon ni utilidad para que los regulares estudien ni enseñen en las Universidades públicas. Los estudios de ciencias prácticas y físicas que, como útiles á la nacion vamos á proponer, son agenos de su profesion y vida ascética. Los religiosos antes deben ser santos que sábios; y lo que necesiten aprender, deben hacerlo dentro de sus cláustros, como insinuamos arriba, sin salir de su retiro para mezclarse y tal vez corromperse con los profanos. Por lo que, cuando el gobierno va á dar una forma mejor á los estudios de la nacion, no debe tolerar en ellos á unos individuos que, despues de perjudicarse á sí mismos en la parte mas esencial de su instituto que es la observancia y disciplina, le pone en la desconfianza y la necesidad de una continua vigilancia, para que no se la relajen. Esta providencia será tan benéfica á las comunidades religiosas, como á la Universidad. A aquellas porque, quitándoles ese motivo de distraccion, podrán volver al fervor de que han decaido, y á la veneracion que se les debe. A esta porque seguirá los estudios y reglas que se le dieren con mas seguridad, libre de la prepotencia que debiera temer, y sin el recelo de que con el tiempo se vea avasallada y tiranizada como le ha sucedido hasta ahora. Puede autorizarse tambien la citada providencia con el ejemplo de las religiones descalzas pues, observando con mejor disciplina sus institutos, nunca han intentado entrar en las Universidades y han hecho sus estudios particulares en el seno de sus claustros, sin mezclarse tampoco á enseñar públicamente á los seglares. Este buen ejemplo, que no puede nacer de otra idea que la de conservar la regularidad monástica y no profanarse con el trato de los mundanos, deberá ser seguido por las demas órdenes religiosas que estan obligadas á aspirar á la misma observancia.

Por todos los principios que dejamos insinuados, nos parece que, si el Consejo desea que renazcan las letras en las Universidades, y que al mismo tiempo se restituyan los regulares á la disciplina monástica que deben observar, es indispensable se sirva de mandar, que ninguno de ellos pueda tener parte alguna en la Universidad, ni aprendiendo, ni enseñando: que sigan sus estudios, si quisieren, dentro de sus cláustros sin que en ellos puedan tampoco enseñar á los seglares, con declaracion de que los cursos que estos hagan con dichos regulares sean nulos y de ningun valor para las Universidades, obligándolos á hacerlos de nuevo en ellas, si quieren recibir los grados; porque estos son los estudios generales y públicos que el gobierno instituye y aprueba con esclusion de los demas.

Nos hemos estendido en los articulos precedentes, porque deseamos con calor hacer patentes las razones de nuestro dictámen, á fin de persuadir tanto como nosotros lo estamos, de que interin quede una sombra de los dos espíritus de partido y escolástico, es caso imposible que florezcan las Universidades, y asi mismo de que no podrán ser desterrados enteramente, si no se estinguen en su raiz la prepotencia de los colegios mayores, reduciéndolos á seminarios de estudios dependientes de las Universidades, y si no se separan de ellas á los regulares remitiéndolos á enseñar y aprender en sus propios cláustros los estudios que necesiten para su ministerio. Estas dos operaciones limpiarán la tierra de los abrojos que impiden el adelantamiento de las ciencias, y la dejarán preparada, para que asegurando los buenos estudios que deben prescribirse, bajo de las reglas conducentes á su progreso, fructifiquen con las ventajas y aumentos que hacen esperar la vivacidad y el fuego de los ingenios españoles.» etc., etc.

Mucho contribuyó á la espedicion de esta Real Cédula, el tacto delicado del célebre don Pablo de Olavide (38); y á ello debió en parte la encarnizada persecucion que sufrió por la Inquisicion, por haber intentado la mejora de la enseñanza pública; pero solamente el amago de estas reformas bastó para manifestar á *los amigos del pais* la necesidad *de asociarse* para difundir las luces que habian de remover los obstáculos de la prosperidad (*). La enseñanza de la *economía política* se debió en gran parte á la solicitud de estas útiles corporaciones, cuyos miembros empezaron á escribir discursos que corrieron con aplauso, hasta que la Inquisicion advirtió que se dirigian á disminuir la opulencia del clero, atacada en sus reductos por la necesidad imperiosa de aliviar á las clases indigentes y

---

(*) El establecimiento de las Sociedades económicas de amigos del Pais se estableció en el reinado de Cárlos III igualmente.

fomentar las productoras. Entónces echó mano á las armas familiares y aprovechándose del séquito y prestigio de frai Diego de Cádiz, consiguió que este famoso misionero apostólico denunciase las conclusiones, defendidas en Zaragoza sobre *usuras, inconvenientes del celibato eclesiástico y prematura profesion religiosa*; y que se gritára en los púlpitos ponderando la ofensa que recibia Jesucristo en la discusion de estas materias. Asi se creyó alucinar y conmover el pueblo, esponiendo al profesor don Lorenzo Normante á ser víctima de la credulidad.

Pero las luces babian corrido mas de lo que podia esperarse en tan poco tiempo y los aragoneses empezaban á oir la voz de la razon. En el discurso dedicado á su Sociedad en el año de 1787 (inserto en el tercer tomo del *Correo de Madrid*, cuyos suscritores son Cárlos III, Cárlos IV, los infantes don Gabriel y don Antonio, los condes de Floridablanca y Campománes, el arzobispo de Toledo, etc.), se habia dicho : « El estudio de hacer ignorantes á los hombres para que no reflecsionen y conozcan la injusticia de los procedimientos y el dominio de la ignorancia apoderada de todas las clases del Estado, produce la miseria, *la supersticion y el fanatismo, sublevador de los pueblos*. Las cadenas y cadalsos son entónces los secretos y ciencia de reinar. De aqui provino la ecsoneracion del mando y el obligar á los monarcas á que *no se impusieran pechos, sin anuencia de los representantes del pueblo* nombrados para sostener sus prerogativas, obligando á los reyes á jurar el sostenerlas en el acto de su coronacion (*).» En el mismo tomo y bajo la garantía del Soberano suscritor vemos al teniente coronel de caballería don Manuel Aguirre discurrir sobre el orígen de la sociedad civil, sentando : « que solamente la voluntad general ó soberana puede dirigir las fuerzas del Estado al bien comun. Que el ejercicio de esta voluntad puede transmitirse y por eso son recibidas como determinaciones suyas las de los gefes supremos, cuando lo declara el consentimiento, ó el silencio de la sociedad, fundamento el mas sólido del poder y autoridad de los reyes. » En el mismo tomo y á la faz de un monarca tan piadoso como Cárlos III se im-

---

(*) Adviértase que esto se publicaba en España antes de la revolucion francesa, que allí sofocó estos impulsos.

pugnó á Rosilly, fundando en el discurso de 7 de mayo de 1788, que la tolerancia de cultos es conforme à las macsimas del Evangelio, al decoro y pureza de la religion católica y al fomento y prosperidad del Estado. Y en las Reflecsiones sobre el nacimiento de un príncipe, publicadas el 27 de agosto de ese año, despues de establecer principios luminosos y de eterna verdad, se dice al recien-nacido: « Te se dirá que estas ideas son falsas, ó ecsageradas. Hallarás aduladores artificiosos. Si te dejas arrastrar de las pasiones dirán que haces bien. Si derramas la sangre de tus vasallos, como si fuese agua, dirán que haces bien. Si los gravas con impuestos nuevos, si arriendas hasta el aire que respiran, dirán que haces bien. Si empleas el poder en proscrípciones y venganzas de los que te alhagan, dirán que haces bien...(*). La imprenta, don de una mano divina, te enseñará el oficio de rey. Ella te dirá verdades amargas con voz dulce y aun cuando no siempre fuese moderada, ¿ dejarás de ser tan poderoso, por haber odo una vez el len-

---

(*) Bientôt ils vous diront que les plus saintes lois,
Maîtresses du vil peuple, obéissent aux rois.
(*Athalie*, de RACINE.)

guage libre? Él debe ser así porque mejor te instruyas, cotejándolo con las frases oratorias en que la verdad pusilánime se prosterna á tus pies, por que se siente oprimida en tu presencia y espera solo el momento de alejarse de tu trono.»

En oposicion á las medidas adoptadas tan sábiamente por la Cedula de Cárlos III, se circuló la órden de 25 de marzo de 1824 en que se encarga á los regulares la enseñanza pública, asegurando que *solo ellos* pueden remediar los males de la juventud pervertida en las escuelas y evitar las consecuencias de la desmoralizacion general que reclama esta medida. Con arreglo á ella se promulgó en 21 de julio del mismo año la real Cédula, ponderando el estado deplorable en que se suponian los establecimentos literarios *por los abusos introducidos* en la época del gobierno constitucional y *por las doctrinas y mácsimas de sus maestros*. De aqui se tomó el camino trillado de *erigir en cada provincia una Junta de purificacion*, compuesta, como era indefectible, *del arzobispo, obispo, ó de un eclesiástico de dignidad* que hiciera sus veces: del regente de la audiencia, un Oidor y otros dos miembros á eleccion de estos, previo siempre el ecsámen y aprobacion de sus sentimientos *politicos y religiosos;* y se dispuso que todos los catedráticos y demas individuos de las Universidades y establecimientos literarios del reino quedasen suspensos de sus destinos y sugetos al juicio de purificacion (que sufren hasta las maestras de niñas), segun el órden establecido para descartarse de todos los militares y empleados que no se creyeron dóciles y sumisos á las miras é intenciones de la bien descubierta Congregacion. Quedaron por la misma Cédula escluidos absolutamente y sin opcion á sus cátedras los que pertenecieron á la milicia local y á sociedades secretas: los que fueron diputados á Córtes y votaron la traslacion del rey á Cadiz; mandándose reconocer, inquirir y tener muy presentes, en la purificacion de los catedráticos, que salieron á gefes políticos, diputados de provincia, oficiales de las secretarias de Estado, ministros de las audiencias, etc., las providencias, proclamas, y discursos que hubiesen dirigido, ú pronunciado contra los derechos del *altar y el trono;* disponiéndose que en su remplazo se propusieran personas *leales á ciencia cierta* y *amantes de la real persona y de los derechos de la soberanía;* que es como decir, que no se saliera del circulo de los que se apropiaron estas cualidades y el privilegio esclusivo de calificarlas y despojar á los poseedores de las cátedras obtenidas bajo el justo y honorífico título de la oposicion.

Por tan infames rodéos llegaron á apoderarse de la Direccion de estudios, aparentando que el gobierno constitucional habia procurado corromper el corazon de la juventud inocente *con la lectura y enseñanza de obras perniciosas;* y de esta impostura disfrazada, como todas las otras con el *santo celo de la religion,* partió el decreto de 11 de octubre de 1823, mandando formar una junta presidida por el canónigo Saez para que *ecsaminando cuidadosamente las obras elementales, calificase las que fuesen propias para levantar columnas dignas del altar y del trono* (39).

De aqui provino, como era natural, el catálogo immenso de libros prohibidos á cuya formacion concurrió el espíritu ultramontano, el interes de la curia romana, la ignorancia y el atrevimiento. Solo estos agentes pudieron haber influido en la proscripcion de la *Teoría de las Córtes* y del *Ensayo histórico-crítico de la antigua Legislacion de España*, que con tanta erudicion habia escrito el sabio canónigo don Francisco Marina. Solo ellos pudieron atreverse á censurar y hacer desaparecer el *Tratado de amortizacion* del ilustre conde de Campománes. El *Informe sobre la ley agraria* que hará eterna la memoria de Jovellanos. Las *Observaciones pacíficas sobre la potestad eclesiática* del ilustrísimo obispo Amat; la *Historia crítica* del abate Masdeu, que habia andado tantos años en manos de todos. El *Ensayo sobre la situacion política de España*, que debimos al celebrado Bentham. La apreciable memoria del juicioso conde de Montlosier, y otra porcion de obras *porque se oponen á la religion, combatiendo la autoridad del papa, é inventando proyectos para empobrecer la iglesia,* segun dijo el cardenal Cienfuegos al públicar estos decretos de la Congregacion del Indice en su pastoral fecha en Encinasola á 5 de agosto de 1827 sin acordarse ni hacer mencion del *pase,* ó *ecsequatur* (40).

Es bien notable la facilidad conque se han impreso y dejado correr en España tantos libros depositarios de las mácsimas y pretensiones de Roma, al mismo tiempo que esta Corte persigue con tanto celo y diligencia los opuestos á su sistema político, aun sabiendo que en estas materias no tienen fuerza sus leyes, sino despues del ecsámen y *plácito regio* establecido para contener los abusos de la Congrégacion del Indice, entregada á cuatro ú cinco regulares que todo lo disponen á su arbitrio : sabemos que el secretario distribuye los libros destinados á la censura entre estos consultores, que dan cuenta á la Congregacion. En ella se acuerda si el libro merece ser prohibido, espurgado, ó detenido, sobre lo cual solamente los cardenales tienen voto decisivo segun la constitucion de Sisto V. Los decretos se libran á nombre de estos purpurados desconocidos en la divina institucion de la iglesia (41); mas antes de imprimirlos, se acostumbra pasarlos *pro forma* á S. Santidad. Y como el papa no lee el libro, ni oye la relacion de los consultores y solo presta su anuencia á la redaccion, tampoco se le nombra en ella, pero en las reglas prescritas á los censores se les dice en septimo lugar : no correran tampoco las proposiciones contra la immunidad y jurisdicion eclesiástica (*).

(*) « *Expungendæ sunt etiam propositiones, quæ sunt contra bertatem, immunitatem, et jurisdictionem ecclesiasticam.* »

Asi pues, todo lo que se oponga á sostener que el papa es el príncipe eclesiástico, moderador y pastor de cuanto cubren los cielos : el sacerdote á quien pertenece oir las confesiones y delegar esta facultad : reservarse los casos : conceder indulgencias y comunicar esta gracia á los obispos : sustraer de la jurisdiccion de estos cualquiera iglesia : no seguir el voto de la mayoria en los concilios generales : relajar y mudar cualquiera constitucion eclesiástica : quitar leyes, ritos y costumbres recibidas : apropiarse el espolio de los clérigos, siendo casi un sacrilegio poner en duda la autoridad del papa que dispensó, como dice Benedicto XIV (*) es combatir la potesdad pontificia.

Todo lo que se oponga á las decisiones de la Rota que hacen al papa señor supremo de los beneficios etc. (tom. 1, Decis, 814, n. 2, an. 1639) constituyéndole sobre todo derecho positivo (775, an. 1638, n. 26.), monarca absoluto en disponer de todos los bienes de las iglesias y de cada uno de sus miembros (775,

---

(*) En los libros 2°, cap. 1, n. 1.—9° c. 14, n. 2.—5° c. 14, n. 1.—2°, c. 9, n. 7.—5°, c. 7, n. 6.—13°, c. 2, n. 3.—9°, c. 4, n. 7.—13°, c 18, n. 11,—3°, c. 8, n. 6.—8°, c 7, n. 7. De Synodo Diœcesana.

n. 23) señor y árbitro supremo del dominio y propiedad de las iglesias (846, n. 12, an. 1640) autorizado como dueño absoluto para hipotecarlos y venderlos como suyas (*).

Todo lo que obste á persuadir, que el papa es el obispo de todo el mundo y los obispos y arzobispos sus oficiales : el señor absoluto de todos los beneficios, sin obligacion de cumplir por su parte los concordatos : que sin consentimiento de los patronos puede gravar las iglesias con pensiones perpétuas, porque tiene un dominio pleno aun en las concedidas por los príncipes seculares y demas que eseña el cardenal de Luca, en el *Teatro de la Verdad y de la Justicia,* se llama entre los curiales atacar la libertad y jurisdiccion eclesiástica.

Todo lo que no sea creer que el papa tiene un dominio celestial en la tierra : que todo lo puede *estra jus, suprà jus et contrà jus* : que sus interpretaciones valen mas que los dichos de los santos padres y sus sentencias mas que las decisiones de los concilios : que hace derecho lo que no es y puede mudar la naturaleza

---

(*) Recentor Rubei Decis, 39, n. 31 et seq. an. 1638. — 413, n. 36, an. 1642.

de las cosas: que su potestad absoluta puede hacer algo de la nada: que es el obispo universal y el juez de todos los mortales: que en él solo reside la plenitud de la potestad y el principado de todas las iglesias: que puede constituir dos obispos en un obispado: que en causas beneficiales su voluntad es la razon y su potestad la causa: que sin ella puede privar á cualquiera de su beneficio y dispensar en el derecho positivo. Que es el príncipe de los principes y el señor de los señores, pudiendo romper la guerra contra los que no obedecen sus mandatos: destronar emperadores, absolver á sus súbditos del juramento de fidelidad, destituir y privar de su dignidad á los jueces seculares y todo lo demas con que se hallan ecsornadas las decretales en los comentarios de Prospero Fagnano, es desconocer la iglesia romana, es, como dijo el cardenal Cienfuegos, *oponerse á la religion, combatir la autoridad del papa, é inventar proyectos para empobrecer la iglesia.*

Y como la potestad de los reyes en materias eclesiásticas, apoyada en la antigua disciplina y reconocida en el concilio tridentino (Ses. 25, cap. 20 *de Reform.*) es mirada por los curiales como depresiva de la franqueza conque introducian en España los libros citados en las notas á la ley 3, t. 18, l. 8, *Novis Rec.*, es mirada como un freno de la libertad de disponer á su antojo de todos los beneficios, como un contrapeso de la immunidad indefinida y de la jurisdiccion ilimitada, no es estraño que los libros y escritos que las colocan en su verdadero círculo, sosteniendo la libertad de las iglesias, la autoridad de los obispos y los derechos imprescriptibles del trono, entren en el índice de los prohibidos.

Con sus listas se adornan las desconchadas paredes de las iglesias de los pueblos, que carecen de la primera educacion; pero en ninguna de ellas se encuentran los que se hallan en la cuerda de las doctrinas ultramontanas sobre que está vinculado el patrimonio y librada la subsistencia de los censores: y de esta condenacion de libros apreciables resultó el fomento de nuevas delaciones y pesquisas que dieron tanto impulso á la persecucion.

Tiempo hace que la curia romana trabajaba del modo mas activo por obtener este triunfo reservado á nuestros dias: se ataja el curso de la verdad ilustrada y se dejan correr los manantiales mas corrompidos. El P. Antonio Pereira en su tratado sobre la potestad episcopal demuestra con hechos positivos la alteracion de los cánones en las traduciones y hasta el evangelio desfigurado en el Misal romano, y Villanueva en su *Vida literaria* presenta una porcion de decretales apócrifos, interpolados en el rezo de los santos Marcelo, Urbano, Zeferino, Silvestre, Aniceto, Sotero, Cayo, Pio, Anacleto, Marcos y Evaristo, con el fin de que los clérigos que no conocen mas letras que las del Breviario, sepan que no es legítimo ni válido el concilio celebrado sin la autoridad del papa : que las rentas de la iglesia no pueden aplicarse á otros usos sino á los eclesiásticos : que ni el patriarca, ni el primado ni el metropolitano pueden sentenciar al obispo, sin intervencion del papa : que el clérigo no puede ser citado ante el juez secular, etc., etc.

Al paso que las penosas investigaciones descubrian la trama de estas arterias, disminuyendo el influjo y poder de los curiales solo con disipar las tinieblas de los siglos bárbaros y la veneracion á esa mina de usurpaciones : á ese manantial perenne de discordias entre el sacerdocio y el imperio : á esos decretales apocrifos que trastonaron la disciplina llevando á Roma las causas mayores y mas dificiles de obispos y presbíteros; la convocacion de synodos; la confirmacion de concilios provinciales, añadida, por los cardenales intérpretes del de Trento, que tuvieron por secretarios á los Prosperos Lambertini y Fagnano: la depresiva y lucrosa espedicion del palio: la confirmacion de los obispos que pertenecia al metropolitano; la curia apoyada en las decisiones de la Rota, en las doctrinas del cardenal de Luca, de Fagnano y Lambertini, en la indigesta mole de Graciano y en otras emanaciones de aquellas fuentes impuras, que aun corren á placer de sus deseos, redoblaba sus esfuerzos por sostener y multiplicar las reservas lucrativas, cercenando la autoridad de los obispos para segregar al clero de la potestad secular y quebrantar despues el cetro con *la potestad indirecta* de la tiara.

Si los papas, dice un célebre político, se hubieran contentado con esclarecer á los pueblos acerca de sus derechos legítimos: si, satisfechos con el dominio de la sabiduria, se hubieran dedicado á rectificar el gobierno de los príncipes, ecsortándoles á la administracion de justicia y transigiendo amistosamente sus diferencias: si no hubiesen pensado mas que en consolar á los desgraciados y dar esperanza á los oprimidos: si su proteccion hubiese sido siempre justa y desinteresada, ¡que autoridad no hubieran transmitido á sus sucessores! Entónces si que pudieran llamarse los padres de los pueblos y los príncipes de los príncipes, sin que nadie pudiera disputarles el imperio de la virtud; pero siendo súbditos de los reyes en lo temporal, no se contentaron con hacerse rivales: quisieron dominarlos: y asegurados en la ignorancia de unos y en la ambicion de otros, se elevaron sobre la potestad secular.

Por fortuna son bien conocidos y se ven en Salgado de Supl. c. 33, n. 144 y en otros autores los medios, de que se han servido para sentar á mansalba sus principios destructores, procurando subrecticiamente la prohibicion de los libros que sostenian con firmeza el poder de los príncipes y fomentando la publicacion y curso de los que por el contrario osaron combatirle, elevando sobre sus ruinas la potestad temporal de los papas, desconocida en los fastos de la independencia de las naciones y en los preceptos del divino legislador de los cristianos.

Los fiscales de los Consejos de Castilla y de

Indias en consulta de 1720, dijeron : « que si tuvieran lugar tales condenaciones dejando, como se dejan, correr los autores que han escrito en contrario, muy en breve pretenderia la Corte romana el derecho de dar y quitar la corona á su arbitrio y sería, no solo la cabeza universal de la iglesia, sino del imperio temporal del mundo » llegando estos abusos á tal estremo, que el inquisidor general don Manuel Quintano Bonifaz en consulta de 23 de diciembre de 1757 no pudo menos de confesar al rey Fernando VI «que en verdad se habia cuidado poco de la elecion de los calificadores del Santo-Oficio y que se habia tenido poco, ó ningun escrúpulo en la prohibicion de los libros en perjuicio de sus autores y agravio de la sana doctrina, dando lugar á venganzas, partidos y á la grande ignorancia que se padece « Y los fiscales de los indicados Consejos representaron en 1788 contra el abuso de la Inquisicion en prohibir doctrinas que ni aun Roma (*) se atrevió á condenar, como lo hizo la de Toledo declarando *errónea y cismática* la que niega al papa la potestad de despojar á los reyes de sus Estados.

(*) Rome n'est plus dans Rome, elle est toute où je suis.
(*Sertorius*, de CORNEILLE.)

Prueba de todo es la cédula que Felipe III habia dirigido desde Turegano al cardenal don Gaspar de Borja y Velasco su embajador en Roma, encargándole representase al pontífice que S. M. no admitiria, ni llevaria á efecto la prohibicion del libro del licenciado Gerónimo Ceballos, acordada por la Congregacion de cardenales en odio de las opiniones favorables á sus regalías. Y Felipe IV en otra fecha en Madrid á 10 de abril de 1634, dijo al mismo embajador : « Ha llegado á mi noticia qui en esa Corte se tiene muy particular cuidado en procurar que los que imprimen libros, escriban á favor de la jurisdiccion eclesiástica en todos los puntos que hay competencias con la secular, y que en lo tocante á las inmunidades, privilegios y ecsenciones de los clérigos, funden y apoyen las opiniones, que les son mas favorables, prohibiendo y mandando recoger todos los libros que salen en que se defienden mis derechos; con lo cual dentro de muy breve, harán comunes todas las opiniones que son en su favor. Y desendo atajar este daño, me ha parecido advertíroslo para que se hable á S. Santidad, pidiéndole que en materias que no son de fé, deje opinar y decir libremente á cada uno su sentimiento. Y diréis á S. S. que si mandáre recoger los libros que salieren con opiniones favorables á la jurisdiccion seglar, yo prohibiré en mis reinos y señoríos los que se escribieren contra mis derechos y preeminencias.»

Urbano VIII que en la proteccion que dió á las revoluciones de Cataluña y Portugal: en el deseo de despojar á Eduardo Farnesio del ducado de Parma y Plasencia y de sublevar á Nápoles para coronar alli á su hermano Tadeo Barberini, no habia dado las mejores pruebas de afeccion á los intereses de España: este pontífice que habia mandado á los jesuitas escribir en favor de su autoridad para destronar los reyes y dar sus reinos á los que creyese beneméritos de la iglesia, no era fácil que se mostrase accesible á los oficios é insinuaciones del embajador, que, deslumbrado con la púrpura, no vió en Roma lo que S. M. notaba desde Madrid. Y la curia romana constante en sus manejos espidió en 1648, bajo Inocencio X, otro breve prohibiendo las obras de don José Sesé, Pedro Ramirez, Gerónimo Cañedo y otros que sostenian la real autoridad, hasta que el mismo Felipe IV conociendo la marcha inalterable de la curia espidió la cédula de 14 de febrero de ese año, negando el *pase* á los breves que contenian esta clase de prohibiciones.

Siglo y medio despues el sábio obispo don Antonio Tavira en el informe que dió en 27 de diciembre de 1797 al ministerio de Gracia y Justicia sobre el escrito publicado en Bayona por el presbítero don Diego Lezcano acerca de *la potestad esclusiva de los soberanos para poner impedimentos dirimentes del matrimonio y dispensar en ellos,* dice : « Es muy digno de reparo que todos los libros que tratan (de la potestad Real en estas materias) y están á su favor, se hallen en el espurgatorio ; y de aquí viene que se mire entre nosotros con tanta desconfianza y aun aversion *una doctrina* que es *la mas conforme á la venerable antigüedad, cuando la contraria no tiene otro orígen que el de todas las perniciosas novedades* que escitaron y han fomentado *con tanto escándalo* las divisiones entre el sacerdocio y el imperio, confundiendo sus verdaderos límites y turbando aquella íntima union con que habian de sostenerse. Desde el siglo XI varió todo el aspecto de la disciplina eclesiástica, no habiendo al parecer otro conato, que el de *un engrandeci-*

miento temporal, que ha traido males sin número. »

Asi toda obra que los califique, indicando las obligaciones de conservar la pureza de la religion y de transmitirla á la posteridad, cual la recibimos de los primeros padres y no cual conviene á nuestro interes mundano (*); todo escrito que se proponga descubrir la llaga que abrieron las decretales espúreas y señalar el remedio de sanarla, será irremisiblemente condenado.

Mas bien puede asegurarse que en ninguna de las obras dedicadas á la instruccion de la juventud española desde el año de 1820 al de 23 habrán encontrado los censores, que *la eleccion de los reyes debe ser confirmada por el papa*, como dice la Curia Filípica (p. I, § 4. n. 28) adoptada, tal vez por esta recomendacion, para la enseñanza de la práctica forense; ni la lacsitud de principios dogmáticos, morales y políticos que los Parlamentos de Francia de-

---

(*) « Omnia in sancta Religione nostra quà fide à Patribus accepta sunt, eadem fide, filiis consignari debent, nosque Religionem non *qua vellemus* ducere, sed potius quà illa duceret sequi oportere : idque esse proprium christianæ modestæ, et gravitatis, *non sua posteris tradere*, sed à *majoribus accepta*, servare. » Vicent. Lirinensis in Commonit. cap. 8°.

nunciaron en 1762 á los obispos y arzobispos, quienes dejándolos estender por sus diócesis, no dieron paso á contenerlos sin embargo de tan respetable interpelacion. Puede asegurarse no haber hallado *El probabilismo y la ciencia media* entre las obras elementales adoptadas en la época constitucional; ni trozo alguno de las que provocaron la real provision de 23 de mayo de 1767 : de aquellas en que se enseñaba : que el príncipe no tiene jurisdiccion alguna sobre los eclesiásticos, *esentos por derecho divino* de tributos y cargas temporales : que la potestad espiritual puede justamente sustraer de la secular toda especie de personas : que esa misma potestad espiritual puede disponer á su arbitrio de los reinos, que los príncipes estan obligados á obedecer el mandato del pontífice romano ; y si resistieren, tiene el derecho de castigarlos como rebeldes : que si obraren contra los intereses de la iglesia, puede privarles del reino y dispensar á los pueblos de su obediencia y del juramento de fidelidad : que el papa puede juzgar los negocios temporales de los príncipes, anular sus leyes y prohibir sus guerras, no solo con censuras, sino con fuerza armada : y que S. Pedro y S. Pablo no hicieron mas que adularlos, cuando aconsejaban en sus cartas la sumision del clero á la autoridad temporal (*).

Puede asegurarse que la Junta censoria no habrá visto á los constitucionales enseñar : que el delito favorecido por un ecsito feliz, deja de ser delito : que se haya algunas veces llegado á merecer por él el nombre de héroe, llamando el mundo hoy ladron al que mañana compara con Alejandro : ni que la suerte haga á los delincuentes reos, ó los absuelva; y que la recompensa y castigo de los crímenes, dependa de la buena ó mala maña que se dá el que los comete ó el que los defiende; segun enseñaban los jesuitas de Ruan en el año de 1759.

Tampoco habrá visto enseñar : que el cetro se pueda quitar á uno y dar á otro; pues siempre se tuvo por justo mudase la comunidad y el pueblo lo que ella misma estableció : que el demasiado poder de los reyes hizo que heredasen las coronas los hijos, á veces de pequeña edad y de malas y dañadas costumbres, no habiendo cosa mas perjudicial, que entregar las

(*) « *Blandilur hoc capite Imperatoribus, ei Regibus Paulus, quemadmodum Petrus in priori sua Epistola,* decia el Jesuita Alfonso Salmeron.»

armas, tesoros y demas debido á la virtud y méritos de la vida al que ninguna muestra dió de tener bastantes prendas : que mas prevalece la fuerza y el antojo de los reyes, que la razon y la justicia : y que suelen mirar mas por lo que les es útil y provechoso que tener cuenta con el deber y promesas que tengan hechas y juradas, acostumbrados á poner en olvido grandes servicios por pequeños disgustos, y á recompensar la deuda, en especial, si es muy grande, con suma ingratitud, no teniendo respeto, sino á lo que les viene á su cuenta (*).

Ni habrá oido resonar en las Universidades y demas establecimientos literarios, que se suponen pervertidos, la funesta doctrina de que hay casos en que es permitido á todo el mundo matar á un príncipe legítimo por derecho de succesion ó eleccion, como pase á tirano por su conducta (**). Que si el príncipe legítimo se apodera de los bienes públicos y particulares; ó desprecia la religion, ó carga sus vasallos

---

(*) Mariana, Hist. de Esp. lib. 19, cap. 15, lib. 15, 16, 18, 29. cap. 5, 12, 11, 4 y otros.

(**) Valencia. Disp. 5 y 8, § 3º. Y lo mismo pensaron los padres Hay, Berade, Gueret, Guignard, Endemon y otros.

con impuestos injustos, ó hace leyes que le sean ventajosas y poco útiles al público, debe juntarse el reino y amonestarle que se enmiende; y si no lo hace, puede deponerle y perseguirle *omniun tellis*, como á una fiera irritada (*). Que el príncipe legítimo asi depuesto y declarado enemigo del Estado por cualquiera que tenga autoridad (v. gr. el papa) deja de ser príncipe y entónces cualquier particular puede matarle (**). Que si la República no puede reunirse y fallar contra su vida conviene, á fin de que cualquiera pueda matarle, echar la voz de que todo el pueblo le tenga por tirano (***). Y que al que matáre un príncipe

(*) Mariana, de Rege et Reg.—Instit l. 1, c. 6.—Becano. opus. theol. Resp. ad aphor. afor. 9. Bonarcio Amp. lib. 1. cap. 19.

Heisio, Decl. apol. Aphor. 1 á 96 en que cita á otros escritos.
Solas in 1a 2a. S. Thom. 9, 95. tr. 14, sec. 2 á 17.
Suarez, Def. fid. lib. 6 de Forma iuram fidel. c. 4.
Lesius de Jure. lib. 2, c 3. dub. 4 á 11.
Toledo, Instruc. Sacerd. lib. 5, c. n. 10.
Fanner, t. 3 y 8. disp. 6. de Jnst. dub. 3 á 32.
Escobar, Exam. 7, de hom. c. 1.
Gretzer, t. 11, fº 316.

(**) Becano, 2. Theol. schol. de homicid.
Mariana y Suarez: en los lugares citados.

(***) Heisio, Delc. apol. c. 3, Aphor. 1 á 96.
Mariana, c. 6 y 7, de Reg. et Reg. init,

semejante se debe mirar como héroe miéntras viva, y si muriere, como víctima agradable al cielo y á la tierra (*).

En efecto, el P. Juan de Mariana que no tuvo poca parte en la propagacion de estas doctrinas consignadas en su tratado *de Rege, et Regis institutione*, quemado en Paris por mano de verdugo en desagravio del monarca, miró de este modo al dominicano Jacques Clement que dió de puñaladas á Enrique III de Francia, y otros Jesuitas á Garnet, Oldecorne, á los Pearsones, Campiames, Cresweles, Walpoles y demas individuos de la Compañía, complicados en la horrible conspiracion de Inglaterra; hallándose los nombres de muchos de estos conjurados en los catálogos de los mártires de la Compañía trabajados por Rivadeneira, Alegambe y Sotuel. Y en el mismo año en que fué ahorcado el P. Guignard, se vendia en Lila una estampa que lo representaba diciendo: *Beatus Guinardus ab hereticis in Gallia pro fide occisus*. He aquí una pequeña aunque esacta parte de las mácsimas que escanda-

───────────

(*) Mariana, ibid. y el P. Juvenci, en su Historia de la Compañía de Jesus, colocó entre los mártires á los asesinos de los reyes.

lizaron hasta en la misma Roma, como puede verse en el voto emitido por el cardenal Domingo Pasioney en la beatificacion de su colega Bellarmino que mezcló en su teología polémica cuestiones depresivas de la Real autoridad. Hé aqui la tenacidad con que se han sostenido las doctrinas que se ven pulular en los obras de los maestros restituidos á la juventud española y encargados particularmente de la educacion de la nobleza : de estos maestros, cuyas constituciones les dicen : « que no deben admitirse en la Compañía *doctrinas diferentes*, ni en las conversaciones, ó lecciones públicas, ni por escrito en los libros, los cuales no podrán darse á luz sin aprobacion del General : y que la conformidad en esto debe ser tal, que si alguno tuviere dictámen que se aparte *de la Iglesia y sus doctores* deberá sujetar su parecer á lo que fuere definido *por la Compañia* (*). Ella siguiendo la doctrina de S. Buenaventura que (en el tom. 7. p. 2 de *Ecclesiast. Hierarc.*) enseñó que la potestad temporal estaba sujeta á la espiritual porque S. Pedro dijo : *vos estis gens sancta Regale sacerdotium* : y que sien-

---

(*) Const. p. 3, lib. 1, n, 18, f° 375.—Ibid. Declar. in cap. 1 f° 372.

do el reino temporal accesorio del espiritual, los sacerdotes podian quitar el trono á los reyes, cuando lo ecsigiese la necesidad de la República : *quando Reipublicæ necesitas sic requirit;* y haciendo de este modo revivir las semillas regadas por el clérigo Sarisbery y el fraile Petit en les siglos XII y XIV con desprecio de la decision del concilio de Constanza, entregó las personas sagradas de los soberanos al furor de los fanáticos de quienes fueron víctimas el príncipe de Orange y Enrique IV con sentimiento general de Holanda y Francia que no vieron en Jáuregui, Gerard y Rabaillac, sino los instrumentos regicidas del clérigo Timmerman, de los Jesuitas de Treveris y de la liga católica irritada contra la que tomó el nombre de evangélica, cuyo protector se suponia aquel grande, pero desgraciado monarca.

El contagio de estos principios sanguinarios difundidos en la escuela y en las obras de los Suarez, Santarell, Castro-Palao, Dicastillo, Taberna, Toledo, Sá, Vazquez, Molina, Escobar, Valencia, Moya, Labastida, Solas, Del Rio, La-Croix, Kolb, Keller, Pearson y otro gran número de Jesuitas á quienes se prohibia publicar libro alguno sin ser antes aprobado y reconocido por Roma (*); este contagio funesto á la independencia de las naciones y á la seguridad de los reyes habia alcanzado en el siglo XVI á infestar alguna parte de las obras de nuestros mas graves canonistas. El doctor Martin de Azpilcueta y su discípulo don Diego de Covarruvias, por consideraciones que nunca detuvieron la pluma del célebre Francisco de Vitoria, ó por otros motivos que no es del caso apurar, sentaron que *el pontífice en uso de sus facultades espirituales podia destronar los reyes*; pasando despues (en el siglo XVIII) el canónigo Albornóz á enseñar en su cartilla política y cristiana, dispuesta *para la educacion de los príncipes* y publicada de órden de Fernando VI por su capellán don Elías Gomez. «Que el rey habia de tomar de los sacerdotes el consejo para romper la guerra, y que la principal persona á quien *debe* participarlo es al papa; porque *Roma* (son sus palabras) *es el*

_____

(*) «*Nisi prius Romæ recognitum et probatum.*»

Decreto con que el general de la Compañía Aquaviva creyó en 1614 conjurar la tormenta que se levantó en Francia contra la doctrina y secuaces del regicidio. Y solo con leer el prólogo de su *Imaga primi sæculi* se sabe que «*In haé familia* (la de los Jesuitas) lo mismo piensan Latinos y Griegos, Lusitanos y Brasilenses, los Hibernios y Sarmatas, los Iberos y Galos, los Bretones y Belgas.»

tribunal político, donde se sentencian las acciones de los príncipes.» Y bien puede asegugurarse que la Junta encargada de ecsaminar y calificar las obras propias para levantar las columnas del altar y del trono le ha dejado correr libremente, asi como

A Crespi de Valdabra porque dejó fuera de duda la facultad que compete al papa para sustraer los súbditos de la jurisdicion secular: quitar su reino á un monarca y darlo á otro (*).

A Simancas (*de catholicis sustitut. t. 45 de Papa*) porque llevó el poder de los pontífices á un término indefinido, haciéndoles jueces árbitros de la naturaleza, de las leyes civiles, de la capacidad de los príncipes, etc. (**).

A don Pedro Valiente, catedrático y rector de la Universidad de Granada porque en el libro 1. cap. 14 de su derecho público *español* sentó que el papa tiene facultad para mezclarse

---

(*) « Nec in dubium vocari potest potestas, cui indubitanter competit facultas eximendi omnes à jurisdictione seculari, cùm et ipsa regna adimere, et in alios transferre. »—Observationes illustratæ p. 2, observ. 55.

(**) « Si Princeps aliquis inutiles esset, aut iniquas leges conderet, aut quispiam simile fecerit, posset Papa congruum remedium adhivere, privando etiam talem Principem administratione et jurisdictione. »

y decidir las cuestiones de los reyes, obligándoles á recibir la ley que les imponga *en materias temporales*, no solo con censuras, sino con la fuerza armada, en virtud de la *potestad indirecta* que recibió de Jesucristo para destronar reyes, quitarles sus rentas y absolver á sus sus súbditos del juramento de fidelidad.

Al P. capuchino Vélez, que debió el obispado de Ceuta y el arzobispado de Santiago á *La apología del altar y del trono* calificada de ofensiva á las prerogativas de éste, por el Consejo de Castilla y por el colegio de abogados de Madrid, encargados de su ecsámen y calificacion.

A Fr. Juan de S. Andres carmelita descalzo porque en su respuesta á las Cartas de don Roque Leal, impresa en 1824, sentó que el papa es administrador de los bienes eclesiásticos : que los bienes de los franciscanos son del dominio y propriedad de la iglesia romana : que la bula *In cœna* está vigente : que el *pase ó ecsequatur* de los reyes no dá ni quita autoridad á las bulas ó breves pontificios : que la admision de fundaciones religiosas, no es del resorte de la potestad temporal : que solo á los obispos pertenece determinar el número de eclesiásticos.

Al dominicano Fr. José Vidal porque en su idea ortodoxa, impresa el año anterier, soñó que los apóstoles fueron los primeros frailes.

Puede asegurarse que la junta censoria no ha metido la hoz en el dilatado campo de estas doctrinas destructoras de la independencia y dignidad de los príncipes. Por ellas fueron los jesuitas echados de Inglaterra, como lo testifica Hugo Groot (*) y por lo mismo salieron de Francia, España, Portugal, Venecia, Moravia y de otros paises que estaban en continua conbustion.

Pónderese ahora en el decreto espedido á instancia de nuestros obispos y arzobispos la necesidad de desenterrar una corporacion, cuyos individuos en su *imago primi seculi* declaran á la faz del mundo que *nihil sua putant interesse ubi nati sint,* esto es, que no reconocen mas patria que su órden, mas consejos que sus capítulos, mas monarca que su general, mas opiniones que las de su imperio, mas iglesia que sus conventículos, ni mas doctores que los

---

(*) Hist. de rebus Belgicis lib. 3º dice « *quod id genus hominum docerent, Pontifici Romano jus esse populos in alterius sectæ Reges obsequio solvere, quà nullam exortam esse pestilentiorem Imperiis sententiam.* »

tales cuales de su Compañía, ecsagérense las ventajas de restablecer la monarquíá de estos *solipsos*, de estos genízaros de la Santa Sede, á quienes Benedicto XIV (condenando los ritos de Malavár) llamó *capciosos, rebeldes, obstinados, incorregibles,* sin embargo de que en sus votos entra el de la ciega obediencia al pontífice. Dígase, no solo en oposicion á lo declarado por la corte de Lisboa en 3 de setiembre de 1759: á lo espuesto por los Parlamentos de Paris, Ruan, Aix y Normandía: á lo denunciado por los ilustrísimos Palafox, Rodriguez y otros prelados venerables, sino en desprecio de la circunspeccion y tino con que el Consejo real consultó á Cárlos III la pragmática de 2 de abril de 1767 y en mengüa de la memoria de este piadoso monarca: publíquese en el memorable decreto de su restitucion: *que ellos acabaron por el triunfo de la impiedad, del mismo modo y por el mismo impulso que se vieron derribar los tronos, que seguramente no habrian desaparecido subsistiendo la Compañía de Jesus.* Dígase, no obstante los testimonios de Chatel, Labarriere, Aveiro, contra los padres Gueret, Perrin, Guignard, Berade, Oliveira, Acosta: sin embargo de la causa del

P. Hay : del proceso de los Matos y Malagridas : de la conjuracion de la pólvora y del acuerdo de cardenales y juristas consultados por Clemente XIV, para espedir el breve de 21 de julio de 1773 (que acaso selló con su vida :) dígase en el mismo decreto de su restitucion, con olvido de estos actos judiciales y en vilipendio de este ilustre pontifice : Que *los enemigos del trono y del altar fueron los que trabajaron y minaron con imputaciones descaradas, criminales y sacrílegas para disolver la Compañia, persiguiendo á sus inocentes individuos.* Precipítese, como se ejecutó su restablecimiento, sin esperar siquiera la consulta pendiente del Consejo, y arróstrese por todo, como se hizo en obsequio y satisfaccion del refractario arzobispo Muzquiz, empeñado en que saliera, como en efecto salió, la gracia el dia de S. Fernando (*); y finalmente dígase en la citada Real órden de 25 de marzo de 1824, que

(*) En los diarios de Paris de estos dias, se lee la anécdota siguiente refiriéndose al *Federal* de Suiza : Que jugando el rey de Cerdeña Carlo-Alberto una partida de billar con el arzobispo de Turin, le dijo éste qui si él la ganaba le concedia lo que pidiese : ganada por el arzobispo pidió el restablecimiento de un convento de Jesuitas, cerrado años hacia con general aplauso del pueblo, y S. M. lo concedió.

solo ellos pueden remediar los males de la juventud pervertida en las escuelas y atajar las consecuencias de la general desmoralizacion que demandaba la medida de volver á su cargo los estudios (*).

Pero mientras ecsistan sus obras, mientras duren sus escritos y la memoria de los hechos testificados por la historia, nunca podrán ocultarse los sectarios y propagadores de las doctrinas espuestas, ni su coherencia y conformidad.

1º Con la intervencion del papa Victor II, en favor de Enrique III, emperador de Alemania, disuelta por Fernando I, con el amago de diez mil hombres que envió con el Cid, á que dijesen á S. S., que el rey de España no reconocia dependencia, autoridad, ni dominio estrangero.

2º Con las pretensiones de Gregorio VII, que aun no habia ocho dias que estaba sentado en

---

(*) Asi piensa todavia el cardenal de Látil, prelado director de la casa y conciencia de Cárlos X en Praga, de donde acaba de pedir á Roma dos Jesuitas para completar la educacion de su nieto Henrique de Berry, aspirante á la corona de Francia: ¡pobre legitimidad! en el trono, en los destierros nunca puede pasarse sin el jesuitismo!

la silla pontificia, cuando reconvino á nuestros monarcas sobre los derechos de ella al trono español, en un breve que dirigió á los grandes del reino, pidiéndoles un servicio que suponia interrumpido por la ocupacion de los Sarracenos (*);

3º Con la carta que este mismo pontífice escribió al obispo de Châlons-sur-Saône diciéndole: que si el rey Felipe I no mudaba de conducta en lo relativo á la consagracien del obispo de Macon, le castigaria y los franceses reusarian obedecerle temiendo al anatema. Y con la Encíclica en que decia á los obispos de Francia: Vuestro rey es un tirano, no un rey, si no quiere escucharos, separaos enteramente del servicio y de la comunicacion de ese príncipe, y poned entredicho á toda la Francia. Si el anatema no le corrige, sepa que por la misericordia de Dios emplearémos toda suerte de medios para librar al reino de la opresion. — Y la opresion era haber ecsigido el gobierno cierta cantidad de dinero á los mercaderes italianos quo habian concurrido á una feria.

(*) Rousset, Intérêts présens des Puissances de l'Europe, chap. 1, § 9. — Baronio ad ann. 1076, trae la bula, y Mariana, l. 9, c. 5, dice que se halla en el registro de este papa.

4° Con el breve en que Urbano II amenazó con censuras á don Alonso de Galicia, mandándole reponer en el obispado de Compostela al obispo Pelayo inquieto, bullicioso, amigo de parcialidades y de costumbres relajadas, diciendo al rey « que la dignidad secerdotal precede en tanto grado á la potestad real, que de los mismos reyes tenia que dar razon al rey de todos, y que se acordase que el emperador Constantino no quiso ni aun oir el juicio de los sacerdotes, teniendo por cosa indigna que *los Dioses* fuesen juzgados por los hombres. »

5° Con la donacion de Irlanda que hizo Adriano IV á Enrique II de Inglaterra *para asegurar el tributo* de la silla de S. Pedro.

6° Con el titulo de rey de Portugal espedido por el papa Alejandro III al conde don Enrique, vasallo de Alfonso de Castilla.

7° Con el *capit.* 34. X *de Elect.* en que Inocencio III declaró pertenecer al papa el derecho de ecsaminar, aprobar, coronar ó desechar al emperador electo.

8° Con la succesion asombrosa de los acontecimientos encadenados á la escomunion fulminada por este pontífice en 1209 contra *Juan Sin-tierra* que por haber resistido el nombramiento del cardenal Langton para la silla de Cantorbery, vió su trono concedido á Felipe Augusto, y lo recobró con la humillacion de arrodillarse ante el legado Pandulfo á prestar juramento de fidelidad á Inocencio, obligándose á darle mil marcos de plata anuales: tributo ignominioso que subsistió hasta el reinado de Eduardo III en que el parlamento declaró que el rey Juan no pudo obligarse sin consentimiento de la nacion inglesa.

9° Con el *capit. II de Sent. et re judic. in sexto*, donde Inocencio IV se arroga la facultad de dar y quitar los reinos.

10° Con el tratado concluido por Clemente IV concediendo el reino de Nápoles á Cárlos, conde de Anjou, bajo las condiciones de pagar á la Santa Sede un tributo anual de ocho mil onzas de oro : dejar integra la jurisdiccion eclesiástica con la libertad de apelar á Roma : no sujetar el clero á los tribunales civiles, ni al pago de las contribuciones Reales y jurar la obediencia mas ciega al papa su señor. Asi quieren los reyes y los reinos.

11° Con la sentencia que pronunció Martino IV á 21 de marzo de 1283 despojando al rey de Aragon del reino heredado de sus padres, porque no consintió hacerlo tributaria del papa.

12º Con las Bulas en que Bonifacio VIII llegó á declarar dogmática la opinion de pertenecer á los pontifices el derecho de dar y quitar los reinos: con la decretal *Unam sanctam de Majorit. et obed.* en que este mismo papa se propuso establecer la monarquía eclesiástica absoluta, diciendo que los príncipes están sujetos al cuchillo espiritual de la iglesia y que no pueden disponer *de lo temporal* sino de órden y con voluntad de los papas: con la Bula *Clericis laicos* en que prohibió al clero pagar impuestos, escomulgando al que los pagase y al que los recibiese sin su permiso; y con la carta en que dijo a Eduardo I, que el reino de Escocia pertenecia con pleno derecho á la Santa Sede.

13º Con la sumision y homenage que Clemente V pretendió de los emperadores en la Clementina única *De jure jurando.*

14º Con el derecho á la corona de Nápoles concedido por Urbano VI á Cárlos de Valois en venganza de la proteccion de la reina Juana al partido de su competidor Clemente VII.

15º Con el orgullo indomnable del pertináz

Pedro de Luna, que bajo el nombre de Benedicto XIII, permitió que el rey de Aragon le llevase del diestro el palafrén y falda por las calles de Morella y qne el mismo rey y su hermano el infante don Enrique le sirviesen á la mesa.

16º Con los motivos que tuvo Eugenio IV para disolver el concilio de Basiléa, y tener siempre envueltos en disensiones y guerras los príncipes que deseaba subyugar.

17º Con la ingratitud y ambicion de Calisto III, que desconocido á los beneficios del rey de Aragon concitó las ciudades y príncipes de Italia para destronarle, y dedicó los últimos dias de su vida y pontificado al nepotismo y sacar mas de 300 mil ducados de la Bula que por 200 maravedís libraba del Purgatorio á los contribuyentes.

Con la insaciable ambicion de mandar en todo y con el infinito número de conspiraciones, ligas y desacatos cometidos por el iracundo, incontinente y pertináz arzobispo de Toledo don Alonso Carrillo que en los 36 años de su episcopado, ó por mejor decir, de su imperio y dominacion llenó á España y Portugal de escándalos, discordias, guerras intestinas, luto y desolacion, propasándose á decir, aun en el feliz reinado de los reyes católicos « Yo hice reina á Doña Isabel : yo la haré volver á la rueca.

19° Con la bula *In Cœná Domini* en que el valiente Julio II so-color de conservar los derechos de la tiara, escumulgó *ipso facto* al príncipe que sin su permiso gravase las rentas del clero. Y por sentencia pronunciada á 18 de febrero de 1512 privó de la dignidad real á los reyes de Navarra concediendo su reino al primero que lo ocupase.

20° Con las discordias de Carlos V y Clemente VII sobre la pertenencia de los Estados de Italia encerrando al papa los españoles en el castillo de Santangelo.

21° Con el monitorio de 30 de enero de 1768 en que Clemente XIII tentó apropiarse los de Parma y Plasencia, prohibiendo á Felipe de Borbon hermano de los reyes de España y de Nápoles gravar con tributos las adquisiciones eclesiásticas : poner coto al aumento de los bienes del clero y adoptar otras medidas propias de la potestad secular : todo con aquel espíritu de dominacion desenvuelta desde los remotos tiempos de Victor I en las desavenencias con S. Polycrates, obispo de Efeso : y en fin su conformidad y coherencia con ese sistema de usurpaciones tan conocido, marcado y constantemente seguido en la historia de los pontificados desde que la iglesia, bajo los emperadores cristianos se hizo, como dice San Gerónimo, mas poderosa, mas rica, pero ménos virtuosa (*).

Asi es que cuando no conocia el poder y riqueza que le añadieron los príncipes seculares, cuando los fieles no podian reunirse á tributar el culto al Ser supremo, sin esponer su vida al cuchillo de los Dioclecianos ó Galerios: cuando los subterráneos eran sus templos, su corazon los altares y las persecuciones sus vigilias; la inmaculada esposa de Jesucristo no se presentaba con los atavíos de nuestras suntuosas catedrales; pero tampoco sufria las reconvenciones de los pobres, ni los insultos de la irreverencia. Los adornos de la vanidad mundana no brillaban en la humilde túnica de sus ministros;

(*) «Scribere enim disposui, *dice el santo Doctor*, ab adventu salvatoris, usque ad nostram etatem; id est, ab Apostolis usque ad nostri temporis fæcem, quomodo, et per quos Christi Ecclesia nata sit, et adulta persecutionibus creverit, et martyriis coronata sit, *et postquam ad christianos Principes venerit, potentia quidem, et divitiis major, sed virtutibus minor facta fuit.*» In vita S. Malchi. t. 4, pag. 90. Edit. PP. S. Mauri.

pero ardía en su pecho el fuego de la caridad. No tenian palacios, ni carrozas; pero eran mas venerados en las cárceles y suplicios. No necesitaban pages, ni caudatarios; porque ellos mismos llevaban, nó la cola de los Bajaes, sino la palma del martirio. No tenian templos; pero cada casa era uno consagrado con la práctica de las virtudes evangélicas: sus Congregaciones eran mas reducidas; pero compuestas de los que profesaban la verdadera doctrina. No participaban con la frecuencia que nosotros de los misterios inefables de la religion; pero eran mas dignos de aprocsimarse á ellos. La cruz de Jesucristo no salia á ver la confusion, désordenes y escándalos de nuestras divertidas procesiones: no se hallaba en las plazas y en los campos espuesta á profanaciones y al culto artero de la hipocresía: pero estaba en el corazon de los cristianos. Ellos se distinguian en la integridad y pureza de sus costumbres: en el espíritu de la caridad, desinterés y amor al bien público: en el respeto y veneracion á los príncipes cristianos ó gentiles: en la sumision á las leyes de sus Estados; por fin en la práctica de las virtudes sociales amalgamadas con la religion, y mansedumbre, como se ve en la apología de Tertuliano.

Al abandono, al funesto desvío de estas mácsimas evangélicas, de las instituciones y costumbres apostólicas, se debe el nacimiento del *sin número de males* que indicó el obispo Tavira en su citado informe de 27 de diciembre de 1797. Propagados por el espíritu de dominacion alarmaron á los príncipes, conmovieron y desmembraron sus Estados. De este fatal desvío nacieron las desavenencias de Cárlos II de Francia con el mismo pontífice que le habia coronado emperador en el año de 875 y puesto en la necesidad de reconvenir en una de sus cartas (*). De él nacieron las discordias y eccesos de Gregorio VII con el vilipendiado emperador Enrique IV. Él produjo los escándalos que vió la Europa á fines del siglo XIII en los entredichos y escomuniones fulminadas contra Felipe y su reino; é hizo que el clero ingles, apoyado en la bula *clericis laicos*, negase al rey Eduardo I el subsidio que demandaban las urgencias del Estado. Por él se vió la conjuracion tramada en 1285 contra el

―――――――――
(*) «Nollite, *ex vestro nomine* excomunicationum intentationes contra sacrarum scripturarum tramitem, prædicationem que Majorum nobis de cœtero scribi.... quia *scitis, et scimus totum esse irritum*, quidpuid ab illarum fuerit constitutione diversum.»

rey don Pedro de Aragon por Honorio IV cuyos legados conmovieron los ánimos de los Sicilianos, llevando al patíbulo á Juan Calamida y otros. Fué causa de que Fernando V, llamado el Católico, en carta fecha en Burgos á 22 de mayo de 1508 reprendiese severamente al vi-rey de Nápoles *porque no habia hecho prender y ahorcar* al cursor del papa en el mismo acto de haberle presentado un breve depresivo de la Real autoridad. Fué causa del asalto y matanza ejecutada en Roma por las tropas de Cárlos V, y del escarnio que españoles y alemanes hicieron del papa Clemente VII, prisionero en el Castillo de Sant-Angelo. Fué causa de que Felipe II (que habia gastado 21 años y 66 millones de reales en el monasterio del Escorial) mandase cortar la correspondencia con la curia romana: embargar las rentas de la Cámara apostólica: no obedecer los breves y monitorios de Paulo IV, (que erigido en árbitro supremo quiso disponer de la succesion del reino de Portugal) y salir de España al nuncio de Gregorio XIII: fué causa de que Felipe IV, dijese á Urbano VIII que si reconocia al duque de Braganza por rey de Portugal, le declararia enemigo del Estado. Fué causa de que

Felipe V, despidiese *por perjudicial* al nuncio de Clemente XI con quien tuvo ruidosos debates sobre la succesion de estos reinos y sobre haber negado las bulas al cardenal Alberoni presentado para el arzobispado de Sevilla. Fué el semillero de las disensiones de Luis XI de Francia con Sixto IV en 1478; de Luis XII, con Julio II, en 1510; de Enrique II con Julio III, en 1551; de Enrique IV con Clemento VIII, en 1592; de Juan V de Portugal con Benedicto XIII, y de su hijo José I que en 1760 tuvo que prohibir, bajo graves penas, el comercio espiritual y temporal de sus súbditos con la corte de Roma. Fué causa que hizo necesario el ecsámen y el *plácito regio* ú *ecsequatur*, sin el cual no circulaban las bulas y breves potificios en los reinos católicos, medida que adoptada en España en el año de 1526 irritó á Clemente VII, estimulándole á apoderarse del reino de Nápoles; y regalía de que (á instancia del pontífice) se hubiera despojado Juan II de Portugal, á no haber esperimentado en 1486 la mas firme oposicion del reino. Dió lugar á haberse reconocido y justificado el derecho de resistencia *facto et vi*, no solo por escritores estrangeros desafectos á la curia, sino por Francisco de Victoria y aun por el cardenal Torquemada. Hizo que S. Bernardo abad de Claraval señalase á Eugenio III los escollos en que la codicia de los curiales habia puesto á sus antecesores hasta decir, lo que se lee en los libros de *Consideracion* (*). Fué el principio de los waldenses, albigenses, widefistas, husitas, luteranos, calvinistas y de todos los comprendidos bajo la denominacion de protestantes. Hizo que los prelados y cardenales, informando á Paulo III, sobre los males que padecia la Iglesia, espusieran en 1536 los abusos de la curia en llevar dinero por indultos y dispensas matrimoniales : en dar pensiones á clérigos ricos : en nombrar coadjutores ménos idóneos que los mismos obispos que los pedian : en conferir beneficios incompatibles : en mezclarse en las funciones privativas de los obispos por sacar dinero de la impunidad (**), atribuyendo el orígen y progreso de estos males á la lisonja con que se habia hecho creer á los papas que su

---

(*) «Quousque murmur universæ terræ, aut disimulas, aut non advertis? quousque non evigilat consideratio tua ad tantam appellationum confusionem atque abusionem? Quid usurpare gladium tentas, etc.»

(**) «Abusus magnus, *dicen*, et minime tolerandus quo univer-

poder era ilimitado (*). Este desvío de la conducta y moderacion de los primeros pontifices introdujo los abusos que en sentir del ilustrisimo Durando, separaron la iglesia oriental de la romana, añadiendo el obispo Lexoviense en 1464 que desde que empezaron las usurpaciones de los papas no han cesado los cismas y separacion de las iglesias. Y Melchor Cano en su informe de 15 de noviembre de 1555 decia á Carlos I de España : « Mal conoce á Roma quien pretende sanarla ; enferma de muchos años, la calentura está metida en los huesos y su mal no puede sufrir ningun remedio... No hay medios mas ciertos para acabar de destruir en pocos dias la Iglesia que los que al presente se toman en *la administracion eclesiástica,* la cual malos ministros han convertido en *negociacion temporal y mercadería y trato prohibido por todas las leyes, divinas, huma-*

---

sus populus christianus scandalizatur est in impedimentis quæ inferentur Episcopis in gubernatione suarum ovium maxime in puniendis sceleribus, et corrigendis. Nam primò multis viis eximunt se mali homines, præsertim clerici, á jurisdictione sui ordinarii. Deinde, si non sint exempti, confugiunt statim *ad Pœnitentiariam, vel ad Datariam, ubi confestim invaniunt viam impunitati,* et quod pejus est, *ob pecuniam præstitam.*»

(*) « Principium omnium malorum inde fuisse, quod nonnulli

nas y naturales. Y si á V. M. el temor de religion y piedad le hacen alzar la mano del reparo de tantos daños y del amparo de sus vasallos y Estados; este medio cubierto y forrado en reverencia y respeto religioso, será el mas cierto para la mas breve y total destruccion de la Iglesia.» En fin este desvío de los cánones y reglas de la Iglesia primitiva, del carácter, costumbres y ejemplo de los primeros pastores, hizo que el maestro de Carlos V, Adriano VI, en el último año de su corto pontificado, declarase los abusos de la administracion eclesiástica, ofreciendo por medio de su legado la reforma que se esperaba con suma ansiedad. «Sabemos, decia este sincero pontífice, que en esta Santa Sede hay, hace algunos años, muchas cosas abominables: abusos en las espirituales: eccesos en los mandatos y finalmente todo convertido en iniquidad. Ni es estraño, si la enfermedad ha bajado de la cabeza á los miembros: de los papas á otros prelados infe-

---

Pontifices coacervarunt sibi magistros purientes auribus, ut eorum studio et calliditate inveniretur ratio, quà liceret id, nempe libere Pontificem esse dominum beneficiorum, ita ut voluntas Pontificis qnaliscumque ea fuerit sit regula, qua ejus operationes, et actiones dirigantur.»

riores, sobre lo cual, por lo que á nos toca, ofrecerás que pondrémos el mayor cuidado en reformar, ante todo, esta curia, de donde salió el mal, para que asi como ella fué el orígen de la corrupcion de las inferiores, sea en lo succesivo la fuente de donde emane la salud y reforma de sus vicios : á cuya enmienda nos consideramos tanto mas estrechamente obligados, cuanto sabemos el ansia con que todo el mundo la desea (42). »

Mas este y otros muchos papas se fatigaron inútilmente en reformar los abusos de la curia, segun dijo el patriarca Figueroa en el número 384 de su Discurso sobre el Concordato de 1737; y la resistencia que los obispos españoles y franceses hallaron en los 187 italianos (que se contaron entre los 265 congregados en Trento), interesados en tener á un mismo tiempo oficios en la curia, obispados, capelos, legaciones, nunciaturas, hace perceptible la razon que tuvo Francisco de Vargas, legado de Cárlos V, para decir en su carta de 26 de noviembre de 1551, que los obispos eran tratados allí como esclavos : los antiguos concilios de Toledo, como revelados contra la Silla apostólica, y que los artificios de la corte de Roma se dirigian á dominar el concilio, á sacar nuevas ventajas, y á sujetar el cuerpo de la Iglesia, de modo que jamás se corregirán los abusos, ni habrá quien se atreva á proponerlo.

Conociéndolos Cárlos IV espidió el decreto de 6 de septiembre de 1799 en que prohibió á entrambos cleros anunciar en los púlpitos y promover conversaciones sobre el fallecimiento de Pio VI, diciendo S. M. «que no podia esperarse que la eleccion del succesor fuese pacífica y resolviendo, que hasta que S. M. anunciase el nombramiento del papa *los arzobispos y obispos ejercieran toda la plenitud de sus facultades*, conforme á la antigua disciplina de la Iglesia *para las dispensas matrimoniales y demas que les competen.* En los demas puntos de *consagracion de obispos y arzobispos, ú otros cualesquiera mas graves* que puedan ocurrir (dice S. M.) me consultará *la Cámara* por mano de mi primer secretario de Estado y *entónces determiné lo conveniente;* siendo *la Cámara* quien me lo presente y *á quien acudirán todos los prelados* de mis dominios hasta nueva órden mia.» Y en la circular adjunta al decreto, se manda que *los institutos religiosos no reconozcan superior que no sea aprobado por S. M.*; que siguió al Emperador Justiniano, Novella 137, diciendo *Jussimus canonicè procedere*.

Sepultados estos y otros inumerables hechos y testimonios auténticos en lo profundo del silencio por la nota de irreligion ó impiedad, que irremisiblemente recaeria en quien se atreviese á propalarlos y por evitar la suerte de los Arnaldos y Sabanarolas quemados, aquel, por enseñar que los príncipes eclesiásticos no podian poseer mas bienes temporales que los diezmos y primicias; y éste por haber predicado en Florencia contra los desórdenes (harto conocidos) de Alejandro VI: asegurados los intereses y afianzado el predominio del clero español: 1° en el restablecimiento de los 1055 conventos y casas de regulares suprimidas: 2° en la devolucion íntegra de censos, tributos y fincas renovadas á costa de los desgraciados compradores : 3° en las ecsenciones de derechos Reales, municipales y del sorteo para el servicio militar, concedida á los novicios ó reclutas de aquellos cuerpos, *qui principi dominanti nequaquam subjiciantur*: 4° en el remplazo numeroso de novicios atraidos por el reclamo de estos aumentos y distinciones perjudiciales á la agricultura, comercio, artes y poblacion del reino; y 5° en los productos del diezmo entero, depósito del de novales, voto de Santiago, capitales y réditos de las llamados obras pias, dispensa del subsidio y en la restauracion de infinitas demandas y gabelas estinguidas: abiertas de par en par las puertas que se habian cerrado por dos años á la provision de dignidades, canongías, prebendas y beneficios vacantes: espeditos los conductos de sus rentas obstruidas para el pago de los créditos del Estado, en virtud de bula y decreto de 1818; y espeditos (á pesar de la reclamacion que se atrevió á presentar la Direccion general de rentas, manifestando en 31 de mayo de 1824 la necesidad de observar estas decisiones *anteriores á la época constitucional*), reintegrado el mismo clero en el ejercicio libre del púlpito, del confesonario, enseñanza pública y censura de todo género de escritos destinados á la prensa: situado en la posicion eminente de disponer á su antojo de todos los cargos y empleos de la nacion y de la suerte de sus individuos, midiendo la conducta política y religiosa de los purificandos con la regla (*) indicada por San

---

(*) En la 5a, cap. 1°: Quiquid putaverint vel elegerint, hoc dicunt sanctum, et quod noluerint, putant non licere,

Benito; comunicada á los obispos y arzobispos la revocacion del mandato *quod gratis accepistis, gratis date,* y la rehabilitacion del camino antiguo para conducir francamente el dinero de las dispensas á Roma, previniéndoles que el dia 1º de cada mes saldria un correo para aquella Corte, que reconoció, é inmediatamente concedió subsidios á la Regencia, sin esperar las préces de Fernando que se hallaba en Sevilla y Cádiz á la cabeza del mismo gobierno que S. S. habia reconocido y felicitado en 30 de abril de 1820. Y últimamente afianzado todo esto en la dicha sin igual de haber puesto la conciencia de S. M. y los negocios mas graves del Estado, á discrecion del canónigo don Victor Saez (43) se mandó (20 octubre 823) cantar en todas las iglesias un solemne *Te Deum* con repiques y luminarias por la ecsaltacion del mismo papa, que confirmó y espidió sus bulas á los obispos y arzobispos presentados por las nuevas repúblicas de la America, hollando sus propias decisiones, dando este golpe mortal á las esperanzas de la nacion, á la soberania y patronato especial y esclusivo de los reyes Católicos, y al mundo ilustrado otra prueba irrefragable del carácter y estabilidad de sus principios.

Son tan manifiestos, como los males que producen: y tantos siglos de contemplaciones y desengaños ya deben habernos indicado la necesidad absoluta de abandonar los paliativos y poner al clero en armonía con las institucionas civiles, en relacion con el bien público: quitándole los motivos de creer que *Roma es su patria comun*; lo que nunca podrá conseguirse, si no se empieza por desconocer todas las causas que la ambicion y la codicia, trabajando con el ausilio de Decretales apócrifos sobre la ignorancia y supersticion, sacaron de sus quicios, llevándolas á Roma en detrimento del reino reducido á la miserable condicion de un tributario, con mengua de las prerogativas de los príncipes y de los obispos que hasta el siglo XI no vieron el tráfico de recursos, apelaciones y dispensas italianas, residiendo en el seno de la nacion la potestad (reconocida por Cárlos IV en el citado Decreto de 6 de setiembre de 99) de dispensar en los impedimentos: de crear y consagrar obispos: estender ó disminuir las diócesis sin la intervencion del papa; no pudiendo creerse que los Isidoros, Braulios, Eulogios, Rudesindos, Atilanos y demas que no alcanzaron los años de 1351 y 1365 en que (*) los arzobispos franceses introdujeron la moda de llamarse tales por la gracia de la Santa Sede, fueran ménos dignos, ni ménos venerados que los actuales. Es pues necesario aniquilar las fuerzas de la curia romana, estinguiendo de un golpe todas *las legiones ó colonias* que tiene en nuestro suelo, sostenidas á nuestras espensas, bajo el nombre de fundaciones religiosas y que no se necesitan para reconocer, como reconocemos, el centro de la unidad y la cabeza visible de la Iglesia de Jesucristo. Por esto mismo es preciso suprimir las canongías, prebendas, beneficios y demas instituciones desconocidas en la Iglesia primitiva, separando del clero, todo empleo, todo cargo, toda condecoracion civil ó militar que desdiga del carácter de los operarios de la viña del Señor. Es indispensable restablecer la observancia de la ley 18, tit. V, part. I, sobre eleccion de obispos. Renovar la costumbre y transmitir á los párrocos la facultad que recayó en los cabildos de elegir prelados; y sostener la regalía de la corona de aprobar ó desechar la eleccion, *si aquel que es*

─────────

(*) Segun observa Tomasino, *Discip Eccl. de Benef.*; p. 2, l. 1, cap. LX.

leysen fuese á grant su danyo dél (rey) *ó de la tierra.* Elegir de este ú otro modo equivalente un primado con renta fija : un obispo para cada provincia segun la demarcacion civil: dos coadjutores para el primado : dos para cada obispo : un párroco por cada 500 vecinos con sueldos proporcionados á sus clases y todos pagados por la lista civil. Es conveniente, justo y decoroso proveer los curatos en oposicion intervenida por la autoridad secular : asignar á cada iglesia la cantidad suficiente para el culto y administracion de sacramentos : fijar los gastos funerales (44) : prohibir toda qüesta y contribucion y reducir el número de los dias festivos á los domingos y nada mas. Y finalmente abolir todo fuero que no sea el civil y el militar para el servicio activo, quedando por consecuencia estinguido el eclesiástico en materias temporales y cerradas todas las curias y juzgados. Arreglar los estudios eclesiásticos y disponer de todos los bienes de entrambos cleros, cuidando de la colocacion y subsistencia decorosa de los que hoy ecsisten y del número que ha de fijarse, para evitar la miseria y corupcion de la muchedumbre; en el concepto de que la enmienda de los abusos: la restitucion de los buenos estatutos y de la paz turbada por el abandono y desvío de la disciplina de nuestra antigua Iglesia, es tan propio de la autoridad temporal, como lo reconoció el emperador Justiniano en la Novela 137; y lo confirma el pontífice Leon el Magno, cuando en una de sus cartas dijo al emperador Leon: que la potestad Real se le habia conferido, no solo para el gobierno temporal, sino principalmente para proteger la Iglesia, reprimiendo las tentativas desordenadas, conservando los buenos estatutos, y restituyendo la verdadera paz entre los que se hubiese perturbado (*). Lo contrario seria haber colocado un Estado dentro de otro: destruir las garantias sociales y vivir siempre en la incertidumbre, en el desórden y en la confusion.

Resta saber ahora si la nacion ha recibido en el aumento del interes general, en la reforma de sus Rentas y en la moderacion de sus impuestos, la utilidad y ganancias que sacó el clero de tantos privilegios y concesiones.

(*) «Debes incunctanter advertere Regiam potestatem tibi non solum ad mundi regimen, sed maximè ad Ecclesiæ præsidium esse collatam, ut ausus nefarios comprimendo, quæ sunt bona statuta defendas, et veram pacem his quæ sunt turbata restituas.» Ep. 54.

BALDÍOS.

La sociedad económica de Madrid halla el orígen de estos campos vacantes en la distribucion que hicieron los Wisigodos de las tierras conquistadas, atribuyendo su conservacion á las costumbres guerreras de los bárbaros y su aumento á la pérdida que causaban á la poblacion agrícola. Prefiriéndose entónces la ganaderia á las cosechas y el pasto al cultivo por la diversidad de sus labores, y hasta el siglo XIII por el temor de los saquéos, incendios y depredaciones enemigas, llegó á constituirse en los Baldíos una propiedad esclusiva de los ganados; y mirándola despues como el patrimonio de los pobres, se conservó, sin pensar que haciendo comun su aprovechamiento, vendria, como ha venido, á redundar en beneficio de los ganaderos ricos, de los concejales, de las cofradías y comunidades religiosas, sin utilidad alguna de los vecinos miserables, sin fomento de los brazos útiles, ni de la poblacion.

Desde el reinado de Cárlos III se manifestaron las razones y se hicieron tan perceptibles las ventajas de reducirlos á propiedad particular, que S. M. no se detuvo en espedir las reales provisiones de 12 de junio de 1767, 11 de abril de 1768, y 26 de mayo de 1770, relativas al repartimiento de estos terrenos. Por decreto de 5 de agosto de 1818 se mandó llevar adelante su enagenacion, consignando sus productos *al pago de la denda pública*; y la cédula de 22 de julio de 1819 estableció en siete artículos el método que debía observarse en su venta (*).

Los Córtes viendo tan interesado el crédito público en el fondo de estas enagenaciones y la agricultura y fomento del reino en el reparimiento y cultivo de estos terrenos (cuyos diezmos novales, sin pasar por la iglesia, debian entrar en el Real erario) no hicieron mas que acordar el cumplimiento de las resoluciones indicadas, disponiendo en los decretos de 4 de enero de 1813, 8 de noviembre de 1820 y 29 de junio de 1822, que en cada pueblo se formase un espediente instructivo de los terrenos baldíos, con espresion del deslinde, derecho, uso, cabida, calidad, aprovechamiento, cargas, servidumbres, valor en venta, etc., re-

(*) Por decreto de 31 de diciembre de 1829, se mandaron tasar y vender contra los documentos de la de la deuda pública sin interes; pero tampoco se ha cumplido el Real precepto.

servando para los ganados los de las sierras da Segovia, Leon, Cuenca y Soria : los egídos necesarios para los pueblos : los que se destinaron para servir de hipoteca á la deuda nacional, y otros para premio de oficiales, sargentos, cabos y soldados nacionales y estrangeros retirados con buena nota, ó imposibilitados en campaña; dejando el cuidado de estas calificaciones y repartimientos á cargo de los ayuntamientos y diputaciones provinciales, con aprobacion del gobierno.

Procedióse en efecto, bajo el cánon y reglas prescritas, á la distribucion de las tierras que hicieron ver desde luego los buenos efectos de la propiedad. Cerráronse muchas suertes. Viéronse otras plantadas de viñas y arboledas. Los nuevos propietarios trabajaban estimulados del provecho y de la emulacion, y cuando las tierras iban dando señales de gratitud á los brazos que las beneficiaban, cayó sobre ellas la negra nube que lanzó el decreto de 1º de octubre de 1823, dejando al Crédito público sin este fondo considerable, al Erario sin el producto de los diezmos novales y demas contribuciones, yermos los campos, destruidas las cercas, arrancados los arboles, perdidas las sementeras y los gastos, fatigas y esperanzas del labrador despojado. La misma suerte corrieron los terrenos de propios, cuyos diezmos novales tampoco debian entrar en la Iglesia.

MAYORAZGOS.

Si la acumulacion de bienes y rentas eclesiásticas ha sido tan funesta á la prosperidad pública, no lo es ménos la institucion de estos vínculos, nacidos de las semillas nocivas del feudalismo. Ignorados en España hasta el siglo XIV; introducidos por la triste necesidad de moderar las mercedes que prodigó Enrique II, en perjuicio de la Corona y propagados á fines del siglo XV por las Córtes de Toro, se multiplicaron desde principios del 16, hasta que Cárlos III ostigado de los males que causaban, *fomentado la ociosidad y soberbia de los poseedores y privando de muchos brazos al ejército, marina, agricultura, comercio y artes,* como dice la ley; y viendo regularmente su término final *en el llamamiento de alguna mano-muerta,* como observó el sábio conde de Floridablanca, prohibió S. M. que se fundasen sin su Real licencia, ó sin la de sus legítimos succesores, á la que neceseriamente ha de preceder la consulta de la Cámara, despues de oidos los fiscales.

Las mismas leyes de Toro establecieron que la licencia de los príncipes fuese requisito indispensable para estas fundaciones, reservando á los fundadores la facultad de revocarlas en algunos casos. Las de Castilla prohibieron la reunion de dos mayorazgos, cuya renta pasase de dos cuentos: indicaron los perjuicios y dictaron el modo de evitarlos. Otras impusieron la contribucion de 15 por ciento á los bienes destinados á vincularse y las del último reinado concedieron á los poseedores la facultad de enagenar los bienes de sus dotaciones, *para restituir las haciendas al cultivo de propietarios activos y laboriosos*, señalando un premio á las enagenaciones.

La conformidad de las citadas providencias testifica de un modo positivo é indubitable, que la amortizacion civil se ha mirado en todos tiempos como un mal, admitido en su orígen para remedio de otros que se creyeron mayores, como un privilegio odioso, como una polilla del Estado, como un necio deseo de perpetuar la ecsistencia contra las leyes inalterables de la naturaleza y contra los elementos de la sociedad ; pues seria absurdo y denigrativo á la memoria de los legisladores, suponer que estas leyes restrictivas se encaminasen á poner trabas y dificultades al progreso de instituciones útiles al bien comun.

Nada hay, en sentir de un sábio magistrado mas repugnante á la razon, á los sentimientos de la naturaleza, á los principios del pacto social y á las mácsimas generales de la legislacion y de la política, que el conceder á un ciudadano el derecho de transmitir su fortuna á una serie indefinida de poseedores : ajustar las condiciones de esta transmision á su sola voluntad con independencia de los succesores y de las leyes : quitar para siempre á la propiedad la comunicabilidad ó transmisibilidad que son sus dotes mas preciosos : librar la conservacion de las familias en la dotacion de un individuo á cada generacion y á costa de la subsistencia de todos los demas y atribuir esta dotacion al órden solo del nacimiento, sin atencion al mérito y á la virtud (*).

Conociéndolo asi las Córtes y de conformi-

(*) « Iniquum est enim (dicia el rey Teodórico) ut de una substantia, quibus competit æqua successio, alii abundanter affluant : alii paupertatis incommodis ingemiscant. »

dad con las leyes, que se propusieron quitar *el fomento de la ociosidad y soberbia de los poseedores, restituir los brazos al ejercito, marina, agricultura, comercio y artes; y las haciendas al cultivo de propietarios activos y laboriosos*, acordaron la de 27 de setiembre de 1820 sancionada por S. M. el dia 10 de octubre immediato con la misma autoridad y libertad que tuvo para negar, como justamente negó la sancion y quedó sin efecto, la ley que autorizaba las reuniones ó sociedades, llamadas patrióticas (45). Por aquella fueron suprimidos todos los mayorazgos, fideicomisos, patronatos y demas especies de vinculaciones de bienes raices, muebles, censos juros, etc., quedando en libertad segun el reglamento establecido.

Vuelto el gobierno absoluto, se espidió la Real cédula de 11 de marzo 1824 en que haciendo relacion de la consulta que la produjo, se dice literamente: que *prescindiendo el Consejo de si los mayorazgos*, al modo que ecsistian antes de la rebelion, *eran útiles ó perjudiciales á la causa pública*, (que fué precisamente la cuestion presentada y por muchos dias discutida en las Córtes) se limitó á tratar de los decretos de estas, en cuanto á sus efectos ó desmembraciones de bienes vinculados hechos en su virtud; y dando por sentada la nulidad á que las redujo la generalidad del decreto publicado en el Puerto de Santa María el 1° de octubre de 1823, (en que entró el de estincion del Santo-Oficio, que sin embargo yace sepultado, como pudieran estar los vínculos) S. M. se conformó con la consulta, mandando en consecuencia reponer los mayorazgos y demas vinculaciones al ser y estado que tenian en 7 marzo de 1820. (46)

La lectura de esta cédula testifica que el Consejo prescindiendo de si los mayorazgos eran útiles ó perjudiciales á la causa pública y sometiéndose ciega y servilmente á la generalidad del decreto disparado por el canónigo Saez en el Puerto de Santa María, se olvidó de que la ley que consultaba debia ser *provechosa comunalmente á todos:* se olvidó de que las leyes no se desatan sino cuando son *contra bondat conoscida ó grand procomunal; nin se tollen,* como dice la de partida, *sinon razonando primeramente mucho los males, que hi fallaren porque se deban toller:* y se olvidó de que por otra de 1642 estaba autorizado, no solo para emitir su dictámen, como un cuerpo consultivo, sino para *representar con entera libertad y para replicar á las resoluciones del rey sin detenerse en motivo alguno por pretesto humano;* como no se detuvo para disputar á Felipe V en consulta de 6 de junio de 1708 la potestad soberana de estrañar los eclesiásticos del reino, atreviéndose en la de 12 de octubre de 1804 á decir á su nieto Cárlos IV: que el Consejo tenia la soberanía del reino por primitiva institucion: que era soberano por constitucion nacional y con facultades soberanas y poder legislativo. Pero el interes del clero *en el término final de estos vínculos* y su influencia en la conservacion de las togas, hizo prescindir de la causa pública y no razonar acerca de los males denunciados por las mismas leyes; entreteniéndose este *cuerpo soberano* en estender la consulta que remitió en el siguiente mes de abril de 1824, proponiendo, que debia procesarse á todos los regidores de los ayuntamientos constitucionales: esto es, á doscientos mil individuos que generalmente no tuvieron mas culpa que la de obtener el sufragio de sus vecinos para llevar el peso de las cargas municipales; y ocupando *el tiempo (que estimó perdido en ver los fueros, usos, costumbres y ordenanzas particulares de los pueblos)* en ecsaminar *detenidamente* la constitucion de Sisto IV, los rescriptos de la sagrada congregacion de Cardenales, y todo lo demas que refirió la gaceta de Madrid, para estender la consulta que elevó á S. M. sobre prohibir á los particulares *el comercio de mortajas* del hábito de S. Francisco, respecto á que las vendidas en las tiendas ó almacenes no pueden sufragar los beneficios espirituales, únicamente afectos á las que sudan, ensucian, envejecen, rompen y remiendan los frailes y venden los guardianes á precio doble ó triple de la jerga nueva. ¡Y esto si merece la *detencion* del Consejo!

ESTANCO DE LA SAL.

La circular de 11 de junio de 1823 dice: que «*para que los pueblos no careciesen de un artículo tan necesario como la sal* (47), los intendentes diesen luego las órdenes oportunas para que las *fábricas particulares cesasen de venderla al público*; activando la elaboracion en las del rey y haciendo surtir los alfolies ó depositos de sus distritos.»

Por esta resolucion de la Regencia que privó á las fábricas particulares de vender su producto á los españoles, pudiendo hacerlo á los estrangeros pagando el derecho establecido, quedaron espresamente revocados los decretos, órdenes y reglamentos de las Cortés, sobre el tráfico, elaboracion y comercio libre de esta industria de primera necesidad y perjudicado un gran número de propietarios, y de traficantes industriosos.

Los procuradores generales de Segovia solicitaron desde luego que se ecsimiese á sus pueblos del gravoso repartimiento de la sal por el perjuicio enorme que se les irogaba; y en Real órden de 22 de enero de 1824 se mandó desestimar esta solicitud y todas las de su clase *por contrarias á la buena administracion.* El gobernador subdelegado de rentas de Cartagena hizo presente la oposicion que habia manifestado aquel ayuntamiento á la distribucion de la sal en los pueblos de su demarcacion, esponiendo la miseria en que se hallaban; y por Real órden de 18 de marzo de 1824 se mandó llevar adelante el repartimiento, señalándoles un mes de término para aceptarla con prevencion de que transcurrido, pagasen su valor, como si la hubiesen recibido y como se ejecuta en todas partes, sin consideracion alguna á las necesidades y situacion de los vecinos.

El decreto de 16 de febrero de 1824 que dió la norma á la administracion de este ramo, se detiene en referir sus alteraciones y progresos, diciendo que en el año de 1640 se vendía á 11 reales y á 14 en el de 1796 cada fanega, fijándose en el artículo 1° el precio de 42 reales y mas las conducciones y transportes á los puntos de ventas ú acopios; como si la riqueza actual de estas provincios litorales escediese en dos tercios á la que producia el comercio marítimo de 1796 y los arsenales y fábricas que han desaparecido.

En las salinas de propiedad particular, situadas en los términos de la isla de Leon y Sanlucar de Barrameda, se vende este artículo á los estrangeros á razon de un real ó menos por fanega; y aun suponiendo que la de las fábricas del rey (mas costosas por los sueldos de empleados y otras causas) saliese á dos reales, hasta *cincuenta y cinco* y dos maravedis, que se cobra con el mayor rigor en las distribuciones de la misma ciudad de Sanlucar, queda un hueco disforme para el contrabando de la que fué comprada á real en las salinas particulares, se depositó en Mértola y Gibraltar y vuelve de ambos puntos á surtir los pueblos de la Sierra limítrofe, que abastecen los puertos de chacina; y ofrece un motivo muy justo para repugnar y quejarse de este repartimiento inconsiderado, irritante, eccesivo, forzoso, opuesto al bien comun y por consiguiente á todos los principios de la equidad, de la justicia y del verdadero interés del Estado.

ESTANCO DEL TABACO.

Por razones diametralmente opuestas á las que se produjeron y concurren en el ramo de la sal, se estableció el mismo dia 16 de febrero el *estanco del tabaco*, por ser, como dice el decreto, un objeto de lujo y de capricho: de uso libre y espontáneo de los consumidores: por no perjudicar á ninguna clase de industria, ni á la concurrencia de otros vendedores.

En esta disertacion apologética se ponderan las ilustradas y dificiles combinaciones del antiguo establecimiento, como si para tal monopolio, (estinguido por las Córtes) se necesitára mas, que tener la facultad y la fuerza para comprar como se pueda y vender como se quiera. Se nos instruye prolijamente de la creacion de la renta, concebida en el año de 1636: del precio de tres reales á que se vendia la libra de tabaco, cuando las cosechas eran mucho menores en América: cuando no estaba tan espedita la navegacion, ni tan baratos los transportes y de las alteraciones que ha tenido en diversas epocas, terminando con señalar el de 36 reales á cada libra del de Virginia, 48 la de cigarros mistos y los habanos al costo que tengan hasta el puerto de su desembarque, con el moderado impuesto de 40 reales mas en libra.

Los resultados de estas determinaciones ni fueron, ni podian ser otros, que los de todas las que se apartan de la senda natural que conduce al bien comun. Arruináronse los traficantes y operarios útiles empleados en la compra, elaboracion y venta de tabaco. Emigraron otros capitalistas trasladando al estrangero el producto de la industria. Perdió el Estado sus brazos y contribuciones. Creció el número de guardas y contrabandistas, que mancomunados escandalosamente, eludian las disposiciones del gobierno. Pasó la venalidad á otras clases menos acostumbradas al coecho. Se hizo casi general la desmoralizacion, y la insolencia se vió crecer á par de la codicia: si en un camino, en una calle, en una choza, se registraba, se prendia y se arruinaba al infeliz jornalero *por hallarle un cigarro* en el seno, como lo testifica la causa que hemos visto seguida en Daimiel contra Manuel Lozano: cruzaban por otras partes numerosas recuas cargadas de tabaco y se depositaban en conventos y almacenes, sin temor de tropezar ni ser reconocidos por los depedientes del resgüardo y demas celadores interesados en la multiplicacion de los seguros. Mas de 800 cargas se hallaron en solo el pueblo del Jabugo situado en el corazon de la Sierra de Andévalo que ni las produce ni puede creerse que cayeran de las nubes, á pesar de emplearse en su compra el dinero de las devotas cofradías, cuyos santos patronos reciben por mano del cura no solo la ganancia de su capital respectivo, sino las oblaciones inmorales de los contrabandistas que les atribuyen el buen ecsito de sus viages. En los mismos estancos se halla la labor y venta del tabaco que introducen y ven todos, ménos los guardas y visitadores, y la colusion y el fraude inseparables de este ruinoso sistema; y en la proporcion de los gastos y lujo con el sueldo de la mayor parte de los empleados, la prueba demostrativa de su manejo.

ESTANCO DEL AGUARDIENTE.

Restablecióse en este mismo dia la renta de aguardiente y licores á beneficio y por cuenta de la Real hacienda, sin embargo de decir el real decreto que *desde el año de* 1632 (en que se estancó para proporcionar fondos á Felipe IV,) dejándola libre en 1717: estancada en 1719: desestancada en 1746: estancada en 1800: libre en 1804: *nunca hizo progresos sino en el sistema de la libertad.*

ESTANCO DEL BACALAO.

Por no molestar á los pueblos con esacciones estraordinarias (dice otro decreto de este dia) se estableció la renta del bacalao, privando de este giro al comercio que lo debia comprar en el estanco con el recargo de 28 maravedís en libra y condicion de no introducir alguna otra clase de pescado estrangero que paralizase la venta del estancado, prohibiendo la pesca á las barcas españolas, reduciendo á perecer porcion de familias ocupadas en este ejercicio tan necesario é interesante al fomento de la navegacion, y obligando á las clases indigentes á surtirse del bacalao que empezaron á introducir los contrabandistas de Lisboa y Gibraltar, averiándose y corrompiéndose el estancado por faltar el celo y la inteligencia del interes individual; lo cual dió causa á la supresion de este ridículo monopolio, sin mengua del crédito económico, ni rubor del eccelentísimo ministro que lo inventó.

PAPEL SELLADO.

Amplióse, en los cien artículos cabales de otro decreto de este dia, el uso del papel sellado, alzando precios, aumentando clases y estendiéndolo hasta cobrar irremisiblemente su importe por los pliegos comunes de las cartas, cuentas y demas escritos particulares que se presenten en juicio, resultando asi en blanco la mitad de los autos, á donde deben coserse otros tantos como aquellos.

DERECHO DE PUERTAS.

Restablecióse y se amplió por decreto de este dia, haciéndolo estensivo á los pueblos de 15 mil habitantes, no comprendidos en la creacion de 1817, abolida por el gobierno constitucional. Dificil es hallar cosa mas adecuada al genio de los vagos, al fomento del fraude, molestia de traficantes y á la estorsion del vecindario; y para que todos supieran, que nadie puede tener, ni trasladar de un almacen á otro sus frutos y efectos, que nadie puede comprar, vender, alquilar, moler, envasar sus vinos, vinagres ni gastar aceite de sus vasijas, sin dar una cuenta esacta y minuciosa y tener permiso del administrador de las puertas :

>   Fíjanse en las esquinas cartelones
>   Que al poste mas mazizo y berroqueño
>   Le levantan ampollas y chichones (48).

PAJA Y USTENSILIOS.

Restablecióse en este dia la contribucion asi llamada, fundándose el decreto restaurador en la razon sencilla de que, dejándola suprimida, faltaria este ingreso en el Real erario : lo cual es esacto ciertamente, porque los pueblos, despues de pagarla y repagarla, sufren la carga de alojamientos militares abolidos por su primera imposicion. Y para satisfacer á la Francia el importe reconocido de las cuentas de su ejército de ocupacion, y ausilios al que tomó el título de *la Fé*, se recargó con mas de otro tanto el cupo de esta contribucion que se paga desde el año de 1828 bajo la denominacion de estraordinaria.

FRUTOS CIVILES.

En este mismo dia, que puede llamarse el de la *resurreccion de las rentas*, se restableció tambien la de Frutos civiles, reducida á pagar el 4 por ciento sobre el arrendamiento de casas, molinos, tahonas, aceñas, ingenios y artefactos; y el 6 por ciento sobre el de fincas ó propiedades territoriales. El decreto dice: que es un impuesto equitativo y justo, porque lo pagan los que tienen bienes, rentas, censos, y no recae en arrendadores, colonos, jornaleros y *propietarios que cultivan por sí mismos* sus bienes, ni en otra clase de productores; y en el articulo 6° se eceptuan del pago de esta contribucion los bienes y rentas del clero.

SUBSIDIO DEL COMERCIO.

Y para nivelar la esaccion del impuesto de los frutos civiles con los géneros del comercio agonizante, (que paga crecidos derechos de entrada y salida, ademas de los contribuciones é impuestos comunes) se mandó en la misma fecha que contribuyese anualmente con la suma de diez millones de reales, aumentados hasta catorce en razon inversa de la miseria pública y de la nulidad á que se le ha reducido por la imposibilidad absoluta de satisfacerle sus antiguos créditos contra el Estado : por no admitirse el cambio de unos por otros en las tesorerías : par la deconfianza en sus especulaciones sujetas al capricho de reglamentos minuciosos insubsistentes, parciales, contradictorios : al humor de los administradores y demas empleados de Aduanas y resguardos : á todo, ménos á principios equitativos y estables, y por la emigracion de muchos capitalistas á donde encuentra menos trabas el giro de su caudal y mas seguridad y consideracion sus personas (49).

OTROS MALES DE PEOR CARACTER Y TRASCENDENCIA.

Pero esto es nada camparado con el manejo interior de las aduanas y de los pósitos : con los descuentos confidenciales de las tesorerías : con las sinuosidades de los empréstitos en el estrangero donde se ha dejado campo ancho para ocultar la falta de crédito, la irregularidad de las hipotecas, la complicacion de los títulos para establecer la confusion en provecho de los negociadores : la evidencia de la bancarrota : la arbitrariedad y connivencia de las operaciones de la Caja de amortizacion : (que solo á un corredor favorito paga 22 mil duros de comision por la miseria de créditos anuales que se amortizan, cuando el gobierno frances paga 15 mil francos al suyo por sueldo total) (*) : con las estorsiones de las columnas de apremio y visitadores enviados por las Intendencias: con el lucrativo agiotage de los *diligencieros* que llevan las órdenes (por lo comun insignificantes) á los ayuntamientos, sacrificando sus propios y arbitrios, como si no hubiese correos en la Península : con el insolente saquéo de los comisionados de la mesta : con la subasta escandalosa en que las escribanías han puesto el aprovechamiento de las dietas y derechos que llevan los destinados á la cobranza de atrasos

---

(*) 55 mil reales vellon, y el importe de amortizacion es eccesivamente mayor.

ilusorios ó envejecidos procedentes de bulas y papel sellado, en que suelen envolverse las casas y los campos de los que ni conocieron, ni tuvieron relacion con los depositarios fallidos, todo es nada comparado con esas vandadas de *lechuzos*, con esa turba de ejecutores hambrientos destacados á sorprender los pueblos y arruinarlos con dietas y costas judiciales á pretesto de cobrar algun rezago miserable de diezmos, infringiendo la real provision de 21 de agosto de 1770 en que se dispuso que no se despachasen ejecuciones de esta naturaleza contra deudores de diezmos, sin haber evacuado antes la diligencia de escribir cartas á las justicias de los pueblos respectivos, insertando la nómina de los deudores y de las deudas, paraque los hicieran saber que aprontasen el pago dentro del término que prudentemente les señalaren los jueces con apercibimiento de ejecucion. Es nada comparado con los repartimientos frecuentes y arbitrarios: con las pensiones diarias sobre cualquier pretesto y con otra muchedumbre de gabelas inventadas por el ansia de atesorar, descubierta en la mayor parte de los mandatarios, cuyas rapiñas denunciadas por bandos y edictos del mismo modo que suelen pregonarse los robos y violencias de los ladrones en cuadrilla han llegado á noticia del gobierno (50) Verres decia que saqueaba la Sicilia fiado en la proteccion de un hombre poderoso y que los dos tercios de lo que robaba en la prefectura eran para los que le sostenian en Roma : y nosotros vemos alcades mayores sindicados, removidos, procesados y luego ascendidos á las audiencias. El miserable estado y la reprimida ecsasperacion de los pueblos pudiera solo señalar el cuanto á que asciende el producto de las cartas de seguridad, que se han visto repartir con premura en el mes de diciembre para seguridad del año que espiraba y con tal profusion que se hallan hasta en los sombreros de los salteadores de camino : el producto de las cédulas de permanencia, pasaportes, licencias hasta para poseer un mal rocin, y sobre todo el provecho de las estafas inherentes á los mas pequeños descuidos y á las persecuciones y arrestos arbitrarios. Solo ellos pudieran decir lo que han contribuido en dinero fisico y lo que se han resentido los renglones de consumo y primera necesidad con la esaccion arbitraria que sufren los muelles, caminos, tiendas, almacenes, teatros, carnicerias y demas establecimientos condenados á pagar anualmente ochenta millones de reales calculados para el vestuario, armamento, música, fausto y hasta la grosería de los llamados *realistas* (*), sacados por lo comun de las heces mas despreciables de los pueblos y retratados en *el Pirata,* de Walter-Scott:

> Bouches sans bras qu'on nourrit à grands frais
> Nuls dans la guerre et fort a charge dans la paix :
> Un jour par mois ayant l'air militaire
> Et toujours prêts quand'on n'en à que faire.
>
> T. 4. c. 7.

Los pueblos solos, si les fuese permitido, pudieran decir lo que se les estafa socolor de devocion. Contraviniendo á la real órden de 3 de noviembre de 1790 en que noticioso S. M. (son sus palabras) *de los muchos escesos y general abuso de vender y rifar á título de piedad varias alhajas de poca consideracion, géneros, comestibles y otras cosas en las puertas de los templos y sus inmediaciones por las usuras que en tales casos se cometen,* prohibió severamente esas rifas continuas de becerros y otros animales, de comestibles y de

---

(*) Ellos no han podido evitar al Gobierno su vergonzosa capitulacion, y salvo-conducto al facineroso *José María.*

muebles despreciables, situadas en las puertas de los templos y pregonadas todos los dias por calles y mercados *para la corona de la Vírgen, altar de S. Antonio, ánimas*, etc., en que se entretiene una porcion de devotos infringiendo la ley del reino. Los pueblos solo pudieran decir lo que suman los gastos invertidos por las cofradías (contra lo dispuesto en la instruccion de corregidores y cédula de 15 de mayo de 1788) en la fanática é impía emulacion de presentar los espectáculos mas distantes del respeto y devocion al sagrado objeto que representan y mas prócsimos á la licencia y disolucion que se observa en la semana santa de Sevilla y otras poblaciones. Los pueblos sienten la merma que sufren sus parvas y sus trojes con las importunas demandas de sacristanes, legos, donados, pordioseros de monjas, hermitaños y aun de los mismos prelados de las órdenes religiosas destacados en divisiones á pedir por tódas partes con imperio, como una deuda de justicia y aun con amenazas de denunciar como irreligioso al no contribuyente (*), el trigo, semillas,

---

(*) Cuando la Silla Apostólica concede á hospitales ú otros establecimientos pios, la facultad de pedir limosna, les previene entre otras cosas : «Nec minis aut imprœcationibus inducant fideles ad

fruta, hortaliza, mosto, azeite, borregos, manteca, chorizos, jamones, huevos y todo lo demas que llaman *de la comunidad,* que representan (*). Los pueblos saben lo que les cuesta la refaccion y el aseo de los templos y la pingüe contribucion para los mercenarios que van en las cuaresmas á tomar la voz del pastor y predicar en las aldéas de labradores rústicos y miserables contra los teatros, filósofos y jansenistas, contra las modas, no olvidando jamas el recordarles la obligacion de pagar los diezmos, primicias y sufragios por las benditas ánimas. Y en fin las familias, cuyos padres fanáticos ó devotos partieron sus bienes con la Iglesia, fiados en que sus ministros, reconocidos á su piedad generosa, cumpliesen la obligacion que les impuso el concilio 4° de Toledo, *de atender á la subsistencia de sus hijos en el caso de verse reducidos á la inopia* (**): esas mismas

---

elemosinam : non pettant elemosinam tamquam debitam, aut solitam, neque ulla arte extorqueant pecuniam, sed simpliciter permodeste...... recipiant tantum quod sibi liberaliter offertur, neque super his elemosinis ullam conventionem faciant.»

(*) « Ocurrit importune petitio, decia S. Buenaventura, quà omnes transcuentes per terras *adeo abhorrent fratrum occursum, ut eis timeant, quasi prædonibus obviare.* »

(**) «Quicumque fidelium de facultatibus sus ecclesiæ aliquid

familias presentan á cada paso la ruina, el desamparo y desolacion de viudas y huérfanos que, no pudiendo satisfacer las mandas ó tributos impuestos en sus posesiones por la sugestion ó engaño de sus ascendientes, se ven con frecuencia ejecutados y lanzados de sus hogares, á instancia de las santas comunidades que vivieron siglos enteros solazándose con el beneficio de aquella caridad perniciosa (*).

A tal grado de desfachatez alcanza el mónstruo de la hipocresía, dirigiendo la mano de un gobierno seducido, sujeto al imperio de las supersticiones y vendido á sus intereses. En ellos estaba, para sostener estos y otros ruinosos abusos, el apoderarse y disponer de todos los destinos. Y para hacerlo libre y desembarazadamente se fulminó el decreto de 27 de junio de 1823, declarando nulas todas las provisiones posteriores al 7 de marzo de 1820. Y porque en las anteriores no quedase algun resto de

---

devotione, propria contulerit, *si forte ipsi aut filli eorum redacti fuerint ad inopiam ab eadem ecclesia suffragium vitæ percipiant.* Si omnibus aliis res ecclesiæ largientur, cuanto magis consulendum est quibus retributio justa debetur? » (*Concil. Tolent.* 4°, *can.* 37.)

(*) «*Væ vobis Hypocritæ, quia comeditis domos viduarum orationes longas orantes!*»

ilustracion y probidad que pudiera contrastarlos se estableció en los artículos 4º y 5º, que los empleados anteriormente nombrados se purificasen con el agua corrompida de los *informes reservados*, que dieran los miembros de la coalicion apoderada ya de sus empleos y por lo mismo interesada en su despojo; y no de la manera usual y sencilla que señalaban las leyes, en vano reclamadas por la razon y quejas de una multitud de proscriptos. Con el mismo objeto de sostener á sus parciales se libró la Real órden de 23 de noviembre de 1823, declarando vacantes todas las plazas de los que siguieron al rey á Cádiz, obedeciendo sus órdenes y cumpliendo sus juramentos. Y el decreto de 26 de octubre anterior, disponiendo que no se propusieran para empleos, ni comisiones, sino aquellas personas amantes *á ciencia cierta* de la de S. M. y previos los informes de su conducta *política y religiosa*; ofreciendo á la parcialidad ó liga de informantes compuesta toda de sicofantas conocidos, ó por su estupidez y fanatismo : ó por el interes de su estado en el proyecto de paralizar las reformas : ó por una fátua y ecsagerada aversion á las instituciones abolidas : ó por sus resentimientos con los funcionarios depuestos : ó por el ansia de figurar en el cambio : á todas estas clases de testigos, reprobados por las leyes, se ofreció que nunca serían descubiertos ni responsables de sus dichos. « *Estos informes* (dice el decreto de 27 de juinio de 1823 confirmado y reproducido en cédulas de 10 de julio y 9 de agosto de 1824) *serán sellados y archivados en seguida, por ecsigirlo así la conveniencia pública, sin poderse hacer de ellos otro uso, ni admitirse las justificaciones de testigos presentados por los interesados.* » Y el secretario de Gracia y Justicia don Francisco Tadéo Calomarde en Real órden fecha en Aranjuez á 8 de mayo de 1824 comunicada al presidente de la Junta de purificaciones dijo : » Que teniendo el rey una *absoluta necesidad* de dar á los informantes *cuantas garantías sean posibles*, para que convencidos de que *jamas podrán ser revelados sus informes*, los evacuen *con la buena fé que ecsige esta clase de negocios*, S. M. mandaba que en la remision de espedientes originales se acompañen los informes en copias certificadas, *suprimiendo los nombres de los informantes y que se que-*

masen públicamente prévio el conocimento que debía quedar en el registro. »

Con esta confianza, con esta seguridad, con estas garantías comparecieron los Erucios de Calomarde y del feroz don Cárlos de España (*) y relevados, asi como va dicho, de cargos y reconvenciones forjaron los delitos, designaron, persiguieron, arrestaron y oprimieron á los que quisieron delincuentes, sin que ningun calificador de los sentimientos religiosos, y de la adhesion al trono y al altar, abriese los libros sagrados para enseñarles, ni la boca para decirles : « ¿Acáso nuestra ley juzga al hombre sin haberle oido, ni enterarse de lo que ha hecho? — No es costumbre de los Romanos condenar á ningun hombre *sin presentarle los acusadores* y darle lugar á defenderse y

---

(*) Este conde de España, Grande de España, general de España, es nada de España, pues es frances ; cuyos bárbaros asesinatos y demas actos despóticos de frenesí, hipocresía y crueldad, asi como la sangre y lágrimas que hizo derramar en Cataluña, solo pueden estar al alcance de aquellos habitantes, víctimas de este estólido Bajá, que obligaba á todos ellos á llevar rosario al cuello, no gastar patillas crecidas, ni los picos de la camisa fuera del corbatin, y ¡pobre del que descuidara sugetarse á estos y otros caprichos de su cerebro desorganizado! Allí no se necesitaba causa ni juicio para ser fusilado en la Ciudadela...... ¿Y un abanicazo solo..... costó el reino al Dey de Argel?

destruir los cargos (*) » Y con todo este desacato se hollaron los cánones de los concilios y leyes citadas (nota 21) : las resoluciones mas solemnes del rey don Fernando IV que en las Córtes de 1299 y 1307 mandó en Valladolid que *los homes non sean presos, nin tomado lo que han sin ser oidos por derecho* : de su hijo don Alonso II que respondiendo á la peticion 28, que le hicieron las de 1325, *juró de non mandar matar, nin lisiar, nin despechar, nin tomar á ninguno cosa de lo suyo sin ser antes llamado, é oido, é vencido por fuero é por derecho, é otrosi de non mandar prender á ninguno sin guardar su fuero é su derecho, á cada uno.* » Y asi se quebrantaron las leyes que se decian *sábias* y *moderadas*, singularmente la 12, tit. 14, part. 3, que para condenar á un hombre á las penas establecidas ecsige, nó *la adhesion á un sistema* jurado por el rey, proclamado en la nacion y reconocido por los gabinetes estrangeros, sino delitos posi-

(*) Numquid lex nostres judicat hominem, nisi prius auderit ab ipso, et cognoverit quid faciat. Joann. c. 7, v. 51.

Non est romanos consuetudo damnare aliquem hominem priuscuam *isque* accusatur presentes habeat accusatores locumque defendendi accipiat ad abluenda crimina. Act. Apost. c. 25. v. 16.

tivos, crímenes calificados, *fechos contra buenas costumbres, et contra los establecimientos de leyes complidas et paladinas,* y pruebas tan claras como la luz del dia; añadiendo otra del mismo código: que *ni aun malquerencia* debe haber el rey contra ningunt home *por dicho de otro,* á menos de ser la cosa probada en ante, cá si lo ficiese mostrarse hie por home de liviano seso. La 5, tit. 1, part. 7, que, supuesta la admision de pruebas para batir la delacion, establece la pena contra los que la hicieren en *poridat* por malquerencia ó *por algo que les diesen*. La 27 del mismo título, que á los informes prestados por personas sin tacha, *et que non han enemigos porque se hobiesen á mover esto, et que es otro-sí fama de lo que dicen,* no les da mas consideracion, mas peso, ni mas valor que el que reciban de la indagacion judicial y *de las pruebas que han de hacerse* para acreditar la verdad de su contenido. La ley 29 que establece y amplia *á todas las otras defensiones* el juicio de tachas de los testigos y por consiguiente el conocimiento de sus personas, calidad y testimonios. La 1, tit. 31, part. 7, que previene á los judgadores *catar mucho, et escodriñar mui acu-*

ciosamente el yerro *de manera que sea ante bien probado para toller á un home de algunt oficio que tiene,* por ser esta privacion de oficio una de las penas señaladas en la ley 4; añadiendo la 7, que *los judgadores non se deben rebatar á dar pena á ninguno por sospecha, nin por señales, nin por presunciones* (*): La ley 6, tit. 6, lib. 12, *Novis Recop.*, en que Felipe V, *notando la facilidad y frecuencia* de dar informes siniestros, falsas delaciones, y *la osadía de atropellar impunemente la inocencia,* dispuso que con la mas rigorosa esactitud se ejecutasen las leyes que hay contra falsos delatores, *sin ninguna dispensacion, ni moderacion.* Y ¿cómo tendrá lugar la indagacion y procedimiento, ocultando sus nombres, archivando sus escritos, no oyendo razones, ni pruebas en contrario y observando la práctica iniqua y rastrera del Secretario de la superchería que, fomentando calumnias y garantizando á los calumniadores, se atreve á tomar el nombre de ministro, profanando el sagrado asiento de la justicia? Las leyes del tit. 32, de este libro,

(*) *Ne fictis auditonibus, ne disseminato, dispersoque sermone fortunas inocentium subjiciendas putetis ,* decia Ciceron á los jueces de Plancio.

que mandan admitir las informaciones de testigos y cuantas pruebas contribuyan al esclarecimiento de la verdad, y á la defensa de los reos por mas criminales que parezcan. La 1ª del título siguiente que desprecia las delaciones que no sean estendidas ante escribano público *para que no se oculten los autores* : la 7ª del mismo título en que Felipe III mandó, no admitir delacion que no sea firmada y entregada por persona conocida, *dando fianza y obligacion de probar su contenido*. La 8ª en que Fernando VI previno la observancia de las anteriores *para que no padezcan algunas personas con la temeridad de voluntarias calumnias*. La 6ª tit. 4, lib. 3, en que don Juan II, dispuso que no se complieran, ni aun sus mismas Reales cédulas, *cuando mandasen despojar á alguno de bienes y oficios, sin ser ántes llamado y convencido*, y finalmente la Pragmática de 17 de abril de 1774 en que señalando el modo de proceder contra los que promueven *bullicios y conmociones populares*, mandó Cárlos III, que no se procediese contra ellos, sino *formándoles causa y oyendo sus defensas*, porque el rey, como dice la ley de partida, *non debe cobdiciar á facer cosa que sea contra derecho,* y porque el príncipe, segun otra antigua del Fuero Juzgo, *non debe toler á nengun home de su casa, su ondra, nin su servicio, sinon por derecho juizo.* »

Estas mácsimas gravadas en los cuerpos de nuestro derecho patrio son tan comunes á todas las naciones, como es la razon, que las inspira y ningun poder, escepto el de Calomarde, se ha creido fuera de la obligacion de observarlas. Dificil es hallar soberano mas propenso y decidido á mandar sin restricciones que Gustavo III de Suecia, ni otro á quien el orgullo de la aristocracia, la falta de granos y otras causas que la hicieron odiosa á los pueblos, le hubiesen abierto el camino de saciar su ambicion y abatir, como abatió la autoridad de la Dieta. Mas sin embargo de haber roto las trabas puestas al hijo de Gustavo Vasa y hecho absoluto el limitado poder de Federico cuñado de Carlos XII, estinguió por *ley fundamental* de su reino los tribunales estraordinarios y las comisiones para juzgar las causas, declarando espresamente que no podian ménos de inclinarse al despotismo y tiranía y mandando que en lo succesivo *ningun ciudadano fuese privado de su honor ó fortuna, ni castigado con otra pena, sin que precediera el juicio y fallo legal.* Ni aun los tiranos han podido ocultar el odio y abominacion al despotismo. Luis XI (*) dejó por testamento instruido á su hijo Cárlos VIII de Francia de que : « cuando los reyes ó los príncipes no respetan la ley, pierden el nombre de reyes haciéndose esclavos y esclavizando al pueblo que los detesta en vez de acatarlos. »

La conformidad de estas leyes diseminadas en las diversas Constituciones de los Estados señala su orígen en el pacto social y convence el funesto error de mirar la distribucion de justicia, como un noble atributo de la soberanía, siendo su carga mas pesada. Los reyes no otorgan sino que deben la justicia. Esta es la primera obligacion que contraen con los súbditos : la primera deuda de su gobierno, y si sufren su venta les hacen pagar lo que en rigor les pertenece.

Pero los ministros de Fernando (dignos del

(*) « Quand les rois n'ont régard à la loi, en se faisant, ils font leur peuple serf, et perdent le nom de roi, car nul ne peut être appellé roi, fors celui qui règne et seigneurie sur les francs. Les francs de nature aiment leur seigneur, mais les serfs naturellement haissent leurs maîtres. »

Tan positivo es qué los mismos tiranos *al ménos en su testamento* proscriben el despotismo.

Consejo de los Diez que sacrificaba los ciudadanos de Venecia, bajo el pretesto de la seguridad del Estado, calificando de crímenes atroces la faltas mas ténues : creyendo cómplice al que no era delator y perdido al delatado), fallaron la persecucion y desamparo de la inocencia : trastornaron los principios de la justicia y de la humanidad, anticipando el castigo al juicio y la pena á la sentencia : y con esta atrevida resolucion salvaron la dificultad de calificar legalmente el crímen supuesto en la adhesion á un gobierno, acorde con el progreso de las luces é instituido en la horfandad de la patria, cuya independencia restituyó y sostuvo hasta el año de 1814. Eludieron la gran dificultad de convertir en crímen la adhesion al gobierno que el rey juró y sostuvo, mandándolo promulgar y obedecer, sin instruir jamás á los pueblos de la coaccion, ó violencia que sufriera. Y evitaron las obvias reconvenciones que resaltan, así de los documantos estractados en las primeras páginas de este escrito, como de la diversa conducta observada con los militares y empleados de Ultramar, á quienes no alcanzó la necesidad de purificarse, sin embargo de que *marcharon por la senda constitucional* al mismo paso que siguió al rey la mayor parte de los de la Península; donde ha quedado asegurada la proscripcion, desatendidos los servicios mas importantes y calificados, y reducida una multitud de familias al conflicto de perecer en la indigencia, ocupando sus destinos aquellos que pocos años ántes se llamáran traidores, pérfidos, perjuros y enemigos del Estado : « Miles de hombres valientes (decia un orador evangélico, á présencia de S. M.), ven á otros tantos tiznados con la infidencia que cubren con el velo del interés y se levantan con los grados que á otros se debian de justicia. Miles de héroes llenos de heridas, cosidos á balazos acreedores á los mayores premios se hallan postrados de necesidad y dispersos por todo el ámbito de la nacion y tal vez en una cárcel porque no tienen quien saque la cara por su justicia : los enemigos de V. M. son los que gritando á voces *viva Fernando y la religion* se introducen en el gobierno, trastornan el órden con disimulo, hartando su furiosa ambicion con empleos, rentas y honores, y dando ocasion á que hasta la niños digan por la calle : *viva Fernando y vamos robando*:» *viva Fernando* y vamos dando prestameras, acumulando beneficios y canongía de Sevilla en el estúpido y relajado sobrino de Calomarde, oprobio del coro de aquella iglesia y objeto de la censura pública y de la indignacion del prelado, que ni aun quiso ordenarle, sabiendo sus costumbres: *viva Fernando* y vamos gravando el erario con pensiones para nuestras hijas y sobrinas: *viva Fernando* y vamos disponiendo del fondo de remplazos de Cádiz, desatendiendo el derecho de los legítimos acreedores y el clamor de los hijos y viudas de los prestamistas: *viva Fernando* y vamos concediendo á los buques estrangeros la facultad de destruir nuestros montes y fábricas, esportando la corteza interior de los alcornoques, por privilegio de la casa de Remisa, tesorero general: *viva Fernando* y con el producto de este privilegio cedido á las casas estrangeras, vamos comprando fincas, ó poniendo dinero en el banco de Londres que asegure nuestra subsistencia en los trastornos políticos: *viva Fernando* y vamos arrendando hasta el aire que se respire y llevando al suplicio al que de otro modo osáre respirar.

Pero el colmo de esta sentina de maldades es el decreto de 1° de octubre de 1830 por la estension que ofrece á la útil carrera de las delaciones. « Por el solo hecho de tener correspondencia epistolar con cualquiera de los individuos que emigraron del reino á causa de las occurrencias del año de 1820 al de 23 se impone la pena de dos años de cárcel y doscientos ducados de multa, y la de muerte si tendiese á favorecer sus proyectos. Condénase á ella al que ausiliare con armas, avisos, ó consejos: á los ayuntamientos que no diesen parte de la invasion del teritorio y ocho años de presidio al que reusase ejercer el oficio de delator. »

Al reclamo y particion de las multas, siguió la Real órden que garantiza la impunidad de los que aspiren á participarlas. Espedida por Calomarde en 10 de mayo de 1831 dice literalemente : « He dado cuenta al rey nuestro señor del oficio de U. S. de 11 este mes en que manifiesta la delacion que el voluntario realista de esa capital Francisco Bindel ha dado por conducto de sus gefes sobre el *depósito de armas* en la tienda de fierro de don Ramon Tansoro del comercio de la misma : *el resultado opuesto que ha producido el escrupuloso reconocimiento de la casa de dicho comer-*

ciante, verificado por los depedientes de la policía: la prision en que el subdelegado de esa Corte *ha puesto* con este motivo *al realista Bindel: formacion de causa contra él en virtud de la querella de Tansoro* y remision de las diligencias al juzgado del teniente corregidor de esa villa don Joaquin de la Escalera, haciendo mérito al propio tiempo de las reiteradas quejas y reclamaciones que este procedimiento ha suscitado de parte del coronel de voluntarios realistas el brigadier don José Villamil y del inspector-general *del arma*. Enterado de todo S. M. y conformándose con el parecer de U. S. se ha servido mandar *se sobreséa* en la referida causa, *poniéndose desde luego en plena libertad con relevacion de costas* al espresado voluntario realista Francisco Bindel, si todavía se halla preso. Al mismo tiempo y *á fin de evitar en lo succesivo la repeticion de ejemplares de esta clase* ha tenido á bien resolver: *que los denunciadores de hechos ó indicios contra la seguridad pública no sean responsables en ningun tribunal,* de los avisos que dén á la policía, *cualquiera que fuere su resultado* (*) que-

_____
(*) Téngase presente la ley de Felipe V contra falsos delatores.

dando *á la prudencia y celo* de las autoridades del ramo el hacer de ellos el uso que se merezcan segun *las calidades de las personas* que den tales avisos y de los sugetos *contra quienes se dirijan* y atendidas tambien las circunstancias en que se den y los datos ó razones en que se funden y los hagan mas ó menos verosímiles. Y finalmente es tambien su Real voluntad que los jueces á quien corresponda la formacion de las causas criminales para el descubrimiento de los reos de Estado se limiten á pedir á los subdelegados y encargados de la policía las noticias que puedan convenir á los adelantos de las causas formadas, *sin poder ecsigir nunca* testimonios de denuncias ó espedientes que obren en el establecimiento *por su naturaleza reservado* y entorpecimiento que causaria esto en los trabajos de la policía con mengua de su instituto y del mejor Real servicio. Lo que digo à U. S. de Real órden para su inteligencia y efectos correspondientes, Aranjuez, etc.—Calomarde.—Señor don Marcelino de la Torre, subdelegado de Madrid (51).

La monstruosidad de esta órden circulada y puesta en práctica por todas las autoridades de la Península manifesta que la audacia y la estupidez se hallaban reunidas en Calomarde del mismo modo que en Verres. El despotismo, tan ciego como la licencia, no ve que la justicia mal administrada, es mas tirana que una mala ley: no conoce que provocar una lucha entre la autorid del soberano y las garantías legales de sus súbditos: entre la violencia y la justicia, entre la razon y la fuerza, entre la luz y las tinieblas, es insultar á los hombres de todos los siglos y paises, es probar la paciencia, es apurar el sufrimiento de los pueblos y es burlarse de todos los elementos de su institucion. Persuádese á los reyes que ellos son sus enemigos y con la desconfianza que se les inspira, crece el poder de los ministros y el temor de los monarcas engañados. Pero los medios de alejar este temor suelen servir para realizarle; porque la mano que siembra recelos y desconfianzas, no puede coger otro fruto que el de la enemistad, el odio y la abominacion. Persuadiéndoles que el plan de empobrecer y debilitar los pueblos á fuerza de impuestos y contribuciones y de envilecerlos con vejámenes y órdenes despóticas son los medios de reducirlos á una obediencia muda, se ponen en práctica los proyectos mas absurdos, de que proceden los agravios, quejas y alteraciones que minan el Estado y destruyen el trono. Asi es que apenas hay pueblo que haya tomado el camino de la libertad, sin ser compelido por los abusos del poder. Ellos lanzaron á Pisistrato de Atenas y á Tarquino de Roma. Armaron el brazo de Guillermo Tell contra el orgullo austriaco. Produjeron la independencia de Holanda y Portugal. Desplegaron el espíritu de union y los recursos, concentrados en el alma del incomparable Washington. Formaron la nueva república de Colombia sobre los vejámenes y proscripciones de Monteverde y la estendieron hasta el Ecuador con los patíbulos y el terror del general Morillo. Desplomaron por dos veces el encumbrado trono de los Borbones de Francia. Crearon la nacionalidad de la Bélgica y de la Grecia moderna, y sino han consolidado aun la de la heróica Polonia, es por hallarse enclavada y comprimida entre las tres monarquías, donde se conserva el último calor del vandalismo europeo; y la prócsima catástrofe que amenaza hundir con su usurpado trono al Falaris portugués, acabará de confirmar que las revoluciones de los pueblos jamás son obras del acaso, sino efectos de las necesidades, resultados precisos de la inobservancia de leyes y costumbres, de la opresion general y de conferir empleos á quien no conoce la justicia que sostiene los Estados, ni los resortes del corazon humano. Los agravios individuales suelen mirarse con desprecio, sin advertir que corren como el Guadiana ya manifiestos, ya ocultos; pero siempre reuniendo la opinion que termina en una resistencia general; y el número de víctimas sacrificadas, desde la ejecucion del general Porlier hasta la matanza de Torrijos, ha podido enseñar á los ministros de Fernando que los suplicios, de esta clase, no abaten al castigado ni sirven de escarmiento; y que en lugar de cabezas se deben cortar las causas de los clamores y alteraciones, único medio de conciliar los ánimos y restablecer la paz.

Pero todo el saber, todo el afan de Calomarde y sus compañeros se ha reducido á deslumbrar al monarca con la ostentacion y brillo de una Corte igual á la de Enrique el impotente: á separar sus ojos del aspecto lánguido de la miseria: á desviar sus oidos del clamor incesante de los pueblos: á acercar su boca á la mentira: á alejar su cuidado del término de las calamidades públicas: á obstruir los conductos de la prosperidad, á cerrar las puertas del saber y abrir las de la molicie, corrupcion y barbárie, atropellando leyes, costumbres, decoro, razon, humanidad, y pretendiendo asi sostener el trono, sin considerar que la buena fé, la verdad, la ilustracion y la justicia son los cimientos del edificio moral y político de todo gobierno permanente. Y como si estas bases pudieran confundirse, como si los actos clandestinos no chocasen con ellas, como si hasta el hacer justicia secretamente, ó prescindiendo de la formalidad de los juicios, no fuese un insulto á la sociedad que reconoce en ellos sus mas preciosas garantías, una mengua de la magestad, porque *el que hace justicia á escondidas, mas parece asesino que príncipe*, arrollaron todos sus respetos y la esperanza de los hombres de bien, al notificarles (en la ocultacion de informes, informantes y amparo de delatores) que desde aquel punto cesaron las leyes garantes de su probidad: que se acabaron los medios conocidos para acreditarla: que su honor, sus destinos y su ecsistencia no tienen mas apoyo que el favor, ni mas dependencia que la que conviene al interés y poder arbitrario de la teocracia.

No hay ciertamente en España pueblo grande ni pequeño que pueda considerarse libre de su influencia destructora. No hay español que no la sienta y que no pueda decir á los ministros de Fernando : ella os ha elevado con la condicion y la seguridad de presidir en vuestros consejos que no han sido mas que el órgano de sus deliberaciones : sometidos á ellas, os habeis negado á todo sentimiento de equidad, á todo deber de justicia. Habéis hollado las leyes y los derechos mas sagrados. No habéis pensado mas que en vosotros mismos. Habéis sostenido y animado la discordia por labrar en ella vuestra fortuna y la desgracia de los que pudieran hacer sombra á vuestro esplendor y de los que creistéis rivales de vuestra ambicion. Esos informes reservados para asesinar la virtud y el mérito, y vuestra táctica rastrera é insidiosa se han estendido á todos los destinos, á todos los habitantes de este suelo desgraciado, confundidos en las tinieblas que habeis préferido á la luz de un juicio severo é ilustrado. Los militares que sostuvieron el nombre y la independencia de su patria contra los brabos de Napoleon : los que no se arredraron con el ruido de sus conquistas, con el abatimiento de las Potencias vencidas, y con la pérfida ocupacion de las ciudades, plazas y fortalezas del reino : los que cortaron en Bailen la prolongada cadena de sus triunfos : los que arrostraron todo género de privaciones y peligros por la restitucion de la dinastía reinante : los defensores heróicos de Zaragoza y de Gerona : los que regaron con su sangre las brechas de Tarifa, los campos de Chiclana, de la Albuera y de Victoria : los que vieron impávidos talar sus tierras, arder sus casas, perder ó consumirse sus bienes, desaparecer sus familias : aquellos que el rey Fernando llamó en otro tiempo : *modelos de lealtad, de inaudito valor, de resistencia prodigiosa, acreedores á las bendiciones de la patria á la admiracion de los estrangeros, al reconocimiento perpétuo del monarca* (52) : todos, todos se han visto hechos blanco de la mas negra ingratitud, ludibrio de una faccion hipócrita é insolente que los ha reducido á la cruel alternativa de perecer en la miseria y patíbulos (53), ó someterse como vosotros á la mas degradante humillacion;... pudiendo asegurarse con verdad que no se ha conferido ó confirmado desde 1823 á 1832 destino militar, civil ó municipal, sin que el clérigo ú el fraile haya calificado préviamente al agraciado. Y como en estas calificaciones se atienda solo al empeño de sostener los abusos, cubiertos *con el velo especioso del altar y del trono,* es fácil hacerse cargo de la calidad de los nombrados : del estado de la administracion que se les confia : de los sufrimientos del pueblo y de la posicion inerme y precaria del trono, desde que se vió *la España bajo el poder arbitrario del clero,* (54) y de Calomarde su corifeo (55).

FIN.

NOTAS.

(1) *página* 11.

En efecto : alguna consideracion merecian las *leyes fundamentales de la monarquía*, que distan tanto del gobierno absoluto, cuanto puede verse. 1°. En los antiguos Fueros de Sobrarve que prohibian al rey juzgar sin la intervencion del Consejo de sus súbditos, *jura dicere regi nefas esto, nisi adhibito subditorum consilio :* hacer guerra, paces, treguas, ni otro negocio de consideracion, sin consentimiento de los seniores : *Bellum aggredi, pacem inire, inducias agere, remve aliam magno momenti pertractare, caveto rex, præterquam seniorum anuente consensu :* obligándole á jurar la observancia de los Fueros, usos y costumbres del reino, despues de decirle los doce ricos-homes que lo representaban. « *Nos que somos tanto como vos os facemos rey, á condicion que nos hayades de guardar los nuestros*

Fueros; é si non, non. » A lo que añadió el rey don Iñigo Arista, que si en algun tiempo intentase contravenir á los Fueros, ó libertad del reino, pudiese este entregarse á qualquiera otro príncipe, cristiano ó infiel: facultad que dió orígen al *privilegio de la union* para hacer frente al rey y precisarle por la fuerza á complir lo jurado. 2°. En los antiguos concilios de Toledo y leyes del Fuero Juzgo (citadas en la nota 21) y en la 25 tít. 13 partida 2ª que manda *no dejar al rey facer cosas á grant daño de su regno, ó por vía de consejo, ó por vía de obra, de guisa que non venga á acabamiento.* 3°. En el razonamiento que trae Mariana del condestable Rui Lopez Dávalos ofreciendo á nombre del reino la corona de Castilla al infante don Fernando en la menor edad de su sobrino don Juan II hijo y heredero de Enrique III. 4°. En la crónica de Enrique IV año de 1466 cap. 66 donde, recordando Palencia la destitucion de don Pedro que perdió el reino *por su dura y mala gobernacion;* y de Alonso X que lo perdió *por pródigo,* dice que *no era nuevo en Castilla y Leon los nobles y pueblos elegir rey, é deponerlo.* 5°. En el lib. 1° cap. 8° del *Gobernador cristiano,* donde un teólogo del siglo XVI tan grave y circunspecto como Fr. Juan Marquez dice: « La República de quien trae su orígen la potestad Real no la trasladó al principe tan absolutamente, que no la reservase en sí para poderle quitar el principado, si las cosas llegasen á tanto estrecho: lo contrario fuera quedar hecha esclava de quien escogió por ministro. 6°. En la empresa 20 de don Diego Saavedra, que dice : « Ni ha de creer el príncipe que es absoluto su poder, sino sujeto al bien público y á los intereses de su Estado : ni que es inmenso, sino limitado y espuesto á ligeros accidentes.... Reconozca tambien el príncipe la naturaleza de su potestad ; y que no es tan suprema que no haya quedado alguna en el pueblo : la cual, ó la reservó al principio, ó se la concedió despues la misma luz natural para defensa y conservacion propia, contra un príncipe notoriamente injusto y tirano. » Y 7°. en el lib. 1 cap. 6 de Regimine princip. donde el maestro de nuestras escuelas dice: « Si ad jus multitudinis alicujus pertineat sibi providere de rege, non injustè ab eadem rex institutus potest destrui, vel refrænari ejus potestas. » Todo prueba que la libertad es institucion antigua y santa, y el despotismo moderno y profano.

Asi lo confirman nuestras leyes fundamentales y asi pensaban nuestros mas clásicos historiadores, cronistas, teólogos y políticos : entre estos citarémos al canónigo don Andres Muriel en su traduccion del ingles al frances de la obra de William Cox. *La España bayo los reyes de la casa de Borbon, Cap.* 3°, *fol.* 198; premiado por esta traduccion por el ministro Calomarde con la cruz de Cárlos III.

« No solo el poder de los reyes jamas fué absoluto

en España, sino que por el contrario, nunca hubo pueblo en Europa, que hubiese tomado parte de un modo mas positivo en la administracion de su pais que el español, por medio de sus diputados á Cortes, y sin interrupcion, durante una época prolongada y vergonzosa, en que casi todas las naciones estaban esclavizadas por las instituciones feudales, que tenian à los pueblos agoviados bajo el duro é ignominioso yugo que propagó la edad media con sus tenieblas por la vasta superficie del antiguo imperio romano. Sin hablar de Cataluña ni Aragon, que fueron en lo antiguo bastante ricos en libertades, sin hablar de Navarra y de Vizcaya, que aun hoy conservan las mas importantes; los mismos castellanos han visto constantemente el poder de sus reyes templado durante largos siglos, por la intervencion de las asambléas políticas nacionales en todos los negocios graves de gobierno.

Un publicista moderno inglés Hallam, en su *Historia de la edad media* ha observado con esactitud, que ha esistido una grande analogía entre las leyes que regían en otro tiempo en Castilla y las de Inglaterra á la misma época, (*en una época posterior debia decir para ser mas esacto*). Si se eceptua el juicio por jurados, que es la base y la gloria de la Constitucion inglesa, todas las demas libertades políticas y civiles se encontraban en las leyes de Castilla.

Aun al tiempo mismo en que la corona concibió

el designio de arrancar al pueblo sus privilegios y que perseveró en ello con terquedad, valiéndose de todos los medios posibles para lograrlo, no osó sin embargo de repente romper con el uso de convocarlas, continuando su reunion en los casos graves y para obtener los impuestos, tributando asi un homenage respetable á los derechos sagrados del pueblo. Hasta Cárlos II no fué que se descuidó enteramente la convocacion de las Córtes.

Que esta representacion política hubiese sido imperfecta, comparada con la de nuestros recientes gobiernos representativos, es de lo que ménos debemos admirarnos, por que la ciencia del derecho público es moderna; y solo de poco tiempo á esta parte y por conbinaciones fortuitas es que ha llegado á comprehenderse y coordinarse las garantias mútuas convenientes á consolidar y enlazar las relaciones entre los gobiernos y los gobernados. El equilibrio de los poderes es una teoría tan reciente que, cuando el proceso de la desgraciada reina de Escocia Maria Stuard, dice Hume en su historia de Inglaterra, que fué la vez primera que se oyó hablar del poder manárquico, aristocrático y democrático, como de los tres elementos de que estaba compuesta la Constitution inglesa; y es ridículo, añade el mismo Hume, de mirar ésta, antes de aquella época, como un plan ordenado de libertad.»

Ademas, no podian olvidarse en tan poco tiempo las abdicaciones y protestas de Aranjuez : los tratados concluidos en Bayona á 5 y 10 de mayo de 1808 : la proclama fecha en Burdeos á 12 del mismo : la despedida (hasta el valle de Josafat) que escribió el infante don Antonio Pascual á la Junta de gobierno que presidia, y otras circunstancias que precedieron y acompañaron á estos sucesos.

Tambien demandaba algun miramiento la publicacion de estas renuncias y la confesion que hace el mismo rey Fernando en el decreto de 4 de mayo de 1814 de *haberse visto la Nacion rodeada de enemigos, desprovista de todo para resistirles, sin rey y sin gobierno levantarse por sí sola,* nombrar caudillos, rechazar la agresion estrangera : recobrar sus fortalezas, conquistar su libertad, sostener su independencia y establecer su gobierno representativo reconocido y respetado por las potencias de Europa. Y en fin alguna consideracion merecia el saber, que si *se levantó por sí sola,* como el rey dice, *midiendo la ofensa y no el peligro,* como dijo el general Foy, fué *para constituirse en el lleno de su poder,* como dijo la Junta de Valencia en circular de 23 de agosto de 1808: *para establecer una legislacion que pusiese eternos diques al despotismo y marcase con líneas indelebles la autoridad del rey y del vasallo,* como habia dicho la de Castilla y Leon en 10 del mismo : *para sostener las leyes, costumbres y privilegios que la calamidad de los tiempos pasados habia tenido sin uso,* como dijo la de Tarifa en 6 de junio del mismo año : *para repeler la agresion* que arrancó á Fernando, é intenta hollar y destruir *vuestra soberanía*, como dijo la de Algeciras el dia 7 del mismo junio. « *Il est naturel en effet,* decia M. Bignon, contrayéndose á estos sucesos, *qu'un peuple qui fait tout pour l'indépendance de l'Etat, veuille la liberté pour lui-méme.* » Hé aquí las *variaciones* que los tiempos y diversas circunstancias ecsigían en pro y utilidad del Estado.

(2) *pág.* 12.

En este decreto dijo S. M. «Aborrezco y detesto el despotismo : ni las luces y cultura de las Naciones de Europa lo sufren ya, ni en España fueron déspotas jamás sus reyes, ni sus buenas leyes y Constitucion lo han autorizado, aunque por desgracia se hayan visto abusos del poder que ninguna Constitucion podrá preveer del todo. Para precaverlos, conservando el decoro de la dignidad Real y sus *derechos* y los *que pertenecen á los pueblos*, que son igualmente *inviolables*, yo trataré con sus procuradores y *en Córtes* legítimamente congregadas *lo mas* pronto que las pueda juntar.... La libertad y seguridad individual, quedarán firmemente aseguradas *por medio de leyes,* que afianzando la pública tranquilidad y el órden, dejen á todos *la saludable libertad*, en cuyo goce imperturbable se distingue á un gobierno moderado del arbitrario y despótico. De esta justa libertad *gozarán todos para comunicar por medio de la imprenta sus ideas y pensamientos*, dentro de los límites de la sana razon. *Las leyes* que en lo succesivo hayan de servir de norma para las acciones de mis súbditos *serán establecidas con acuerdo de las Córtes. Con acuerdo del reino* se asignarán las rentas de la administracion del Estado y cesará toda sospecha de disipacion, separando la tesorería de lo que se asignáre para los gastos de mi Real persona. Estas bases pueden servir de anuncio seguro de mis Reales intenciones en el gobierno *de que me voy á encargar.* »

(3) *pág.* 17.

Estas felicitaciones se publicaron en gacetas estraordinarias de 12 y 15 de marzo y en la ordinaria de 21 de abril de 1820.

(4) *pág.* 17.

En esta carta escrita á la Regencia decia la infanta : « Llena de regocijo voy á congratularme con vosotros por la *buena y sábia Constitucion* que el augusto Congreso de las Córtes acaba de jurar y publicar *con tanto aplauso de todos y muy particularmente mio ;* pues *la juzgo* como *base fundamental* de la felicidad, é independencia de la nacion y como una prueba que mis amados compatriotas dan á todo el mundo del amor y fidelidad que profesan á su legítimo soberano y del valor y constancia con que defienden sus derechos y los de la nacion.»

La Prusia en el artículo 2 de este tratado fecho en Basilea dice: «S. M. prusiana *reconoce á S. M. Fernando VII como solo legítimo rey de la monarquía española en los dos hemisferios:* asi como á la Regencia del reino que durante su ausencia y cautividad le representa legítimamente elegida por las Córtes generales y estraordinarias, *segun la Constitucion sancionada por estas y jurada por la nacion.*» La Rusia, (despues de la paz de Tilsit) cuando ya no eramos los insurgentes de Romanof, dijo en el art. 3 del tratado de Veliki-Louki. «S. M. el emperador de las Rusias *reconoce por legítimas* las Córtes generales y estraordinarias reunidas actualmente en Cádiz, *como tambien la Constitucion* que estas han decretado y sancionado.» La Suecia en el art. 3 del tratado de Stokolmo. «S. M. el rey de Suecia *reconoce por legítimas* las Córtes generales y estraordinarias reunidas en Cádiz, *asi como la Constitucion* que ellas han decretado y sancionado.» Pero el canónigo Saez dice que fué nula en su orígen, *ilegal* en su formacion, *injusta* en su contenido, y que todos dieron pruebas *públicas* y *universales* de desprecio y desaprobacion.

(5) *pág.* 17.

En la gaceta de 4 de abril se dice : que hecho el juramento solemne se dirigió el cabildo en procesion á cantar el *Te Deum* con asistencia de entrambos cleros, cruces de las parroquias, música, etc., etc.

(6) *pág.* 17.

Ecsortacion al clero y diocesanos publicada en la gaceta de 25 de mayo de 1820.

(7) *pág.* 18.

Pastoral trasladada á la gaceta de 10 de agosto de 1820.

(8) *pág.* 18.

La gaceta de 27 de agosto dice : que los dias 25, 26 y 27 de julio anterior se celebró en Antequera el juramento de la Constitucion con novillos, músicas, luminarias, etc., y que el obispo de Málaga contribuyó con dinero á los gastos de esta solemnidad, autorizándola con su ilustrísima presencia.

(9) *pág.* 18.

La gaceta de 7 de agosto dice : que en celebridad del dia 9 de julio (en que el rey juró la Constitucion) los religiosos descalzos de Cádiz hicieron una función solemne en que predicó el P. Cárdenas.

(10) *pág.* 18.

Las gacetas del 6, 21, 23, 25 y 31 de agosto, 1, 2 et 3 de setiembre de 1820 los nombran : y en las noticias que dán de Cádiz, Oyarzun, Antequera, Amezqueta, Carmona, Mayorga, Zafra, Tolosa, Guadalajara, Galicia y otros pueblos, se ve que el regocijo fue general en la nacion. Tales fueron *los sucesos que precedieron, acompañaron y siguieron al establecimiento de la Constitucion de Cádiz,* olvidados por el canónigo Saez en la descripcion con que empezó el decreto de 1º de octubre de 1823.

(11) *pág.* 20.

En el año de 1747 ascendia á 137,627 el número de eclesiásticos en España y en 1826, segun el cómputo de Miñano, á 127,345, resultando en 79 años la baja de 10,282, que es nada si se atiende á los conventos demolidos en la guerra con Napoleon y á que solo con la espulsion de los jesuitas decretada en 27 de febrero de 1767 habian quedado desiertas 39 provincias, 24 casas profesas, 669 colegios, 61 noviciados, 176 seminarios, 335 residencias, 228 casas en que residian los 22,787 individuos de ella, segun el catálogo remitido á Roma en 1762.

Dos años despues de este ruidoso estrañamiento se contaron en España 18,106 parroquias con 15,639 curas y 50,048 beneficiados, 2005 conventos con 55,453 frailes y 1029 monasterios con 27,665 monjas sobre la escasa poblacion de 9,308,804 almas.

El *Correo literario* de Madrid presentando el estado de 1830 dice que hay en España 62 obispos, 2393 canónigos, 1869 racioneros, 16,481 párrocos 4929 tenientes, 17,411 beneficiados, 18,669 ordenados de mayores, 9088 de menores, 15,015 sacristanes, 3927 sirvientes, 24,007 monjas y 61,727 frailes que en 1° de marzo de 1822 eran 16,310 segun la Memoria del secretario de Gracia y Justicia don Nicolás Garely, resultando en ocho años el aumento de 45,417 frailes y los consiguientes perjuicios á la poblacion, agricultura, comercio y artes.

(12) *pág.* 25.

Orígen y progresos del Monacato.

El israelita Philon, citado por Niceforo Calisto en el lib. 8 cap. 39 de su historia eclesiastica dice: que en su tiempo habitaban cerca de la laguna Meotis algunos judios graves y venerables que, habiendo dejado sus pueblos y distribuido sus bienes, se habian retirado á los campos por dedicarse esclusivamente á la contemplacion y culto divino: que allí se alimentaban con pan, yerbas y agua: que no comian ántes de ponerse el sol y que solian ayunar hasta tres dias consecutivos, privados siempre del uso de carnes y de vino.

Con ménos aspereza y privaciones siguieron á estos hebreos del siglo I° los cristianos conocidos por el nombre de *Ascetas*; pues, sin negarse á la sociedad civil, profesaban virtudes eminentes, conservando sus propiedades para socorrer á los necesitados.

La persecucion de Decio, nacida en el siglo III de causas agenas del espíritu del cristianismo, hizo que muchos cristianos huyesen á los montes del Egipto, donde cesaron sus pretensiones y discordias, y hallaron seguridad para renovar sus prácticas religiosas. Y aunque al principio adoptaron esta vida como el medio único de conservar su ecsistencia, el hábito llegó á hacerla tan agradable, que, calmada la persecucion y disipado el miedo, prefirieron los refugiados la independencia y soledad de los bosques al atractivo de sus antiguos hogares, viviendo dispersos hasta la edad de Constantino en que S. Pacomio levantó algunos monasterios en la Tebayda.

Hilarion, discípulo del celebre Antonio, fue el primer monge que entró en Palestina. El obispo Eustaquio los llevó á la Armenia. En Italia, dice Baronio que no los hubo hasta el año de 340 en que Atanasio introdujo la vida comun. Algun tiempo despues Martin, obispo de Tours los reunió en Francia y hasta el siglo V no aparecieron en Inglaterra.

Ambrosio Morales y Juan de Mariana creyeron que la primera vez que se habló de monges en España fué en el concilio de Tarragona por los años de 516; pero ya se habia tratado de ellos en el cánon VI del que se celebró en Zaragoza en 380, y 37 años despues de este sínodo el papa Zosimo reprendió á los obispos de España sobre las órdenes conferidas á los monges.

Su instituto fué sin duda posterior à los *Ascetas*. Se diferenciaban en que aquellos encerrados en sus celdas, ó confinados en montes y desiertos, huian del concurso y trato de los hombres, cuando estos, viviendo entre ellos, conocian sus necesidades y se apresuraban á socorrerlas. Los *monges* precisamente debian ser legos; pues de otro modo no les prohibiera el concilio Calcedonicnse intervenir en los negocios eclesiásticos; y los *Ascetas* podian ser clerigos ó seculares. Aquellos estaban sujetos á reglas ó institutos privados; estos á la ley evangélica y al método que adoptaban.

Los monges solian tomar el nombre del lugar en que vivian ó de los ejercicios á que mas se dedicaban. Llamáronse *Tebannitas* los que habitaban en un lugar asi llamado en una de las islas del Nilo. *Anacoretas* los que vivian en cavernas lejos de la sociedad humana. *Cenobitas* los que hacian vida comun. *Insomnes* los que á espensas del número y relevo sostenian dia y noche el ejercicio de la salmodia. Y S. Gregorio dice que en Egipto hubo otros llamados *Remoboch*, que infestaron la iglesia, viviendo, segun escribe Casiano, *suo arbitratu, ac ditione, sine ulla disciplina, evangelicam perfectionem coram hominibus affectantes, et simulantes;* esto es, á su antojo, sin freno alguno; pero siempre afectando seguir la perfeccion evangélica. Hubo tambien monges casados, que como nuestros hermanos de la Orden Tercera, se obligaban á ciertas prácticas y pensiones; y se propagó tanto el furor monacal que hasta los canónigos entraron en la moda de ser regulares.

Van-Espen, Tomasino, el cardenal de Luca, Berardi y otros escritores convienen en que los primeros monges no se diferenciaban del resto de los fieles, sino en la soledad á que se reducian y en los ejercicios en que se ocupaban; mas no por esto pertenecian al estado eclesiástico, que les administraba los sacramentos y recibia, del fruto de sus labores, las oblaciones con que contribuian los demas feligreses. De este modo subsistieron sin necesidad de ley ó estatuto que les declarase dependientes de sus respectivos obispos; por que era bien conocida la plenitud de la potestad que cada uno tiene en sus diócesis: *Episcopatus unus est, cujus á singulis in solidum pars tenetur*, dice S. Cipriano.

Aumentado el número de monacales cundió el

desórden y los vicios inherentes á la condicion del linage humano. La ignorancia sobre que rodaba la corrupcion de los tiempos, el ansia de los monges por figurar en el mundo que despreciaban y las apariencias de una virtud austera, fueron segregándolos de la clase á que correspondian; y asegurados en el prestigio y respeto que inspiraban, empezaron á alejarse y perder de vista la abstraccion de su instituto, mezclándose en los negocios civiles y eclesiásticos y obteniendo cargos, consideraciones y riquezas que son los medios de dominar el mundo.

Alterada la paz con el espíritu de independencia y dominacion que infestó los cláustros, fué preciso que el emperador Teodosio les prohibiese salir de su retiro y presentarse en las ciudades; pero revocado este edicto á los dos años de su promulgacion, creció el desórden y á su sombra las continuas convulsiones del Oriente, donde los monges, fomentado la supersticion que acrecentaba su influjo, se apoderaron del gobierno temporal y supieron tambien ligar el báculo á la cogulla, resultando la necesidad de manifestar los eccesos de su codicia y ambicion, corregirlos y hacerles entender la subordinacion debida á la autoridad episcopal, como asi lo hizo el concilio de Calcedonia celebrado en 451 (*).

(*) Diciendo en el cánon 4º : « Quoniam autem non nulli monachicho prætextu utentes et ecclesias,

Conforme á esta decision del concilio, el pontífice Pascual II, sin embargo de haber sido cluniacense, escribió al obispo de Bolonia, estrañando y admirándose de la audacia de los monges en ecsigir oficios y derechos que no les correspondian (cap. pervenit 9, 16 q. 1). Alejandro y Calisto segundos manifestaron igual indignacion (cap. 10 et 11 ib.). Adriano II (epist. 27 et 30) decia al rey Cárlos el calvo, que todo monasterio debia estar sujeto á los obispos, segun el derecho canónico reconocido cuatrocientos años despues hasta por Bonifacio VIII cap. 7 de privilegiis in-6°. El concilio de Orleans en 508 cánon 7 tenia prohibido á los monges y abades acercarse á los reyes sin licencia de los obispos, encargados en el cánon 21 de corregirlos. En el 19 del agatense se inculcó su dependencia, mandando espresamente que los obispos corrigiesen las faltas al instituto. El tercer concilio de Lérida adoptó lo dispuesto en este cánon y lo mismo estableció el emperador Justiniano en la ley 40 c. de episc. et cler.

et negotia civilia perturbant.....visum est nullum usquam ædificare, nec construere posse monasterium, vel oratoriam domum. Monachos autem, qui sunt in unaquaque regione, et civitate, episcopo subjectos esse; nec secularibus negociis se ingerere, vel communicare propria relinquentes monasteria, nisi quando eis a civitatis episcopo permisum fuerit.»

Tales eran las disposiciones de los concilios, papas y soberanos para separar los monges de los negocios civiles y eclesiásticos y reducirlos á su primitiva institucion. Mas por los años de 530 apareció en Italia el monge Benedicto, haciendo reproducir los monasterios esentos que los griegos llamaban patriarcales. En la diócesis de Tiboli fundó doce, de los cuales uno (*) creció hasta emanciparse de la potestad episcopal y hacerse señor de catorce pueblos, asi que la mayor parte de los monges proceden del monte Casino y aunque se disfracen con nombres de cartujos, cistercienses, premostratenses, etc., no dejan de ser retoños del árbol benedictino. (Lucio Palestimo: antiquit. eccl. l. 7, c. 2.)

Perdida la literatura en la oscuridad de los siglos bárbaros, el interes y la audacia de los impostores

―――――

(*) *Sequentibus temporibus ita crevit, ut non tantum ab episcopali potestate esset immune, sed etiam non minus quatuordecim vicos sub se haberet. Hinc ad cassinum montem successit, ubi aliud monasterium erexit, unde ordinem suum in alias regiones tanto cum successu propagavit, ut maxima monachorum pars, ejus regulam sequerentur. Atque ita, quocumque alio nomine venirent Carthussienses, cistercienses, præmostratenses et non nisi diversi benedictorum fuerunt surculi.*

corria francamente por el conducto de la ignorancia de los pueblos en que se multiplicaban y defendian los errores, por que la verdad tenia que penetrar por una infinidad de obstáculos. Halláronse entónces muchos Isidoros entretenidos en forjar decretales, que sin crítica ni discernimiento entraron despues en la confusa y mal digerida coleccion del monge Graciano, llena de errores (*) y demas suposiciones que observó Antonio Augustin lib. 1, dial. 1 de emendat. Gratiani: y se encuentran en los otros cuerpos del derecho canónico, sosteniendo los abusos de Roma. Entre estos testos apócrifos pasó sin duda el cánon, *quam sit necesarium* (5, 18 q. 2) atribuido á S. Gregorio en un concilio que se supone celebrado en Roma por los años de 601, donde se prohibe á los obispos tomar las rentas de los monasterios: se deja á los monges la eleccion de abades, gobierno económico, etc., siguiendo y ampliando las deliberaciones de la Iglesia Africana que estimó conveniente ecsimir á los monges de las pensiones diocesanas; mas nó de la jurisdiccion episcopal que subsistió intacta.

(*) *In nominibus hominum, urbium provinciarum, conciliorum: falsæ inscriptiones; et quæ conciliorum sunt pontificum esse dicuntur. Multa Gregorii, Ambrosii, Augustini, vel Hieronymi verba esse dicuntur, quæ aut nuspiam extant, aut aliena sunt.*

Pero estos privilegios que los padres de la congregacion de S. Mauro (t. 5, pag. 107) hallaron en el siglo V con caractéres diversos de las demas decretales, nacidos unas veces de la potestad episcopal, procedentes otras de concilios provinciales y nacionales y repetidos por los patriarcas de Oriente y por los pontífices de Ocidente, no llegaron á ser generales hasta el siglo XI en que Hildebrando viendo en ellos un apoyo para elevarse y avasallar los reyes, se propuso estenderlos, presentando por una parte la necesidad de suplir la ignorancia del clero secular y poner término á la relajacion de sus costumbres, y por otra la justicia que reclamaban las esacciones y violencias que sufrian los monges sus hermanos, á pretesto de visitas, oblaciones, etc. Ausilió su empresa el descrédito consiguiente á la *pervagatissima simonia*, que refiere el docto Tomasino, tan arraigada en el corazon de los obispos, como lo testifican los concilios de Barcelona y de Braga de 572 y 599 y el 4° de Toledo que en el cánon 5° indicó el desprecio y trato ignominioso que sufrian los monges de la altanería del clero. Él ecsageraba su quebranto en el aumento y adquisiciones de los monges que llamaban la atencion de pontífices y concilios. En el lateranense de 1123 bajo Calisto II dijeron los obispos. « Solo falta que nos quiten el báculo y el anillo y que nos sometan á ellos : pues ya poseen las iglesias, tierras, castillos, diezmos y las oblaciones tanto de vivos, como de muertos. Los canónigos y los clérigos estan envilecidos, desde que los monges aspiran á nuestros derechos con una ambicion insaciable, en lugar de vivir en el santo reposo. « Y los monges llevaban á mal que los obispos se mezclasen en el nombramiento de sus abades, en disponer de sus bie- y en alterar el silencio de los cláustros celebrando misas en los monasterios *magna populi turba.*

Como en el 4º concilio general se enfrenó la audacia con que los monges eludían y usurpaban los derechos episcopales y parroquiales, propasándose con el tiempo á sepultar los cadáveres y los bienes de los difuntos en los monasterios, con perjuicio de los herederos legítimos y de las iglesias matrices olvidadas en los legados y mandas dispuestas por la seduccion, denunciada en el concilio general de Viena congregado y presidido por Clemente V; del mismo modo fue menester refrenar la codicia de los obispos y el desman de los clérigos que trataban á los monges como illótas. (Cap. Dudum 27, 18 q. 2.)

De la confluencia de estos males fué saliendo la peste de privilegios que estendió Alejandro III á todo el órden cisterciense; Inocencio y Honorio III á los hermanos de la milicia de Santo Domingo, gendarmas de Jesucristo, y á los menores que despues abrieron la puerta á los Mínimos y Jesuitas, contaminando hasta el cimiento de los cláustros. Sintióse en ellos, y haciéndose insoportable el peso de la inspeccion inmediata, cundió el deseo de sacudir el yugo de la autoridad diocesana, *non tam apettentibus libertatem, quam fugitantibus disciplinam*, segun dice el santo abad de Claraval; y hasta los numerosos, pobres y humildes hijos de S. Francisco hallaron un Gregorio IX que los vistiese á la moda, rompiendo las medidas de su fundador para recoger por fruto de esta infraccion *ut Monachi disolutiones fiant*, como dijo S. Bernardo, *et eos in superbiam, et contumaciam erigi*, como dice Fr. Alvaro Pelagio: siendo tal el prurito y profusion de estos privilegios que en el dia no hay órden, ni comunidad que no se considere esenta del diocesano y dependiente de una Corte estrangera (Aróstegui de concord pastoral. (1, cap. 4) ni nacion que no sienta su gravámen, reclamado en Trento por la Alemania, en el Parlamento de Paris año de 1763 y en inumerables documentos, que fuera difuso recordar.

Pero esta convulsion mortífera no fué general en España, hasta que las leyes de partida, siguiendo las decretales espúrias y todos los errores de las compilaciones ultramontanas, reconocieron en el papa la facultad de sacar al abad del poder del obispo y de eceptuar los monasterios de la jurisdiccion diocesana, formando repúblicas independientes de los prelados territoriales y del magistrado público con infraccion de la ley conciliar renovada en las Córtes de Coyanza.

A este trastorno de la disciplina monástica, que el Arzobispo de Paris en su instruccion pastoral de 28 de octubre de 1763 calificó de *abuso manifiesto* y que en sentir del ilustrísimo Durando no podia ser útil á la Iglesia universal, ni á la religion, ni á los mismos eceptuados, fué consiguiente la desmembracion de las diócesis, quedando disipado el prestigio y reverencia á los obispos, desairada la dignidad, protegida la licencia y abiertas las puertas á los crímenes, segun dice el illustrísimo Pedro de Marca. (L. 3 c. de Concord. Sacerd. et Imp.)

S. Bernardo, á pesar de que como todos los de su siglo habia bebido sin recelo en las fuentes impuras de Mercator, conociendo el término fatal de estas esenciones y que la potestad pontificia se instituyó para sostener la union y armonía de las iglesias, manifestó á Eugenio III (lib. 3, cap. 4 de Consid.) que ellas se quejaban de estas segregaciones: que habia pocas ó ninguna que no sintiese, ó temiese la plaga, que trastornó los términos señalados por los Padres, confundió el órden, mutiló las diócesis y separó los miembros de las iglesias con detrimento de la justicia y agravio de los derechos episcopales.

Inocencio III, que sin duda eccedió á Gregorio VII en ingenio, recursos y deseos de elevar y estender la dominacion de Roma, tampoco pudo disimular estos males; pues reprendiendo la ambicion y codicia de los monges del Cister, llegó á decirles (Epist. 85, l. 16) que merecian la revocacion del privilegio por haber abusado de la libertad concedida. Y hasta los Padres del concilio de Trento (*Ses.* 24, cap. 11 *de Reform.*) convinieron en que los privilegios y ecsenciones concedidas por diversos títulos habian llegado á perturbar la jurisdiccion episcopal, dando á los ecsentos ocasion de relajarse en sus costumbres.

Mas con todo se ven crecer á la sombra y abrigo de Roma. El cardenal Pallavicini (*Hist. Concil. Trident.* l. 8, cap. 17, n. 11) nos descubrio el misterio de sostenerlos (*). El obispo de Córdoba don Francisco Solis en el dictámen de 1709, nº 63, colocó entre los abusos de la curia romana *las esenciones y privilegios de los regulares,* asegurando que *en virtud de ellos quedaban ligados de manera, que se convertian en colonias ó legiones romanas, destinadas á sostener y dilatar el poder de aquella Corte, haciendo en lo temporal á los monarcas vicarios amovibles de los papas.* Lo mismo dijo Pallavicini *en el lib.* 12, *cap.* 13, *n.* 8 de su

―――――――

(*) «*Spectabat ad principes ecclesiastici prudentiam auctoritatis eminentiam servare, pro eo ac debit quicumque optimus princeps suælegitima jurisdictionis satagere.*

citada historia. Y un docto canciller añade : « Je m'étonne qu'un grand seigneur puisse souffrir ces gens-là qui relèvent immédiatement du pape ; ce pontife ayant de cette manière une armée dans tous les pays catholiques, toujours prête à suivre ses ordres, et qui même à déjà assassiné tant de princes, à cause qu'ils étaient contraire à leur intérêt, croyant faire en cela une action sainte et méritoire. »

(13) *pág.* 27.

S. Pablo dice que el obispo sea esposo de una sola muger y que tenga sus hijos en sujecion y honestidad. S. Polycrates en las desavenencias con Victor I° se gloriaba de haber recibido las tradiciones apostólicas por el conducto de su padre y de su abuelo que fueron obispos. Y los 318 padres congregados en el concilio Niceno, por los años de 325, no se atrevieron á promulgar ley alguna sobre el celibato de los clérigos, á pesar de haber sido propuesta por un apasionado á este estado. Lo que se halla en las actas es, que S. Pafnucio prelado célibe y de 80 años impugnó enérgicamente la proposicion, sin que se volviera á tratar de ello hasta fin de este mismo siglo IV en que el papa Siricio (Romano) fué el primero que ordenó el celibato en una decretal dirigida al obispo de Tarragona.

(14) *pág.* 30.

En el primer Capítulo general celebrado en 1219 se contaron ya mas de cinco mil religiosos á quienes prohibió espresamente S. Francisco impetrar privilegios de la Curia romana (*). Y así dice Baronio (ad ann. 676 n. 5) que el haberse ecsimido de la autoridad episcopal fué contra la voluntad del fundador (**); de lo cual resultó lo que testifica Fr. Alvaro Pelagio escritor de la Orden seráfica: que prescindiendo de la voluntad y quebrantando estos hijos el testamento de su padre y hechos indignos de heredar la perfeccion evangélica que esencialmente consiste en la *humildad y pobreza*, impetraron de la Sede Apostólica esenciones que los separaron de la santa pobreza y humildad; pues *los privilegios* en cuya virtud *á nadie se sujetan*, sino á la Sede Apostólica, *los hicieron soberbios y contumaces* contra todos los prelados (***).

(*) «*Præcipio fratribus universis per obedientiam, quod ubicumque sint, non audeant petere aliquam literam in Curia romana.*»

(**) «*Ut monachi ab episcopali obedientia hujusmodi privilegiis* (pontificiis) *se substraherent, nec gratum fuit sancto Francisco, sed fratris Eliæ hominis, non divino spiritu, sed carnis prudentia nitentis opus fuit*»

(***) «*Non curantes servare voluntatem Patris, quam in testamento suo fratribus notificaverat, et servare mandaverat; et sic fractores testamenti, et indigni hæreditate perfectionis evangelicæ, quæ*

Desde el siglo XV se notó el desvio de la humildad y pobreza evangélica y el lujo introducido en las mesas de los prelados. S. Vicente Ferrer que (como dice el doctor Boneta en las *gracias de la gracia y saladas agudezas de los santos*) nació con el don de hacer milagros y con la facultad de comunicarlo no solo á los priores de Lérida y Castellon de la Plana, sino á la capa vieja que le cambiaron por otra nueva en Ocaña : á la campana *de fer miracles* que se toca por si misma en Zamora cuando ha de morir algun fraile; y al zapato que está en Valencia curando todas las enfermedades: este santo, que (como dice el libro impreso en Barcelona *con las licencias necesarias*) resucitó 28 muertos durante su vida y otros muchos despues de ella : que restituyó forma y vida á un niño descuartizado y cocido en una olla : que hizo otro bellisimo de una mole : que con solo haber pasado la mano por la cara de una muger fea, la convertió en

maxime in paupertate, et humilitate, et charitate consistit, a Sede Apostolica declarationes, et *privilegia plurima impetrasse, per quæ* a sancta paupertate et humilitate *quasi omnimode receserunt*. Nam eorum *privilegia per quæ nemini subsunt nisi Sedi Apostolicæ, eos in superbiam erexerunt, et in contumaliam* contra omnes prælatos. » (De Planctu Eccl. l. 2, c. 66.)

un portento de hermosura ; y que oseando, espantando y dispersando con la capa de religioso dominico los caballos de un mercader indiano, hizo el milagro de detenerlo en el camino hasta que su muger pariese un hijo adulterino, concebido en su ausencia; este santo, que nunca hizo el milagro de hablar como Ciceron, censurando en el sermon de S. Pedro la opulencia de los succesores del Apostol que no comia mas que pan y azeitunas, dice: « ¿ *Unde exiverunt tot capones, gallinæ, faysani, et salsæ de diversis maneriis, quæ jam sunt in mensa prælatorum ? Dicatur trufative quod illæ olivæ B. Petri erant gravidæ, et pepererunt capones, et alia prædicta.*

El venerable Ambrosio general de la Orden de los Camaldulenses ha dejado manuscrito un viage sumamente curioso, hecho en 1431 por órden del papa Eugenio para reformar la perversidad de costumbres de los frailes y conventos *ut corruptos monachorum et virginum claustralium mores emendaret.* De tal modo quedó horrorizado del libertinage que descubrió en el interior de los cláustros que no se atrevió á hacer su informe al S. P. sino en griego; nos hariámos escrúpulo de traducir sus palabras; en casi todos se seguia la ancha vía de la perdicion. *Viam largam perditionis.*

Hubo conventos de monges en Francia en el siglo XVI ; donde el abad hacia la grangería de caballos padres y yeguas, y la iglesia misma estaba sirviendo de cuadra: y sino hubiera sido porque el mismo prelado mató á un criado del rey, no se corrige este abuso, arrasando el monasterio, en la diócesis de Dobellay.

En 1581 la renta de la iglesia galicana era de mas de 100 millones de escudos; y poseía en Francia 1456 abadías, 12322 prioratos, 259 encomiendas de Malta, 152,000 capillas, 467 conventos de monjas, 700 conventos de frailes y monjes, y por último 80,000 casas rústicas y urbanas, feudos y señoríos. (*Segun l'abbé Froumanteau.*)

La progresion de estos males se presenta todavía con mas claridad en la esposicion de un escritor de nuestros dias Fr. Francisco Albarado del órden de predicadores, enemigo irreconciliable de las Córtes y autor de las 44 cartas que, bajo el título de *el Filósofo rancio*, escribió desde mayo de 1811 á febrero de 1814: este enemigo de toda reforma acordada por el Congreso, en la representacion que tres años antes (con fecha de 9 de julio de 1808) habia dirijido al cardenal de Borbon arzobispo de Sevilla dijo entre otras cosas : « Es muy raro el provincial que no mira como el primero y tal vez único de sus cuidados procurarse un successor, bajo cuyo nombre, pueda continuar ejerciendo su gobierno. Por esta regla se proponen los prelados : se gradua el mérito : se distribuyen las gracias : se juzga de las virtudes y delitos; y de aqui *la relajacion que notamos en todas las religiones y provincias.* Nuestro gobierno de treinta años á esta parte, ha degenerado en *arbitrariedad y despotismo....* No hay muchisimos años que nuestros provinciales hacian la visita *á pié*, ó sobre *una miserable mula:* comian en el refectorio con sus frailes, etc...... Degeneramos de esta sobriedad poco á poco. *La mula se convirtió en calesa, la calesa en coche y cocheros* que son el azote y el terror de los frailes. Lo mismo sucedió con *la mesa* y el restante trato; de manera que ya el empleo de provincial, aun de la provincia mas pobre, equivale á un obispado pingüe y sin obligaciones, ni pensiones. *Necesitaba todo esto un eficáz remedio;* y el vicario general en vez de ponérselo ha agravado el mal; pues *á los coches y lujo de los provinciales* ha añadido *un poco de palacio, lacayos y gente de servicio.* Juzgue ahora V. Eminencia, si sacará mucho fruto de nosotros cuando nos predique la pobreza evangélica un general cercado de todo el lujo y fausto del siglo: juzgue tambien los progresos que podemos hacer con nuestra predicacion en los pueblos atónitos á presencia de este fenómeno, que á nadie le cabe en la cabeza, á saber, *un Mendicante con coche, lacayo y palacio.* »

Y júzguese, despues de leer esto, cuál sería el espiritu con que este reverendo Zoylo escribió las cartas del Filosofo rancio.

(15) *pág.* 45.

La confesion auricular no se habia prevenido en ley alguna hasta el año de 1215, en que el 4° concilio de Letran presidido por Inocencio III impuso esta nueva obligacion á los fieles. Y la curiosidad de preguntar y saber los cómplices del pecado (condenada quinientos años despues por Benedicto XIV) justifica los abusos que empezaron con el precepto.

(16) *pág.* 47.

Dificil es averiguar todas las sumas de dinero que nos cuesta la dependencia de Roma. Solo para las fábricas de S. Pedro y de S. Juan de Letran contribuye la España desde el año de 1537 con mas de 350 mil reales vellon anuales; y desde el de 1753 con 100,000 reales anuales que le cuesta la manutencion del nuncio apostólico, que no debiendo tener otro carácter que el de embajador de una Corte estrangera, como lo clasificó en Francia el abogado general Talon en censura de 15 mayo de 1647, tampoco podia pretender mas emolumentos que los que saque nuestro embajador de Roma. Por otra parte, es visto que desde el año de 1814 hasta fin de agosto de 1820 habian salido de España mas de cinco millones de reales solo por las bulas de obispos y abades; y desde el 15 de setiembre de 1814 (en que se restableció el influjo y mando clerical con la estincion de las Córtes, etc., etc.) hasta el 2 del mismo setiembre de 1820 mas de 24 millones por dispensas matrimoniales, cuyo precio es bien sabido que sube ó baja en razon á la dificultad que oponen los cánones; á la riqueza de los reinos á donde van, y de la particular de los individuos á quienes se conceden. Nuestro ministro Azara envió á Madrid con fecha de 5 de junio de 1781 la tarifa de las dispensas matrimoniales, en que aparece el precio de las que se dan con causa y de las que se conceden sin ella. Una de las primeras que cuesta 936 reales 4 maravedís de vellon, sin causa asciende á 12,036 reales 4 maravedís. Una dispensa que con causa está tasada en 1570 reales 12 maravedís sin ella cuesta 22,130 reales 1 maravedí; y asi se graduan desde 14 á 32,000 reales. Y esto despues de haber dicho Pio V que no deben darse sino *raro ex causa, et gratis.*

El obispo de Córdoba don Francisco Solís en el dictámen que dió al rey en el año de 1703 por conducto del marques de la Mejorada secretario del despacho universal sobre los abusos de Roma, dijo: « que la cristiandad lloraba con lágrimas de sangre la colacion de obispados, que se arrogó la curia romana, dejando en manos de los reyes la presentacion de las mitras y reteniendo en las suyas las considerables cantidades que estrae del reino en cambio de bulas. Que escediendo los gastos de su espedicion á la renta de dos años del obispado, quedan sin alimento los pobres; que calculado todo el importe de las rentas eclesiásticas de España, resulta, que *la quinta parte* vá para Roma. Que corriendo asi los arroyos y rios de oro de España, se ven en Roma los milagros que *deslumbran*, aunque son muy diferentes de los que hacía S. Pedro. Que Roma hecha á su dominacion gentil ha ejecutado casi lo mismo en su dominacion eclesiástica; despojando al clero, iglesias, monasterios y fieles de la libertad y bienes con las delegaciones; ecsenciones; reglas de cancelaria; avocaciones de causas; admision de apelaciones; gravámen de juicios; imposiciones de tributos; anatas; quinquenios; bancarias; casaciones; fábricas de S. Pedro; componendas; reducciones; regresos; espectativas; mandatos de providendo; coadjutorias; pensiones; caballeratos; derechos de bendecir; salarios; angarias; procuraciones; equivalentes; propinas; comunes; minutos; servicios; espolios; vacantes; tercias; décimas; contribuciones honestas; socorros cristianos; encomiendas de monasterios; administracion de obispos; secularizaciones; uniones; consagraciones; desmembraciones; dispensaciones; resignaciones in favorem; vacaciones in curia; afecciones; subsidios; escusados; gracias; millones y demas voces no oidas en la Iglesia, con las cuales vá el oro á Roma; siendo notable que los vicarios de Cristo quiten el pan á los necesitados en vez de socorrerlos.» Hasta aquí el obispo de Córdoba, y el fiscal del Consejo don Melchor de Macanáz dijo en aquellos tiempos, que sin embargo de las prohibiciones y encargos de que no saliese dinero para Roma, de solo el arzobispado de Sevilla habian entrado en dos meses mas de ochocientos mil ducados de oro en cambio de beneficios y dignidades, segun avisaron los ministros españoles en aquella Corte.

El ilustrísimo arzobispo de Burgos en pastoral de 2 de setiembre de 1768, indicando alguna parte del dinero que salia para Roma dice : que solo de la yerba del Paraguay iba todos los años un millon de pesos, debiendo salir muchos mas de California y demas partes de la América, la que llevaba ya gastados siete millones en pleitos pendientes en la Curia.

El obispo de Salamanca don Antonio Tavira en carta de 14 de setiembre de 1799 dice al ministerio de Gracia y Justicia, que en los dos últimos años en que el papa Pio VI estuvo fuera de Roma como cautivo en medio de la Francia, sin poder conocer las gracias que se pedian, ni las causas que se alegaban salieron de España las mismas cuantiosas sumas de dinero que antes y que en los siglos pasados se habia clamado contra este abuso insoportable y opuesto al espíritu de la Iglesia.

El obispo de Barcelona en el informe que elevó al rey en 17 de octubre de 1799 sobre lo que deberia hacerse en la vacante de Pio VI fue de sentir que los obispos continaron en el ejercicio de sus facultades nativas, mientras no ofreciese la Santa Sede despachar *gratis* las dispensas pedidas por la secretaría de Estado, ecsigiendo de los solicitadores el juramento de no haber prometido ni pagado dinero en Roma, pues asi se libraria la España de esta *contribucion espantosa*.

El obispo de Barbastro en pastoral de 25 de enero de 1800, dijo: que el fin propuesto de disminuir el número de dispensas radicando la facultad en el papa, habia producido efectos diametralmente opuestos.

El arcediano de Berberiego, doctor don Blas Aguiriano canónigo dignidad de la iglesia de Calahorra y catedrático de disciplina eclesiástica en los reales estudios de Madrid en carta publicada en 1803, dijo: que el celo primitivo de Roma, habia degenerado en codicia y la justicia en estorsion. Que en los siglos XII y siguientes se hizo tan venal, como lo habia sido en tiempo de la república. Que el hambre del oro habia acabado con el santuario de la religion; y que los italianos trabajaron mucho en el concilio de Trento para evitar la reforma del comercio escadaloso que hacia la Curia con beneficios, indulgencias y otros abusos.

El obispo español Pelagio, que como penitenciario del Papa Juan XXII pudo muy bien instruirse de las interioridades del Vaticano en el libre 2, cap. 7 y 15 *de Planctu ecclesiæ*, dice (*): A Roma se lleva oro á cambio de plomo. Nadie logra que no pague: el pobre clama y grita, pero no es allí oido.

Enrique III en las Córtes celebradas en Madrid por los años de 1396 decia que entre los males procedentes de la provision de obispados en personas estrangeras se hallaba el de sacar el oro y la plata del reino, haciéndonos de peor condicion que los bárbaros.

Las de Madrid, año 1623, esponiendo que las obejas del rebaño y la iglesia española bebian el agua por su dinero, acordaron representar al papa Urbano VIII «que estos reinos se hallaban sumamente gravados en los precios y rigorosas componendas de la dataria, que los desustanciaba de grandes sumas de oro y plata, empobreciendo á los vasallos.»

Felipe V en el decreto de 22 de abril de 1709 prohibió bajo graves penas la esportacion del dinero á Roma, y en circular de 11 de setiembre de

---

(*) *Omnes veniunt de terra orientali ubi nascitur aurum optimum: aurum non thus, deferentes ad romanam curiam, et plumbum reportantes. Ad papam pauci intrant, nisi qui solvunt: nullus quasi pauper hodie ad eum intrare potest: clamat, et non auditur, quia non habet quid solvat pauper.*

1778 se propuso Cárlos III estirpar abusos tan perjudiciales, conocidos y reclamados.

Cuando asi escribian los prelados, Córtes y reyes de España, no es mucho que la generalidad y frecuencia de estas sacas destructoras hubiesen hecho decir á Justino Febronio, que si la credulidad de los reyes hubiera continuado, ya no cabria en el Castillo de Santangelo el oro que de todas partes llegase á Roma en cambio de bulas superfluas (*).

(17) *pág.* 47.

Asi se dice literalmente en los números 349 y 512 de la citada pastoral del arzobispo de Burgos, añadiendo en el 493 que en la Curia romana se encuentra el *pecuniæ obediunt omnia* del Eclesiastès; y no es estraño que su hija adoptiva la Regencia del 26 de mayo de 1823 revocase por circular de 30 de junio siguiente esta ley de 17 de abril de 1821 dejando á los labradores reducidos como án-

---

(*) «¿ Potestne principibus indifferens esse, quod tam enormes pecuniarum summe, annue exportentur, et Romam deferantur, pro expeditionibus bullarum; etc. Cum illi omnibus, si sinceros canones consulimus, non indigeamus? Si reges perrexisent, tam esse creduli, quam multo tempore fuerunt, castellum sancti Angeli non suffficeret servando auro, quod ex omnibus mundi partibus illo conflueret.»

tes á la triste necesidad de vender las bestias y aperos de labor para pagar la dispensa de casarse en su aldéa : y desatendida é ilusoria la circular de 1778 en que se manifestó á los prelados del reino gran parte de los abusos de acudir á Roma por dispensas, gracias, é indultos, sacando el dinero de España para sostener á los curiales.

El abate Gándara en los apuntes sobre el bien y el mal de España escritos de órden de Cárlos III decia, § 97: Muchos labradores y artesanos dejan de casarse por no tener que pagar á Roma la dispensa : otros quedan á pié por haber vendido sus mulas para pagarla. El dinero se va fuera y estos males nos quedan, y nos quedan por nuestra inercia é irresolucion.

El matrimonio es un contrato civil sujeto á las reglas de la potestad secular que determina el tiempo y cualidades de los contrayentes, y Jesucristo no le quitó la naturaleza de contrato cuando lo elevó á sacramento. Por esto en los primeros siglos de la iglesia lo bendecia el obispo ú el párroco hallándole conforme á los ritos civiles, sin creerse autorizados para mas; y asi no se les considera como ministros de este sacramento. En el año de 355 los emperadores Constantino y Constante establecieron el impedimento de afinidad. El de consanguinidad fué desconocido, hasta que Teodosio el grande prohibió en 384 los matrimonios entre primos hermanos, reservándose la facultad de dispensar. Su hijo Arcadio revocó el año de 396 esta ley 3, l. 3, t. 12, del código Teodosiano : y la 1, tit 5, lib. 3, del Fuero Juzgo eu qne Recesuinto prohibió los matrimonios hasta el grado de primos segundos, declarando nulos todos los que no obtuviesen la dispensa del príncipe, prueba que en España se reputó civil su institucion. La iglesia occidental conservó la prohibicion á instancia de los obispos en quienes, por pura condescendencia, fué recayendo la facultad de Teodosio y de los reyes godos; y la ejerciéron hasta el siglo II en que Grégorio VII la agregó al pontificado. La primera vez que intervino la Curia romana en dispensas de España fué en el año de 1111, cuando Calisto II, pontifice francés, temiendo que su sobrino perdiess el derecho á la succesion del trono de Castilla, abanzó á declarar nulo el matrimonio de su madre doña Urraca con Alonso I de Aragon; y hé aqui el plantel fecundo de los impedimientos de *error, impotencia, crímen, fuerza, rapto* y demas conductores del dinero á Roma.

Tomasino refiere que los obispos estuvieron mas de mil años en posesion de conceder toda clase de dispensas y lo prueba con ejemplos de diferentes siglos. Gibert observa que ni en el cuerpo del derecho, ni el en concilio de Trento, se hallan tales reservas. Bathel añade, que solo pudo introducirlas el escrúpulo de algunos obispos del siglo XII.

Van-Espen dice, que ni en los cánones, ni en las decretales de Gregorio IX está designada la autoridad á quien corresponda dispensar en los impedimentos matrimoniales. Gerbais es de sentir que el uso la ha constituido. Y Pedro Rebuff espone que los obispos ignorantes, sin conocer sus derechos, sufrieron la usurpacion de la autoridad espiscopal; apoyándose todos en hechos históricos y manifestando que desde el siglo XIII empezaron á protestar contra ellas los obispos ingleses en sus constituciones sinodales: los alemanes en el concilio de Tibur, los franceses en Bourges, y los españoles en diversos escritos, mirándolas todos como mengua de la autoridad diocesana y como efecto de la ignorancia, codicia y ambicion.

El secretario de Gracia y Justicia don Nicolas Garely, tan conocido por su ilustracion, probidad y buen juicio, en la Memoria que leyó á las Córtes el dia 3 de marzo 1822 decia: «Una de las leyes que mas resistencia han encontrado en la Corte romana ha sido la prohibitiva de la estraccion del dinero de España para obtener bulas de arzobispos, obispos, dispensas matrimoniales y otras gracias apostólicas. Con esto motivo dijo el M. R. cardenal Gonsalvi como secretario de Estado: «que el Santo Padre se habia sorprendido con semejante resolucion y con que se llamase *ofrenda voluntaria* la de los nueve mil duros con que acordaron las Córtes se le contribuyera anualmente, por ahora, sobre las cantidades señaladas en los anteriores concordatos; y tomando por base las que con motivo de estas bulas y demas gracias apostólicas supone que salian de España, y el número de sus habitantes, deducía el resultado voluntario de que no podia ser esta una de las causas de la escasez de numerario en la nacion; pues cada familia de ella, segun su cuenta, solo contribuía á la Santa Sede con dos reales anuales, cuya corta cantidad compensaba el trabajo de los empleados en el despacho de la espedicion de las gracias: por lo cual *Su Santidad no podia prestar su consentimiento á esta ley y formalmente declaraba que no lo prestaria.*» ¿Necesitaba mas el clero para tocar á rebato y la Regencia para abrogarla á los 35 dias de su instalacion?

Durante la correspondencia sobre este punto (prosigue Garely) se ha prestado S. S. á espedir *gratis* las 2541 bulas y gracias que estaban detenidas; mas como los empleados en varios *dicasterios* no se convengan en ponerlas corrientes sin que se abonen los gastos de ejercicio, ni aun en llevar cuenta de ellos, hasta concluirse la negociacion pendiente, como lo propuso nuestro Encargado de negocios, ha resuelto S. M. que de los 9000 duros consignados á S. Santidad se satisfagan puramente los gastos de ejercicio de estas bulas y gracias detenidas, previniendo á nuestro Encargado que procure conseguir igual partido respecto de las 1500 preces remitidas en el último correo y de las que succesivamente vayan, hasta que se haga un arreglo ó acomodamiento definitivo con la Santa Sede. Asi se atajará el *contrabando de dispensas* que ha principiado ya y por cuyo medio saldrá mas dinero de España que ántes: pues viendo los interesados obstruidos los conductos legítimos para obtenerlas, han comenzado á valerse de otros indirectos y confidenciales que en la oscuridad del secreto ecsigirán mayores sacrificios de los agraciados.» Hasta aqui la memoria de Garely. Y el ilustrísimo Melchor Cano, en su ya citado informe á Cárlos V habia dicho 267 años antes: «Con quitar V. M. que no vayan dineros á Roma, no quita que no haya despachos, sino que no los haya por dineros; y bien pueden S. S. y todos sus oficiales hacer despachos *gratis* que en despachar asi harán lo que la ley de Dios les manda y lo que importa á la Iglesia tanto, cuanto no se puede encarecer.»

(18) *pág:* 76.

Paraque este Nitardo de nuestros tiempos vea que no todos pensaron asi, habrá de permitirnos trasladar un par de trozos del apoteósis de la Constitucion política que se hizo *en la cátedra del Espiritu Santo* por un cura párroco, doctor teólogo que no podrá serle sospechoso, supuesto que nunca ha sido reconvenido, ni molestado por el gobierno que le sostuvo en la mismo iglesia y despues lo ha promovido al coro de una metropolitana. Está impreso el discurso y dice.

A Domino factum est istud, et est mirabile in oculis nostris. Sí, ilustrisimo Señor: venerable Sacerdocio: ciudadanos respetables: tal es la dulce emocion que me enagena al considerar el concierto, grandeza y dignidad de las ideas que brillan en la nueva *Constitucion política* de las Españas: de esta *obra por todos títulos maravillosa* á nuestros ojos: de *esta obra* en que aun mas que la sabiduría é ilustracion de los hombres resplandece la *rectitud absoluta, carácter distintivo de las obras del Señor.* Oh! dia dichoso! suspirado! para siempre memorable! *Obra de la omnipotente diestra del eccelso!* monumento indeleble de sus eternas misericordias! objeto el mas digno de ocupar nuestro corazon!...... Conque placer repaso en mi memoria las mácsimas y preceptos que con tanto discernimiento y madurez se han sancionado en los 384 artículos que contiene la Constitucion política que acaba de promulgarse en este templo. *Su religiosidad* en nada desdice de las sagradas instituciones dadas por el primer legislador Moyses á los Hebreos... Esta es la Constitucion que yo concibo, *aun mas que política, moral, religiosa* y tan conforme á la política sagrada de los libros santos, que por mas que sea nuestro respeto hacia los honorables vocales de las Córtes en que ha sido discutida, nos obliga a confesar que el maravilloso enlace de unos estremos políticos, tan dificiles de conciliar y de unos intereses tan opuestos, es *obra de unas luces mas que humanas: de una especial y superior asistencia: de una divina inspiracion.*» — El canonigo Saez que califica esta misma obra de *ilegal, injusta y tiránica; de orígen fecundo de desastres y desgracias;* de *protectora del desórden mas espantoso;* de *la anarquía mas asoladora y de la indigencia universal*, conocerá el juicio que ha de formarse al ver estos estremos en personas autorizadas para predicar, dirigir las conciencias y darnos á conocer las *obras de la omnipotente diestra del eccelso.* Eneas Silvio, que fué (como escritor) tan diverso del papa Pio II, dijo al rey Cárlos VII de Francia. (Epist. 374.) « Unum á te petimus, Carissime Fili, ut *doctoribus Sedis Apostolicæ semper non credas,* multa illorum passionibus tribuas. »

(19) *pág.* 76.

Si las leyes constitucionales hechas y promulgadas en el año de 1812 bajo el fuego de los enemigos pudieron ser (como dice el canónigo), *establecidas* por la cobardía, no parece prueba de gran valor haber venido al Puerto de Santa María en zaga del ejercito frances á disparar este decreto.

(20) *pág.* 77.

Los cuerpos que se formaron con las mismas cuadrillas de vandoleros acaudillados pour Jose Estévan, Davalillos, Jaime *el Barbut* y otros procesados y pregonados capitanes de ladrones que despues de haber infestado con robos violencias y asesinatos los caminos de Murcia y de Andalucia, se transformaron, como por encanto, en *defensores de la Fé.* Las mismas gacetas del gobierno absoluto han dado noticias del Jep de Estaings, Pujol y otros que al fin fueron ahorcados en Cataluña, sin embargo de haber gritado con el fraile conocido por el apodo de *Puñales: viva la Religion y muera la Patria y la Nacion: viva el Rey absoluto y mueran las leyes.* No era este el lengage del baron de Eroles que justamente indignado con la insolencia de los *tragalistas*, decia en su proclama de 15 de agosto de 1822: *Vivirémos esclavos, no de una faccion desorganizadora, sino de la ley que establezcamos.* Pero este y otros gefes, que no confundirémos con los facciosos, vieron que no es fácil contener las reacciones en el punto que se desea.

(21) *pág.* 78.

El canónigo Saez equivoca ó confunde el trono de S. Fernando con el de Sila ó Caligula. En los concilios 4° y 16° de Toledo, cánones 75 n. 82 y 10

n. 43, se ve que *El pueblo prestaba su consentimiento á la formacion de las leyes que sancionaba el príncipe.* En el 13° convocado por el rey Ervigio se dispuso que *los que tuviesen empleos palatinos, no pudieran ser presos ni desposeidos de sus bienes, honras y empleos, sin prévia audiencia pública y una prueba completa del delito.* En la ley 5 tit. 1 l. 2 dice : Añadimos con estas otras leyes que *Nos ficiemos con otorgamiento del pueblo.* El rey Flavio Ervigio en la 2 t. 1 l. 2, dice : *damos leyes ensemble* para Nos, é para nostros sometidos, *á que obedezcamos nos é todos los reges que viniéren despues de nos.* Y en la 27 tit. 1. lib. 2° se dijo : *todo juizio que non seya dado con derecho, ni segund la ley, ó por miedo, ó por mandato del príncipe, mandamos que sea desfecho é non vala nada.* Tales son las formas primitivas de la monarquía española y las restricciones de la autoridad Real, consignadas en los concilios de Toledo y en las leyes del Fuero Juzgo que rigieron en España, desde el principio de los Wisigodos y que S. Fernando mandó traducir al idioma vulgar, para que todos las entendiesen y conocieran la estructura de su trono. ¡Que lejos no estaria el santo de creer que á los 565 años de conquistada Sevilla subiese al púlpito de la catedral el monge Rodriguez á decir que perseguia y castigaba personalmente á los reos sin gastar ni aun las formalidades y ceremonias que hizo despues la inquisicion!!! Y que este insulto le valiese un obispado?

(22) *pág.* 78.

Si como dice este decreto : los españoles dieron pruebas públicas y universales de desprecio y desaprobacion del régimen constitucional : si el voto general clamó por todas partes contra este sistema y por el sostenimiento del gobierno absoluto y de la religion santa, que se supone ofendida : si *toda la nacion era religiosa,* al modo que quisiera el canonigo Saez : ¿quien redujo *los ejercitos de la fé* á la *mísera situacion* de buscar el asilo de la Francia, abandonando la casa de Yrache, Castelfollit, la Conca de Tremp y las últimas trincheras de Urgel? Ellos desaparecieron, y despues de haber perdido cajas, vestuario, armas, municiones y cuanto obtuvieron del ministerio frances, lograron ser reemplazados por el valiente ejército del duque de Angulema, cuyos *esfuerzos denodados* nos dejaron la facultad de presentarle en un solo rasgo de Demostenes el triste cuadro de nuestra situacion debida á sus triunfos y victorias. « Los ministros, que nos proporcionaron estas magníficas ventajas (decia apoyando la demanda de Olynto amenazada por Philipo) han pasado de la pobreza y del abatimiento á la opulencia y á las dignidades. Se elevan y engrandecen á medida que su patria se arruina y se envilece. Bajo el dulce aspecto de la lisonja se oculta el veneno mortal. Nuestra fuerza se halla debililitada : nuestra gloria oscurecida : el público reducido á la indigencia y á la ignominia, miéntras sus oradores alhagüeños se llenan de riquezas y esplendor. »

(23) *pág. 84.*

Doña Getrudis Castro vecina de Chipiona (villa inmediata á Sanlucar de Barrameda) fue acusada de haber proferido espresiones injuriosas al rey ; y á falta de pruebas del crímen, se trasladó al proceso el asiento del *libro verde* en que se halló esta miserable anciana con la nota de *muger de mucha influencia por su fortuna : adicta al sistema constitucional : mazona y liberala ecsaltada sin comparacion.*

Su abogado contestando á la acusacion fiscal de 13 de diciembre de 1825 y contraido al ridículo de esta nota, dice. « Doña Getrudis Castro, como resulta de su partida de bautismo, que con la debida solemnidad presento, nació á 30 de agosto de 1755 y de consiguiente se halla en la abanzada edad de 70 años : hija y muger de labradores no habia desde su infancia oido hablar del soberano sino con una veneracion suma. No sabe escribir, ni leer, todos los dias, aunque sean de trabajo, oye misa. Apénas deja de asistir alguna noche al rosario de la iglesia. La casa de su propiedad que habita se reduce á una sala y alcoba con un corredor; y *la diligencia de embargo* (fol. 33) manifiesta cuan ricamente esta alhajada. Seis sillas altas y seis bajas *vastas :* una mesa y una caja de cedro : la cama de tablas y bancos y un belon de metal amarillo, son los muebles que comprende. No tiene criada que la sirva y posee lo preciso para no mendigar. A fol. 33 vuelto y siguiente obra la informacion de vida y costumbres de la acusada hecha con testigos nombrados de oficio, sus declaraciones la conceden unánimes religiosidad y buena conducta. ¿Que deberá juzgarse pues de la nota que se le habia puesto *en el índice* por el órden de apellidos, que se conserva *entre los papeles reservados de la policía* y se estracta al folio 5º ? Gradúase en ella á doña Getrudis Castro de mucha influencia por su fortuna. Con la que se ha visto que tiene se puede trastornar, no digo yo el gobierno de una villa de 300 vecinos, sino el de la nacion entera; ¡que ecsageracion! ¡Que inecsactitud! Pareciéndole poco al autor de esta singular nota encontrar el último grado de la ecsaltacion del liberalismo en la sangre helada de una septuagenaria que no sabe leer ni escribir, añade, sin referirlo á un rumor vano, afirmándolo positivamente que es *Mazona!!!* Dios santo! y tan negra, tan rídicula calumnia se vé estampada, nó en un pasquin destinado á infamar de cualquier suerte, sino en un *documento oficial*, que debió formarse con la verdad mas severa? » Este proceso se halla en el archivo de la escribanía de Chipiona al cargo de don Diego Alejos Barroso.

(24) *pág.* 85.

Entre las familias desgraciadas pueden contarse las de los tenientes generales de marina don Cayetano Valdés y don Gabriel Ciscar y el de ejército don Gaspar Vigodet, todos tres consejeros de Estado, y que habian sido nombrados Regentes el dia 11 de junio de 1823 por la resistencia que manifestó el rey á la translacion del gobierno de Sevilla á Cádiz. Es bien sabido que estos tres generales debieron su ecsistencia al conde de Bourmont. El general frances conde de Ambrugeac fué presuroso á persuadir á Valdes que inmediatament se refugiase en el navío del almirante Duperré; porque acababa de llegar la órden del rey para decapitar á los tres regentes. Valdés que tres dias ántes habia conducido las personas reales al Puerto de Santa María llevando el timon de la falua, como general de marina, y que habia recibido las mayores demostraciones de afecto y seguridad de parte de SS. MM. y AA., no quiso creer la llegada de semejante órden y resistiéndose á la fuga, hasta decir que mejor sabria morir en caso necesario, siendo preciso que Ambrugeac lo condujese casi por fuerza á bordo del navío y que hiciera lo mismo con sus dos compañeros de infortunio. El general Vigodet debe conservar una carta autógrafa escrita en la noche del dia 11 de junio en que S. M. le mandó admitir el cargo de Regente y sin embargo no ha podido salir de la miseria que por largo tiempo padeció en Gibraltar. Don Gabriel Ciscar, astrónomo y matemático insigne, estimable por sus virtudes y que habia sido dos veces Regente del reino, miéntras S. M. estuvo cautivo de Napoleon, murió en aquella misma plaza, habiendo subsistido con el socorro de 10 á 12 mil reales que le daba el lord Wellington; pues sus bienes fueron comprehendidos en el secuestro y confiscacion decretada en 23 de junio y 2 de setiembre de 1823, contra los bienes de los que siguieron al gobierno constitucional. El general Valdés, modelo de honor, firmeza y probidad, pasó á Londres; donde hallaron asilo y aprecio otros beneméritos españoles que los límites de esta nota no nos permite citar. Pero séanos siquiera permitido consignar en ella los nombres siempre respetables de don Jose de Ezeta, de don Ramon Gil de la Cuadra y de su digno amigo el teniente general don Miguel Ricardo de Alava, cuyo carácter firme y decidido está adornado de cuanto constituye al militar pundonoroso, al ciudadano benéfico, al amigo sincero, al hombre modesto y virtuoso especialmente en este siglo, en que tanto abundan los hombres de talento, y tan poco los de rectitud y constancia de principios.

(25) *pág.* 89.

La estincion de las escuelas militares y la destitucion de sus profesores: *el cierre de todos los establecimientos públicos literarios,* como dijo la Real órden de 19 de julio de 1832, resolviendo la continuacion del *cierre:* la falta de escuelas de primera enseñanza en los pueblos donde no las pagan individualmente los vecinos y el abandono de tantos niños pobres, criados para contrabandistas, ladrones y presidarios, todo puede suponerse compensado con las órdenes siguientes del ministerio de Hacienda, que estimulando la bárbara diversion de los toros proscripta por Carlos III, y abriendo una carrera de *lustre y comodidad* á los pillos del matadero de Sevilla, constituye la elevacion del *honor* en la *preeminente plaza de Maestro de Tauromaquia,* como la constituyen los romances en las fechurías de Francisco Estévan y otros güapos que *suenan en España por su habilidad y nombradía.*

1ª Ministerio de Hacienda de España.—El rey nuestro señor se ha dignado oir leer *con la mayor complacencia* la memoria que U. S. ha presentado relativa al establecimiento de una *escuela de Tauromaquia* en la ciudad de Sevilla y es su soberana voluntad que se instruya *con prontitud* un espediente sobre las proposiciones que hace U. S. con dicho objeto, á cuyo fin oficio con esta fecha al intendente-asistente de aquella ciudad, para que informe sobre los medios de llevar á efecto el pensamiento. De Real órden lo comunico á U. S. para su satisfaccion Dios guarde á U. S. muchos años. Madrid, 11 de abril de 1830.— Ballesteros.—Señor conde de la Estrella.»

2ª Ministerio de Hacienda de España.—He dado cuenta al rey nuestro señor de la memoria presentada por el conde de la Estrella sobre establecer una *escuela de Tauromaquia* en esa ciudad y de lo informado por V. E. acerca de este pensamiento; y conformándose S. M. con lo propuesto por V. E. en el citado informe se ha servido resolver, 1º que se lleve á efecto el establecimiento de Tauromaquia nombrando S. M. á V. E. juez protector y privativo de él; 2º que la escuela se componga de un maestro con el sueldo de 12 mil reales anuales: un ayudante con 8 mil y diez discípulos propietarios con 2 mil reales anuales cada uno; 3º que para este objeto se adquiera una casa inmediata al matadero en la que habitarán el maestro, el ayudante y alguno de los discípulos si fuere huérfano; 4º que para el aquiler de casa se abonen 6 mil reales anuales y otros 20 mil reales anuales para gratificaciones y gastos imprevistos de todas clases; 5º que las capitales de provincia y ciudades donde haya Maestranza contribuyan para los gastos espresados con 200 reales por cada corrida de Toros : las demas ciudades y villas con 160 y 100 por cada corrida de Novillos que se concedan, siendo condicion precisa para disfrutar de esta gracia el que se acredite el pago de dicha cuota, pagando los infractores por via de multa el duplo aplicado á la Escuela; 6º que los intendentes de provincia se encarguen de la recaudacion de este arbitrio y se entiendan directamente en este negocio con V. E. como Juez protector y privativo del establecimiento; 7º que la ciudad de Sevilla supla los primeros gastos con las rentas que producen el matadero y el sobrante de la bolsa de quiebras con calidad de reintegro. De real órden lo traslado à V. E para su inteligencia y efectos correspondientes á su cumplimiento. Dios guarde, etc. Madrid, 28 de mayo de 1830. — Ballesteros. — Señor, intendente de Sevilla.

3ª Ministerio de Hacienda de España. — Al intendente de Sevilla digo con esta fecha lo que sigue: He dado cuenta al rey nuestro señor del oficio de V. E. de 2 del corriente en que da parte de haber nombrado à *don* Gerónimo José Cándido para la plaza de *maestro de Tauromaquia,* mandada establecer en esa ciudad por Real órden de 28 de mayo último y á Antonio Ruiz para ayudante de la misma escuela; y S. M. se ha servido observar, que habiendo llegado á establecerse *una escuela de tauromaquia* en vida del *célebre don Pedro Romero, cuyo nombre suena en España* por su notoria é indisputable habilidad y *nombradía*, hace cerca de medio siglo y probablemente durará por largo tiempo, seria un contra-sentido dejarle, sin esta *preeminente plaza de honor* y de comodidad, especialmente solicitándola, como la solicita y hallándose pobre en su vejéz, aunque robusto. Por tanto, y penetrado S. M. de que el no haber tenido V. E. presente á don Pedro Romero habia procedido de olvido involuntario; é igualmente de que el mismo don Gerónimo José Cándido se hará asimismo *un honor* en reconocer esta debida preeminencia de Romero, ha tenido á bien nombrar para maestro con el sueldo de 12 mil reales á dicho don Pedro Romero y para ayudante con opcion á la plaza de maestro, sin necesidad de nuevo nombramiento por el fallecimiento de este, con el sueldo de 8 mil reales á don Gerónimo José Cándido, á quien con el fin de no causarle perjuicio, S. M. se ha dignado señalar *por vía de pension* y por cuenta de la real Hacienda la cantidad que falta hasta cubrir el sueldo de 12 mil reales, señalado á la plaza de maestro, mientras no la tiene en propiedad por fallecimiento del referido Romero en lugar del sueldo que como cesante jubilado ó en actividad de servicio habia de disfrutar. Al mismo tiempo ha tenido á bien S. M. mandar se diga á V. E. que por lo que toca á Antonio Ruiz no le faltará tiempo para ver premiada su habilidad. De Real órden lo traslado á U. S. para su noticia y á fin de que informe así sobre el estado actual que tiene este negocio, como en lo succesivo sobre todo lo que concierna á la *Escuela de Tauromaquia* establecida en Sevilla. Dios guarde, etc. Madrid, 24 de junio de 1830. — Ballesteros. — Señor, conde de la Estrella.

Concluido el circo se colocaron en la puerta las armas *Reales* adornadas con garrochas, banderillas, espadas toreras, medias lunas, capas, monteras, sombreros-chambergos y demas análogo á la inscripcion siguiente :

Reinando el Señor don Fernando VII pío, feliz, restaurador: se concluyó esta plaza para enseñanza preservadora de la Escuela de Tauromaquia, siendo Juez privativo y protector de ella

El asistente don José Manuel de Arjona : y diputados encargados para la ejecucion de la obra :

Don Francisco María Martinez, Veinticuatro :

Don Manuel Francisco Ziguri, diputado del comun :

Y don Juan Nepomuceno Fernandez y Roces Jurado.

Año de 1830.

(26) *pág.* 91.

Cuando se trató de formar esta *Novísima Recopilacion* se espidió por el ministerio de Gracia y Justicia la Real órden siguiente:

Como tratándose de reimprimir la *Novísima Recopilacion* no ha podido ménos de notarse que en ella hay algunos restos del dominio feudal y de los tiempos en que la debilidad de la monarquía constituyó á los reyes en la precision de condescender con sus vasallos en puntos que deprimian su soberana autoridad; ha querido S. M. que *reservadamente* se separen de esta obra las leyes 2 tit. 5º lib. 3º. Don Juan II en Valladolid año de 1442 pet. 2. *De las donaciones y mercedes que ha de hacer el rey con su Consejo y de las que puede hacer sin él:* la 1 tit. 8º lib. 3º don Juan II en Madrid año 1419 pet. 16 : sobre que *en los hechos árduos se junten las Córtes y proceda con el Consejo de los tres Estados de estos Reinos:* y la primera tit. 15 lib. 6 don Alonso en Madrid año 1329 pet 67 don Enrique III en Madrid año 1393, don Juan II en Valladolid por Pragmática de 13 de junio de 1420 : y don Cárlos I en las Córtes de Madrid de 1523 pet 42 : sobre que *no se repartan pechos, ni tributos nuevos en estos Reinos, sin llamar á Córtes á los Procuradores de los Pueblos y preceder su otorgamiento.* Las

29.

cuales quedan adjuntas á este espediente, rubricadas de mi mano y que lo mismo se haga con cuantas se advierta ser de igual clase en el curso de la impresion, quedando este espediente *archivado, cerrado y sellado, sin que pueda abrirse sin órden espresa de S. M.* — Aranjuez 2 de junio de 1805. — Caballero. »

Del mismo modo pensó este ministro suprimir por Real órden de 13 de mayo de 1807 los cánones de los concilios de Toledo que restringen el poder de los reyes. Y el fiscal del Consejo de Castilla que en el año de 1810 pasó á ser secretario de la Regencia trasladó estas órdenes á los de las Córtes con el oficio siguiente : « Deseando que la historia de las presentes Córtes generales y estraordinarias pueda dar á la edad presente y venidera una idéa esacta del estado miserable á que el despotismo y arbitrariedad ministerial habian conducido á la nacion con el siniestro fin de sepultar en el olvido los restos de sus derechos inprescriptibles, remito á V. SS. los adjuntos documentos originales para que los hagan presentes á S. M., etc. — Isla de Leon 15 de enero de 1811. — Nicolas María de Sierra. »

Cárlos IV en España y Cárlos X en Francia aspirando por estos medios á ensanchar la circunferencia de sus coronas, las vieron caer de su frente, como lo anunciaron Saavedra y Maquiabelo.

(27) *pág.* 102.

Circular de la superintendencia general de Propios y arbitrios de la provincia de Sevilla.

Habiendo llamado mi atencion *las sumas tan ecsorbitantes y escandalosas* que en las cuentas de Propios y arbitrios se datan la *mayor parte de los Ayuntamientos*, como satisfechas á diferentes personas por las muertes de animales nocivos que se conocen por el nombre de lobos, zorros, y *la poca formalidad que se guarda en la espedicion de libranzas al intento*, me han puesto en el caso de tomar *medidas estraordinarias* capaces de corregir un *abuso tan perjudicial al fondo de propios*, etc.... Art. 3º Verificado cuanto va manifestado en las prevenciones antecedentes, dispondrá el Ayuntamiento, que el interesado que presente los animales dañinos, para que se le abone el premio correspondiente, *los presente al cura párroco ó vicario eclesiástico* si lo hubiere, *con la libranza* que al efecto le hayan espedido para el pago. Art. 4. Luego que *al cura párroco* le sean presentados dichos animales, *dispondrá* que *ante su persona y no de otro alguno* se les corten las orejas y se entierren: y estando la libranza que le presente formada con arreglo a la prevencion 2ª *pondrá su visto bueno para que pueda ser satisfecha* por el depositario de Propios. 5º Estos no pagarán alguna sin estos requisitos bajo la pena de reintegro, etc. Sevilla 5 de setiembre de 1826. — José Manuel de Arjona.

(28) *pág.* 102.

Seria interminable su indicacion y basta abrir el proceso formado de Real órden por el Oidor de la Audiencia de Sevilla don Rafael Veleña contra las autoridades de Jeréz y Sanlucar de Barrameda para asombrarse de la insolencia de estos funcionarios y de la tolerancia y sufrimiento de los pueblos: cuyas lágrimas solo pudieron enjugarse algun tanto con las virtudes que caracterizan al general marqués de las Amarillas, y la integridad del general Quesada. (Véanse las notas 27, 48 y 50).

(29) *pág.* 110.

Sin embargo de que este Informe, llamado por Jovellanos *la niña de sus ojos*, pareció en Francia digno de Turgot y en Inglaterra de Smith, como dice M. Garat, la Congregacion del Indice prohibió su lectura en 5 de setiembre de 1825, y el cardenal Cienfuegos y Jovellanos, sobrino del autor, publicó en la pastoral de Encinasola la condenacion de su tio, que cometió ademas el pecado imperdonable de contar entre los ausilios mas importantes al fomento de la instruccion pública la multiplicacion de imprentas y periódicos, sentando (en las bases que dió en Sevilla á 16 de noviembre de 1809) que la libertad de opinar, escribir é imprimir se debe mirar como absolutamente necesaria para el progreso de las ciencias y para la instruccion de las naciones.

(30) *pág.* 110.

Para disminuir los fraudes que con este motivo se cometian y que tan poco honor hacen a los ministros del Altar: fraudes que pueden verse en el auto 3, tit. 10, lib. 5 de la recopilacion de Castilla, acordó el Consejo en el año de 1713 que no valiesen las mandas hechas en la última enfermedad á los confesores, sus deudos, iglesias ó conventos. No habiéndose cumplido esta resolucion tomada con tanto acuerdo y necesidad, tuvo el Consejo que reclamar su observancia, demandando la cédula de 18 de agosto de 1771 que es la ley 15 tit. 20 lib. 10 de la Novis. Recop. No bastando aun para reprimir los fraudes que aparecian en el Consejo bajo diversas formas, consultó en 28 de julio de 1806 otros medios de atajarlos y Cárlos IV mandó: « que cuando los testadores dejasen por herederas sus almas, las de sus parientes ú otro cualquiera, ó por vía de mandas ó legados señalasen algunos sufragios ó de cualquier modo mandasen hacerlos, no pudieran encargarse éstos á los confesores, ni á sus parientes, y si fuesen religiosas, ni á sus religiones ni conventos » lo que prueba la continuacien de estos amaños: la evasion y desprecio de las leyes, la codicia en los que ménos debian abrigarla y la prevencion legal contra el sórdido manejo de esta clase de encargos.

(31) *pág.* 111.

Nadie que conozca el interes y tenga noticia de las notas y contestaciones de la curia romana sobre la secularizacion de los conventuales, estrañará, ni la prontitud con que la *Junta* y *Regencia* dictaron esta acorde providencia á los 9 y 5 dias de su respectiva instalacion, ni las persecuciones, miserias y calamidades en que aun gimen los infelices secularizados que se atrevieron á desertar del *prevalido presidio* por satisfacer los deseos manifestados por S. M. saliendo de los cláustros á oponerse á los curatos que obtuvieron á título de diócesis, cuyos prelados dijeron al gobierno que no era fácil encontrar opositores seculares capaces de componer la disertacion canónica ó dogmático-moral que se les prevenia; pues habia obispados donde no se hallaba mas que un solo cura que hubiese estudiado canónes, sin embargo de haber dicho un papa : *Nulli sacerdotum liceat sacros canones ignorare*. La repugnancia que manifestó aquella Corte á la dispersion de esta fuerza reunida, ó á una reforma tan de antiguo y contínuo reclamada por el interés y seguridad del Estado, se ve y se toca en los términos y plazos mezquinos de sus forzadas concesiones. Con referencia á ellas dijo Garely en la memoria citada (nota 17): Que autorizado el gobierno para dar el *pase* al despacho de 30 de setiembre de 1820 en que S. S. facultó al nuncio para que por el término de seis meses en la Península y un año en Ultramar pudiese conceder indultos de secularizacion á los regulares y habilitarles para obtener beneficios, se pidió prórroga, y concedida por igual tiempo, conociendo S. M. la insuficiencia de este segundo plazo, habia solicitado el de un año para la Península y dos para Ultramar. Que el nuncio se denegó á dar los indultos con la amplitud que se solicitaban. Que los obispos de Santiago, Lugo, Orense, Avila, Tudela, Teruel, Osma, Lérida, Urgel y Vich espusieron que no podian mezclarse en la reforma, sin especial delegacion del papa. Que S. M. apoyado en la antigua disciplina de la Iglesia y en los principios del derecho público que han canonizado su imprescriptible facultad para admitir ó nó en su seno á los regulares y para suprimirlos ó ponerles condiciones, desaprobó altamente tan ilegal é impolítica delegacion prohibiéndoles impetrarla de la Silla Apostólica. Que los obispos de Vich, Lérida y Urgel resistieron todavía echando mano del efugio ordinario de escrúpulos de conciencia. Que por librarles de ellos, se les contestó que remitiesen á S. M. la renuncia de sus mitras y entónces respondieron quedar encargados de los conventos como delegados de la Silla Apostólica, añadiendo el de Urgel hallarse autorizado para ello; mas apurado el caso, ninguno de los tres tenia delegacion especial, ni otras facultades que las concedidas á los ordinarios por el concilio de Trento. En vista de todo dispuso el gobierno que continuaran encargados de los regulares, pero sin usar de manera alguna en sus decretos, órdenes, despachos, ni edictos de la denominacion de delegados del papa, bajo la inteligencia de que en caso de desobediencia S. M. tomaria las medidas convenientes para hacerse respetar.

Con obstáculos y contradiciones de esta naturaleza y sin tocar otros medios que están en la jurisdiccion de la potestad secular, fué mucho haber presentado á las Córtes el siguiente estado:

Monasterios y conventos de religiosos que ecsistian al promulgar la ley de 25 de octubre de 1820.	1,928
Casas de monacales, San Juan de Dios y canónigos regulares suprimidos.	219
Conventos suprimidos en virtud de dicha ley.	836

Idem ecsistentes, inclusos los ocho monasterios conservados.   873

A la fecha de la ley sin contar los monacales ascendian los religiosos ordenados *in sacris* á.   20,757

Los religiosos secularizados sin incluir los de las islas adyacentes ni los que tienen pendientes sus solicitudes son   4,447

Quedan (en 1° de marzo de 1822)   16,310

Monjas secularizadas.   210

Las pensiones de los secularizados de ambos sexos importan anualmente.   5,177,900 rs.

Ademas los legos secularizados ascienden à.   141

(32) *pág.* 113.

Para satisfacer en parte los créditos de las víctimas sacrificadas á las promesas del gobierno y consolidar el del Estado, segun dice este decreto de 5 de agosto de 1818, señaló entre otras rentas el producto de dos años inmediatos á las vacantes de dignidades, canongías, prebendas y beneficios de presentacion Real y eclesiástica, obteniendo para ello la bula de 26 de julio de 1818 en que S. S. se habia hecho cargo de la situacion miserable de los pueblos y de las urgencias del Erario dice (*).

Subsistiendo todas las causas de esta concesion y del decreto de 5 de agosto : multiplicadas despues por la dilapidacion del gobierno constitucional, segun lo dicen y repiten los de la Regencia de Madrid; y por otra parte disminuido considerablemente el número de eclesiásticos por *la falta de ministros que causó la furiosa persecucion* ponderada en el decreto de 22 de julio de 1824, no se entiende cómo los arzobispos y obispos, que desde el siglo XIV, empezaron á llamarse tales *por la gracia de la Sede Apostólica*, sabiendo que *ejus est tollere, cujus est condere*, se han dispensado de cumplir este mandato del papa, librado en beneficio de las víctimas sacrificadas á las promesas del gobierno, que de su parte hizo lo mismo, abandonando las obligaciones de justicia por creer que

(*) « Omnes dignitates, canonicatus, prœbendas, et ecclesiastica beneficia, quoqunque titulo et appellatione (esceptua los de oficio, presidencia y curados) quo in posterùm quacumque ratione vacaverint, duobus continuis annis tibi, non presentare, et nominare permitimus, et indulgemus, et iis quibus de jure ad ipsum conveniat, nostra auctoritate mandamus. »

no seria político en aquellas circunstancias suspender la presentacion de prebendas y beneficios.

Lo cierto es que cuando eran mas las necesidades que socorrer y ménos los clérigos que colocar, por la falta efectiva de los que emigraron en 1823, temiendo las persecuciones, encierros y calamidades que sufren los que no se iniciaron en los misterios de la oligarquia sacro-profana, se procedió á las presentaciones *in posterùm,* sin esperar los dos años, ni la bula abrogatoria de la concession. Se proveyeron todas estas piezas elesiásticas. El clero se ha reintegrado de todos los bienes-raices, derechos y acciones, de capellanías vacantes, hermitas, santuarios, cofradías y demas dotaciones del Crédito público, con la satisfaccion de haber visto pasar, sin rozarse con sus rentas, los 15 decretos publicados en la gaceta de 26 de enero de 1830, donde se reproducen y aumentan los impuestos civiles, reagravando á los pueblos : 1.º Con el 10 por ciento sobre el importe de sus encabezamientos; 2.º Con el 4 por ciento de alcabala en la venta de las fincas; aun en donde hay derecho de puertas, y en el puerto-franco-arrendado de Cádiz; 3º Con la rebaja del tercio que percibian los propios del arriendo de aguardientes; 4º Con el 6 por ciento por la cobranza de rentas particulares; 5º Con el 5 por ciento de rentas y oficios enagenados y de los arbitrios municipales; 6º Con la media anualidad de los productos de vínculos y mayorazgos por succession en línea recta; 7º Con la anualidad en succesiones transversales; 8º Con el 2 por ciento de herencias adquiridas por testamento en segundo grado de colaterales; 9º Con el 4 á los de tercer grado; 10º Con el 6 á los de cuarto; 11º Con el 10 á los mas distantes; 12º Con el 2 por ciento á los herencias de maridos ó mugeres; 13º Con el 3 por ciento á los hijos naturales declarados; 14º Con el 4 á los mismos si héredan *abintestato;* 15º Con el 4 á los no declarados; 16º Con el 8 á estos si heredan abintestato; 17º Con el 2 por ciento por mejoras á favor de descendientes; 18º Con el 4 en el de ascendientes; 19º Con el 6 de parientes en cuarto grado; 20º Con el 10 en los mas remotos; 21º Con el 4 por ciento de herencias *abintestato* á los colaterales en segundo grado; 22º Con el 8 á los de tercero; 23º Con el 12 á los de cuarto; 24º Con tres anualidades á una clase de usufructuarios; 25º Con cuatro á otros; 26º Con cuatro anualidades á los agraciados con donaciones *inter vivos, ó mortis causa;* 27º Con el aumento anual de cuatro millones de reales al subsidio del comercio: con el monopolio absurdo y monstruoso de la Compañía de Filipinas, Cinco Gremios, y Banco de S. Cárlos fallidos para los accionistas y opulentos para sus empleados: todo sobre las contribuciones ordinarias, sobre los impuestos conocidos y cobrados con los nombres de persecucion, cárceles, escuelas, fallidos, mesta, terremoto, catafalco, plato del corregidor, realistas, langosta, etc., etc., y todo sobre el recargo de la de paja y utensilios destinado á satisfacer á la Francia los 782,185,701, reales que gastó Luis XVIII en conquistar el Trocadero (*) para auyentar de España la peste de principios liberales y sustituir al estudio del derecho público y ciencias ecsactas, la teología de Lombard y las instituciones canónicas de Devoti; para restaurar los diezmos de Macon y los monges y doctrinas de Cluni; para franquear el camino del dinero que va á la curia romana; para mejorar la posicion del alto clero, asegurándole rentas, privilegios y consideraciones; para ver reedificar, poblar y enriquecer los conventos con el despojo de los brazos útiles y para que las guarniciones francesas vieran morir de hambre, ahorcar y descuartizar por manos de verdugos á los que no arredraron los bayonetas de Napoleon. *Hoc opus hic labor est.*

(33) *pág.* 113.

Arenga dedicada y dicha al Eccelentísimo señor

(*) A este propósito un jesuita hizo el siguiente dístico:

Galia vicisti, profuso turpiter auro,
Armis pauca: dolo plurima: jure nihil.

dean y cabildo de Toledo, primado de los dos mundos, por don Bernabé Simon González Villar en la posesion de su canongía acaecida el dia 22 del presente mes de enero y año de 1829. »

JESUS.

« Deus, Deus meus et Dominus meus.

O María *Santa!* O Domina mea.

O Sante Ildefonse! O Leocadia *Santa.*

Quis non tripidabit tantum pertingere culmen? Positos in medio quomodo vertam nescio. *Pos* nubila *tebus.* » (Asi está todo en el *impreso* que tenemos á la vista.)

A la noche sigue el dia, al invierno el verano, á la desgracia la dicha, á la prision la libertad, á la persecucion la serenidad y á la navegacion el deseado puerto en que el fatigado marinero halla su descanso.

Si, Ecmo Señor: *Pos nubila Tebus.* Despues de 40 años de inumerables trabajos sufridos con una gran serenidad de ánimo (tal que mas de una vez se me ha preguntado si era de piedra ó bronce) en tan lejanas tierras habitadas por gachupines (alias) europeos, por españoles, por indios, mestizos, negros, mulatos, blancos y pardos, por lobos.... tente en el aire y vuelve atrás y todos de distintos idiomas: Ya en altísimos montes llenos de fieras y de hermosos pájaros por sus colores : ya en profundos rios murallados de altísimas montañas y sus *rápidas* aguas *cuajadas* de inmensos lagartos y otros serpentones que asustan á cuantos los miran y la atmósfera llena de insectos, zancudos, gegen, rodadores y un sin número de molestadores á los que tienen la desgracia de navegar por dichos rios, como me tocó á mí huyendo de los enemigos de Dios, del rey y de todo género humano decidido por su soberano, y por el juramento de fidelidad que le habian prestado y por último ya en los anchurosos y dilatados mares, region de tanta diversidad de *peges* y naves que lo surcan, de las que no todas toman el deseado puerto, por las tormentas que á su vista las estrellan y desaparecen. No así la mia, señor, que acaba de fondear en este hermoso *piélago abrigado* de los cuatro vientos y defendido de todos sus enemigos por los invictos atletas que lo rodean.

Rindo á V. E. las mas espresivas gracias por la generosidad con que mandó abrirme sus puertas, matriculándome en él con tanta solemnidad, observando todas las leyes de estatuto; y sabed, señor, que yo mismo me doy la enhorabuena é incesantes gracias á mi rey y señor, el señor don Fernando VII (Q. D. G.) por haberme colocado en la primera nave de los dos mundos.

Cumpliré señor todas vuestras órdenes pecho por tierra y rogaré al todo poderoso lo felicite eternamente. »

Pudiéramos agregar el oficio de 23 de abril de

1832, en que el cura de Algeciras, don José Cayetano Luque avisa al cabildo de Cádiz su nombramiento de Dean de aquella iglesia y otras producciones que tenemos á mano: pero no nos hemos propuesto entretener á nuestros lectores con este género de escritos; ni con los defectos personales de los nombrados.

(34) *pág.* 124.

Ya que este magistral fué á tropezar con los templos de Apolo y de Minerva para justificar el orígen divino de los Diezmos, pudo tambien haber probado la obligacion de pagarlos remontándose á la religion de los persas: refiriendo la antigua doctrina de Zoroastres y trasladando el testo del Sadder que dice: « Aun cuando vuestras buenas obras eccedan á las estrellas del cielo, de nada os servirán, no siendo oprobadas *por el sacerdote* á quien debéis pagar el *Diezmo* de vuestros bienes muebles, de vuestras tierras y de vuestro dinero. » John Gillies, Hist. de la antig. Grecia, t. 2, c. 8.

(35) *pág.* 127.

Para que se vea el punto á que subió la impudencia de esta órden de 27 de noviembre de 1826 y el poder arbitrario de sus autores, ha parecido conveniente trasladar á la letra el informe que obra en el espediente y que habia dado en 1º de diciembre de 1825, el administrador general de rentas de Sevilla don José Sentestillano, cuyas opiniones *politicas y religiosas*, conservándole el destino, le relevan de toda sospecha de parcialidad. Dice asi:

« El arbitrio de Diezmos novales, aplicado á la real Caja de Amortizacion por real decreto de 4 de febrero del año procsimo pasado, debe ser uno de los mas pingües en esta provincia.... Por desgracia, ni la antigua Caja de Consolidacion, ni el Crédito público estinguido *han percibido cantidad alguna* de semejante productivo arbitrio, que infaliblemente debe rendir una gruesa y perpétua renta de Real Patronato, al mismo tiempo que puesto en práctica el magnánimo decreto de 16 de agosto de 1819 (*anterior á la data de la revolucion*) resultarán á la nacion y á los particulares las grandes ventajas que el paternal amor de S. M. se propuso, concediendo á los roturadores de terrenos eriales é incultos, treinta años ántes de su roturacion, contados desde el dia 30 de agosto de 1800 conforme á la bula de S. S. de 31 de octubre de 1816, ciertas gracias y esenciones conforme á la clase de plantío que en él se detalla.

Convencido hasta la evidencia de los *muchos millones* que debe producir este arbitrio, segun lo que ya está nuevamente roturado y de las esperanzas que promete para lo succesivo, hay por lo mismo *muchos obstáculos* que vencer y que *directamente* se oponen á su radicacion.

Mi deber y el deseo que me anima en favor del mejor servicio de S. M. me impulsan imperiosamente á poner en la consideracion de esa Direccion de rentas del reino, clara y terminantemente *las oposiciones que advierto*, y son causa del entorpecimiento del rápido curso que debe llevar este arbitrio : quiénes son *los que las originan* y las razones de su fundamento.

Penetrado este Cabildo eclesiástico de las cuantiosas sumas que vá á dejar de percibir, si se llega á establecer el arbitrio de los diezmos novales, se opone tenáz y arbitrariamente á que tengan el debido cumplimiento bien la bula de S. S. indicada, como los reales decretos de esenciones, con particularidad el de 29 de mayo último.

Desde el dia 13 de noviembre del año prócsimo pasado que presentó esta administracion de mi cargo un espediente justificativo que le habia dirigido el corregidor de la villa de Trigueros *completamente comprobado con un gran número de testigos, citacion del síndico y atestado de las justicias y cura mas antiguo* sobre que el terreno denominado de los Lagares, plantado de viñas en su término estuvo erial y sin cultivo, no solo los 30 años que prescribe la referida bula sino de tiempo inmemorial; á fin de que se sirviese *reconocerlo y clasificarlo* el Ordinario eclesiástico, conforme al párrafo 9 *sin estrépito ni forma de juicio en el término de* 40 *dias ; no solo no ha cumplido el juez eclesiástico el contenido de la bula, sino que la ha infringido en un todo escandalosamente con el mayor estrépito* siguiendo un juicio formal, haciendo por tanto gastar á la Real Hacienda mas de 700 reales, sin haberse concluido, sin embargo de haber transcurrido mas de un año.

Si se ha de juzgar por este primer espediente, que sirve de base para *una multiud* que tiene esta administracion sin curso hasta ver el resultado de aquel, no habrá uno que no cueste un pleito largo y enredoso, de los que no es posible salir fácilmente *cometiéndose las comisiones de pruebas y ratificaciones de testigos á otros eclesiáticos, capellanes, deudos, tazmeadores y dependientes suyos que ayudan estraordinariamente á confundir la razon que asiste á la Real Hacienda en sus reclamaciones.* A mas de que si se hubiese de seguir este mismo órden, muchos terrenos de corta estension que están en igual caso van á causar, considerables costos á la Amortizacion sin esperanzas de reintegro, pues que el producto de sus diezmos, suponiendo que saliese clasificado en favor del Real Fisco (que repito lo encuentro dificultoso) no compensaba en mucho tiempo los gastos que sufririan la instruccion de los espedientes y la dificultad de las pruebas.

Cuando S. S. espidió dicha Bula trató piadosamiente de evitar pleitos y tergiversaciones que pudieran suscitarse en la declaracion de *diezmos no-*

vales, mandado espresamente que bajo el nombre de *novales*, en cuanto á la pertenencia de los diezmos al Real Fisco, han de entenderse en este lugar las obras ó ya anteriormente hechas ó que se hicieren en adelante para el cultivo de los terrenos ó heredades que en el espacio de 30 años no hubiesen sido roturados ni beneficiados por el arado ni reducidos á otro ningun género de cultivo. Pero *sin embargo de lo claro y terminante de esta disposicion,* se ha convertido esta claridad *misma en un semillero de pleitos sin fin* para la Real hacienda *por la arbitraria, cavilosa y nunca vista interpretacion que los cabildos eclesiásticos, jueces y vicarios dan por ser jueces y partes interesadas en la masa decimal* á dicha disposicion, calificando á su modo de lisas y llanas, ó bien escabrosísimas y aspérisimas las tierras que se disputan, solo porque en el comento ó final de la redaccion de la Bula se dice que estas tierras suelen ser aspérisimas ó bien muy dificiles de cultivar, teniendo siempre presentes las anteriores bulas no vigentes de S. S. Gregorio XII y Benedicto XIV y no la actual de Pio VII (Q. D. H.)

La Real órden de 22 de mayo último circulada por esa Direccion con fecha de 27 de junio posterior á todos *los administradores de ramos decimales* de la diócesis de esta provincia, *ha sido nula y de ningun efecto, pues que no quieren darle cumplimiento dichos administradores;* los cuales sin embargo de que estan nombrados como tales por este ilustrisimo cabildo eclesiástico dicen que no lo son, sino unos meros aseguradores de los diezmos y que no hay mas administrador en todo el arzobispado que el mismo cabildo. Tal han contestado varios administradores de ramos decimales de los partidos y contestarán los demas del mismo modo, siendo el resultado que *todos tratan de entorpecer* por cuantos medios les son imaginables el curso rápido que debe llevar este prodigioso arbitrio y que *me encuentro aislado, sin apoyo alguno para sostener los derechos de la Real Hacienda,* confiado solo en la pronta proteccion de esa Direccion que debe estar penetrada de que si se lleva á efecto, segun lo literal y parte dispositiva, el contenido de la Bula puedo asegurar que en el dia segun lo roturado, deberia producir esta provincia á la Real Caja de Amortizacion sumas de bastante consideracion y protegiendo á los nuevos roturadores con las esenciones que les concede S. M. en su Real decreto de 16 de agosto de 1819, estimulados del premio, dentro de muy pocos años serian tantas las roturaciones que llegarian á producir *muchos millones,* de que resultaria el engrandecimiento de la agricultura y por consiguiente de la riqueza pública.

El estado de apatía y de entorpecimiento en que se halla este importantísimo arbitrio, y las causas que lo originan, deben llamar toda la atencion de esa Direccion de rentas del reino para patentizar á S. M. *la escandalosa inobservancia* de la Bula y de sus soberano decretos: quienes la originan y los perjuicios que causan á la Real Caja de Amortizacion y al Estado: y respeto á que las leyes nadie puede interpretarlas, ni variarlas, sin infringirlas, conceptua esta administracion se está en el caso en que con urgencia y sin pérdida de momento impetre esa Direccion de S. M. un real decreto para que se entienda y observe literalmente el párrafo 6º, de la mencionada Bula, que declara como novales los terrenos que habiendo estado ántes eriales ó incultos por espacio de 30 años, hayan sido roturados ó reducidos á cultivo despues del dia 30 del mes de agosto de 1800, prescindiendo de que sean llanos, montuosos, escabrosos ó no escabrosos y que hayan ó no originado grandes costos para su roturacion: que del mismo modo se observe con la mayor puntualidad por los jueces eclesiásticos lo ordenado por S. S. en en el párrafo 9º de la misma Bula, que sin estrépito ni forma de juicio hayan de calificar los terrenos si son ó no novales, en el prefijo término de 40 dias y que pasados, sin haberlo asi ejecutado, serán por el mismo hecho reconocidos como novales y que acreditándose por espediente instalado en forma los nuevos rompimientos de terrenos eriales é incultos, interin se clasifican por el ordinario eclesiástico conforme á la referida Bula, se aseguren los diezmos por los administradores de ramos decimales *reales* para cortar arbitrariedades y que estando autorizados los primeros por el cabildo para apremiar por los diezmos, no puedan hacerlo perjudicando á los nuevos roturadores, como igualmente á la Real Hacienda.»

(36) *pág.* 130.

No demos ocasion de escándalo, decia el apóstol, porque no sea vituperado nuestro ministerio. Mostrémonos como ministros de Dios en las adversidades y angustias : en sufrir con paciencia las tribulaciones : en la pureza y mansedumbre : en una caridad no fingida y en la práctica de las virtudes cristianas : sin que la aprobacion ó *el desprecio de los hombres* nos aparte del camino de nuestro *ministerio de paz y cridad.*

El concilio de Trento, les señaló tambien el de grangearse el respeto y veneracion de los pueblos (*)

(37) *pág.* 138.

Mariana (*Hist. de Esp.*, l. 6, c. 5) dice : «Luego que Sisenando salió de lo que pretendia y se vió

(*) « *Levia etiam delicta, quæ in ipsis maxima essent, efugiant, ut eorum actionis cunctis afferant venerationem.* »

hecho rey de los Godos, advirtió que corría peligro de perder en breve lo ganado, si no buscaba *alguna traza* para acudir á este peligro. Parecióle que el mejor camino sería *ayudarse de la religion y del brazo eclesiástico,* capa con que muchas veces se suelen cubrir los príncipes y aun solaparse grandes engaños. »

(38) *pág.* 175.

Don Pablo Antonio de Olavide, uno de los hombres mas célebres del siglo pasado, tanto por sus conocimientos y servicios al Estado, como por haber sido una de las víctimas mas recientes de la Inquisicion, nació en Lima en 1725. Lejos de abandonarse á la molicie del pais, supo aprovechar su disposicion natural á las ciencias, de un modo estraordinario.

A los 20 años de edad fué nombrado oidor, ú asesor del virreinato, pero tuvo la desgracia de mostrar poca adhesion al clero, y por consecuencia crearse enemigos irreconciliables. La enorme cantidad de conventos que absorbian la sustancia de los pueblos en ambos hemisferios del dominio español, le pareció un cáncer funesto, que amenazaba la ruina del cuerpo social. Decia muy á menudo : « Estos establecimientos roban brazos al arado, artesanos á los talleres, comerciantes á los negocios, padres y madres al Estado. »

El horroroso terremoto de 1740, casi destruyó á Lima y sumergió al Callao : millares de personas perecieron. El jóven magistrado mereció los mayores elogios por la infatigable actividad que desplegó para reparar los daños de la calamidad. Entre otros edificios públicos que hizo reedificar, puso su mayor esmero en una iglesia y un teatro. La envidia de los frailes les hizo creer que el teatro era mas suntuoso que la iglesia, y acusaron á Olavide de desprecio á las cosas santas, y aun de sacrilegio. Sus clamores llegaron hasta Fernando VI, subyugado á los frailes : le hizo llamar á España. Desde su llegada, y ántes de oirle, se le encarceló y cargó de grillos : cayó enfermo : una rica viuda, doña Isabel de los Rios, prendada de su talento y figura, le dió con su mano una fortuna considerable, que pudo sacarle del mal paso, y así fué declarado inocente.

Olavide se dedicó al comercio y la fortuna le segundó prodigiosamente. Iba á Paris todos los años, donde frecuentaba la mejor sociedad, y volvia á Madrid rico de conocimientos y de objetos curiosos; se dedicó á la literatura dramática, y animó la escena con sus composiciones y con sus ausilios y lecciones en la declamacion. Era el protector generoso de las artes y ciencias. Escitó á los literatos á escribir periódicos, especie de literatura casi ignorada en España hasta su tiempo. Estos esfuerzos ilustrados produjeron movimiento en los ánimos, y aumento de gusto entre los autores, que se estendió á la nacion.

Comisionó el gobierno á Olavide para la formacion de un plan de Estudios, que desempeñó admirablemente por la universalidad de su ciencia, profundos conocimientos, y tacto fino del corazon humano. Agradó sobre todo al conde de Aranda, entónces presidente del Consejo de Castilla, que reconoció en él, no solo un hombre de gusto, sino de Estado.

En las circunstancias críticas de la sublevacion de Madrid, en tiempo de Squilacce, y de la espulsion de los Jesuitas, se le confió el delicado encargo de la policía de la capital, y este hombre singular se condujo de tal manera, que reunió todos los votos del gobierno y del pueblo, que le nombró su Síndico personero, la primera vez que se le concedió el derecho de nombrar esta especie de tribuno, ó representante suyo en los ayuntamientos, teniendo la gloria de ser el primer electo : cooperó al establecimiento de las Sociedades económicas, y fué nombrado por el rey Asistente de Sevilla, cargo importante que desempeñó del modo mas patriótico.

Dirigió una memoria á la Corte para el descuaje y cultura de la Sierra-Morena, proyecto osado y beneficio immenso, si se compara esta horrorosa Selva-negra de la España, entre lo que era, lo que es, y lo que podria ser, si se le hubiese dejado llevar á cabo su utilísimo proyecto de colonizacion, en uno de los suelos mas fértiles y ménos poblados de la mejor provincia de España. Desde luego se adoptó la idea, y trajo alemanes y otros estrangeros, pobladores, industriosos y robustos, con lo que fundó la colonia, que provaleció asombrosamente en poco tiempo.

Un convento de frailes en los cercanías le estorbaba física y moralmente en todos sus planes. Obtuvo de la Corte que lo trasladasen á otro punto; y hé aquí el orígen de su persecucion, y la desgracia de aquella colonia, que contaba 27 leguas de estension en pais inculto, malsano, de asperísimos montes y valles pantanosos, que cambió enteramente de aspecto. Estableció manufacturas, atrajo fabricantes, delineadores y tintoreros de Leon, agricultores suizos y alemanes: abrió caminos, abatió riscos de piedraviva, estableció posadas cómodas, donde solo ecsistian antes güaridas de salteadores y de animales silvestres; pero Olavide no quiso que hubiera allí frailes que se comiesen el fruto del sudor ageno; hé aquí su pecado capital. Dictó estatutos en que prohibia las donaciones por testamento al clero, á titulo de bien de las almas, ni para misas, etc. Algunos colonos eran protestantes; Olavide no permitia que se les inquietara, con tal que su culto no fuese público.

Un capuchino que se introdujo en la colonia delató á Olavide: el fraile recoleto Eleta, que luego fué obispo de Osma, dirijia la conciencia de Cárlos III y supo alarmarle y prevenirle contra el desgraciado Olavide. El fraile hizo nombrar inquisidor general al obispo de Zamora; pero este se negó á admitir tal dignidad, que consideraba ultrajada desde el Real decreto de 1759, que prohibia á la Inquisicion proceder contra los empleados sin previo consentimiento de S. M., á cuya promulgacion tanto contribuyeron el conde de Aranda y Olavide, para impedir otra persecucion como la de Macanáz, á pesar del favor de Felipe V. El fraile hizo que el rey revocase el edicto, y el inquisidor general mandó encarcelar á Olavide en noviembre de 1776. Despues de dos años de la mas horrorosa prision é incomunicacion, aprovechándose sus enemigos de la desgracia de Aranda, se pronunció y ejecutó la sentencia en presencia de 60 personas de las mas condecoradas, en tribunal solemne y secreto que al efecto se tuvo en 24 de noviembre de 1778, y á quienes los inquisidores quisieron hacer testigos de la humillacion de Olavide y escarmentar y comprimir al mismo tiempo.

Compareció el acusado vestido de penitente, y el inquisidor general le concedió como gracia no llevar la cruz de S. Andres, ni la soga al cuello. Duró mas de cuatro horas la lectura del proceso; toda su vida fué escudriñada sin compasion. Las acusaciones fundadas en sus eccesos y libertinage estaban comprendidos en 170 artículos de una parte y 70 de otra, apoyados en el dicho de 78 testigos.

Era culpable por haber dado lugar en su biblioteca á la Enciclopedia, al Diccionario de Bayle, al Espíritu de las leyes de Montesquieu, á las obras de Voltaire y de Rousseau: de haber hablado mal de la demasiada veneracion del pueblo por las santas imágenes, limosnas, ayunos y rosarios, de haber dicho que S. Augustin era un *pobre hombre*, y que Pedro Lombardo, Santo Tomas, S. Buenaventura y todos los santos doctores habian retardado los progresos del entendimiento humano: de haber declarado que el instituto de los cartujos era barbaro, y que preferia Marco-Aurelio y muchos filósofos paganos, á ciertos cristianos y á muchos padres de la Iglesia, de haberse hecho retratar en medio de los atributos profanos de Venus y de Cupido, de haber visitado á Voltaire y conservar entre sus papeles una carta de este, en que se nota la frase siguiente: *seria de desear que la España poseyera 40 hombres como Olavide,* que no habia querido creer en el 6º mandamiento, ni en un infierno destinado á castigar sus infracciones; de su odio implacable contra el clero regular y secular, y portanto de estar comprendido en el crímen de heregia, etc., etc. Olavide negó la mayor parte de estas acusaciones, interpretó las otras, pidió perdon por sus imprudencias y flaquezas, y protestó fuerte y eficazmente contra la inculpacion de heregía, no habiendo jamas renunciado á la fé católica. No por eso dejó de ser condenado como incurso de heregía formal. Se le perdonaba la vida por gracia especial; pero la sentencia le condenaba á ser encerrado 8 años en un monasterio, sujeto á la disciplina mas severa, á ayunar los viernes y á ejercicios piadosos, bajo un confesor religioso que se le nombraria para fortificarle en la fé é instruirlo en la religion cristiana, á leer solamente en *el incrédulo sin escusa* del P. Segueri, y en *la Guía de pecadores* del P. Fr. Luis de Granada, á ser destituido de todos sus grados y honores, y declarado incapáz de obtener jamás ningunos, prohibiéndole el uso de seda, terciopelo, tisú, galones y pedrería, de estar vestido de paño burdo amarillo del mas ordinairo : prohibídole montar á caballo, ni llevar armas, y despues de los 8 años de convento, destierro perpétuo de Sevilla, de la Corte y sitios reales, de las nuevas colonias y de Lima, lugar de su nacimiento y donde recibió el grado de doctor.

Luego que los dos secretarios concluyeron la lectura de este largo y estraordinario proceso, en el momento en que el inquisidor general pronunció estas palabras: « Nos le declaramos incurso y convicto de heregía » : el señor Olavide cayó con un sincope de su banquillo, pero no perdió conocimiento : le trajeron agua y vino con lo que se repuso para oir su sentencia.

Se le hizo luego poner de rodillas, y hacer en esta postura, como herege, una abjuracion solemne. Y recibió la absolucion de la escomunion con las formalidades prescriptas por los santos cánones. A cuyo efecto se presentaron cuatro sacerdotes con sobre-pelices, y un haz de abrojos en la mano, con los que le sacudieron en la espalda, mientras que cantaban el *Miserere*; hizo la profesion de la fé y fué interrogado sobre 3o artículos de la doctrina.

Le despojaron del hábito de Santiago de que estaba condecorado. Acabado esto le volvieron á su calabozo, para conducirlo luego al convento donde debia sufrir su condena.

La comision que asistió á este juicio estaba compuesta de los duques de Granada, de Hijar, de Abrahantes, del conde de la Mora, de la Coruña, de tres consejeros de Castilla, de dos del de Indias, dos de las Ordenes, dos del de la Guerra, del abad de S. Martin con dos monges, del prior del Escorial, del abad de S. Basilio, de dos frailes trinitarios, dos de le Merced, del padre Canteras de capuchinos, de muchos clérigos decorados y muchos caballeros de la Real órden de Cárlos III.

En 1780 Olavide pudo escapar de los frailes que le guardaban y refugiarse en Francia, donde recibió la acogida mas lisongera y consoladora para su alma, oprimida por tan larga, cruel é injusta persecucion. En una sesion pública de la Academia de las Ciencias protestó Marmontel contra la injusta sentencia de tan odioso tribunal, y mereció aplausos universales. Aun en Francia no estuvo seguro Olavide; la España reclamó su estradicion, y aun que M. de Vergennes, ministro de negocios estrangeros, se rehusó bastante á esta solicitud, al cabo tuvo que convenir, y si felizmente el obispo caritaivo de Rhodez M. Colbert no lo penetra y avisa à M. de Puymaurin, bajo cuya amistad vivia Olavide en Tolosa, cae otra vez bajo los inquisidores: pues pocas horas despues de su huida á Ginebra, le fueron à buscar. Alli permaneció algunos años hasta que, muerto Cárlos III, pudo volver á Paris. Habiendo logrado conservar parte de su fortuna, vivió rodeado de una sociedad selecta de literatos y sábios de los mas distinguidos, consagrando su vida al estudio, á la amistad, y á la beneficencia mas amplia. Asi le encontró la revolucion, creyendo de buena fé en la mejora del estado social, en el progreso de la razon, y en el establecimiento de leyes equitativas y protectoras. Su ilusion pasó luego. La Convencion nacional reconoció á Olavide, como *hijo adoptivo de la nacion francesa.* Pero bajo el terrorismo estuvo sujeto á nuevas persecuciones. La raza vil y baja de los delatores, que pulula bajo todo sistema en que la iniquidad la emplea, y que sirve con igual zelo á los Domicianos y Tiberios, que á los Robespierre y á los Calomardes, á los absolutistas, que à los demagogos, no perdonó á Olavide: era rico, y habia algo que ganar. Denunciado como *contra-revolucionario*, el que habia sido perseguido en España como adicto á las mácsimas revolucionarias, fué encarcelado en Orleans y no recobró su libertad hasta el 9 thermidor.

Durante este nuevo y contradictorio cautiverio compuso el *Evangelico en triumfo*, esta obra grande en honor de la moral pura y benéfica de aquella misma Santa religion, en cuyo nombre sus ministros tanto le habian perseguido, este libro tuvo gran voga en su patria, donde se hicieron 8 ediciones consecutivas. Los frailes é inquisidores vanagloriándose de que sus hierros y cilicios habian convertido á la fé á este grande hombre se felicitaban, como el *Médico* de Molière, de haber vuelto el habla al enfermo que nunca estuvo mudo. A la sombra de este escrito pudo volver á su pais en 1798, sin querer detenerse en Madrid, para no insultar, ni humillarse ante sus verdugos.

En 1800, regaló á la administracion de hospicios de Orleans (donde hoy reside Calomarde) una grande hacienda que compró allí, y que perteneció al hospital de aquella ciudad, con ánimo de restituirla algun dia á este útil objeto.

En 1803 terminó, en un pueblo de Andalucía en paz y en el seno de su familia, su larga y peregrina carrera, distinguida por algunos triunfos pasageros, y por grandes trabajos y dolores.

Para mayores detalles, véase la Vida literaria de don Joaquien Lorenzo Villanueva.

(39) *pág.* 181.

Ecsaminadas las obras elementales, con el deseo de formar en España el plantel de doctrinas ultramontanas, se decidió esta Junta presidida por el ministro-confesor á elegir las *instituciones de Juan Devoti*, obispo de Anagni para la enseñanza del derecho canónico en nuestras universidades.

Este prelado á quien ciertamente debió muy poca consideracion la mansedumbre de Cristo en el rigor de la intolerancia que enseña : las indestructibles verdades de la religion en el temor de la lectura y raciocinio que proscribe : el órden y claridad de los juicios en su elogio de los inquisitoriales : la juventud del siglo XIX en el entretenimiento de agüeros, pactos con el diablo, etc., y la divina institucion de los obispos en los párrafos que hablan de impedimentos matrimoniales, esenciones y demas reservas : este ilustrísimo italiano que no ignoraria el camino de la *eminencia,* dice en su dedicatoria : que hecho obispo *por singular beneficio de Pio VI* debió ya haber publicado alguna señal de gratitud en que todos vieran su reconocimiento y afeccion al papa de quien es toda su obra : *Tuum est totum hoc opus, pontifex sapientissime;* y no necesitaba mas para ser adoptada en nuestro suelo, como propia para levantar columnas dignas del altar y del trono.

Ligado por interés y gratitud á los principios de la curia romana, introduce en la Iglesia una sociedad desigual, compuesta de unos que mandan y otros que obedecen: *Alii imperant, alii parent*: y separando en una parte, relacionando y envolviendo en otras lo divino con lo humano, como el sacramento del matrimonio con la dote y succesion hereditaria: la parte sagrada del juramento, con la profana de los contratos: las incidencias de los negocios civiles con los eclesiásticos, el pecado con el delito, etc., se introduce insensiblemente en el reino temporal, arrastrando (*Decretalium jure*) todas las causas de viudas, pupilos y personas miserables y las de todos los legos que quieran someterse; porque al fin son súbditos de la Iglesia todos los bautizados: *Omnes qui baptismum susceperunt proprie Ecclesiæ subditi sunt*. Y aunque Jesucristo encargó á sus apóstoles, que no dominasen como los reyes de la tierra: *Vos autem non sic*, presenta la barca de S. Pedro con todos los aparejos de una monarquía mundana; y hallando puntos de contacto en todas direcciones, coloca en Roma el poder *quod apud unum est, cujus judicium soli Deo subjicitur*, y señala esa Corte por patria comun de todos los clérigos.

Conviene en que la autoridad de los obispos no

es precaria, sino propia, constitutiva, inherente á su primitiva institucion; pero en seguida asienta que dependiendo su ejercicio de la voluntad del pontífice, no disminuye su soberanía; y la razon que dá, de no poder hacerse la demarcacion diocesana sino por la autoridad pontificia, pudiera pasar en los Estados romanos, mas no en otros, mientras no se acredite, que Jesucristo dejó este encargo á S. Pedro: que la mision de los apostoles no se estendió á todo el mundo: que Pedro, Juan y Jacobo no residieron y trabajaron juntos en Jerusalen: que el rey Wamba no erigió por sí y ante sí un obispado en los arrabales de Toledo; y en fin que la potestad temporal desde el tiempo de Constantino no señaló los territorios, creando, aumentando y disminuyendo los obispados, como se hizo en España hasta que los monges de Cluni vinieron á introducir y apoyar las usurpaciones de la curia romana y el embarazo, trastorno, disensiones y escándalos que causan los segregados de la demarcacion civil v. g. la jurisdiccion del priorato de S. Marcos de Leon aislada en Villanueva del Ariscal: la del abad de Olivares en algunas calles de Castilleja y la de S. Juan de Acre dentro de Sevilla.

Adherido Devoti á estas mácsimas desconocidas en nuestra antigua Iglesia y que no tienen mas apoyo que las Decretales apócrifas atribuidas a Clemente y Anacleto I° (*Dist.* 80, *can.* 2, *et* 33, can. 1) instituye á su soberano heredero *abintestato* de toda la potestad de régimen y jurisdiccion que hizo morir con los apóstoles, y de conformidad, segun dice, con *la mas antigua disciplina de la Iglesia,* reconoce en el papa el derecho esclusivo de nombrar obispos, y señalarles territorio.

En los primeros siglos de la Iglesia se nombraban por el clero y el pueblo siguiendo la costumbre de los primeros discípulos de los apóstoles, y eran confirmados por los metropolitanos (*).

Tal era la disciplina del año de 325 en que se celebró el concilio Niceno; y hubiera sido muy fácil al ilustrísimo Devoti hallar las causas de su alteracion en las Decretales de Isidoro Mercator que desde el pontificado de Nicolao I empezaron á ocupar el lugar de las constituciones legítimas, haciendo ménos frecuente la celebracion de Sinodos provincia-

---

(*) *Potestas sanè vel confirmatio pertinebit per singulas provincias ad metropolitanum episcopum,* dice el canon 5º del primer concilio general; y Graciano (*Dist.* 64, *can.* 8): *Si quis præter sententiam metropolitani fuerit factus episcopus, hunc magna synodus definierit episcopum esse non oportere;* citando la autoridad de Inocencio I para prevenir en el canon 5º bajo la misma distincion que: *Extra conscienciam metropolitani, nullus audeat ordinare episcopum.*

les, y socabando la autoridad metropolitana con la estension de algunos sufragáneos incautos : con el abuso de apelaciones y reservas de causas beneficiales, y con haberse valido de la Decretal atribuida en esa coleccion espúrea á Pelagio I para obligar á los arzobispos á impetrar, ó por mejor decir á comprar en Roma á peso de oro el uso del palio desconocido en los primeros siglos de la Iglesia (*Thomasino discipl. eccl.* p. 1. l. 2. c. 57. w. 8 et 3.)

En España sabemos que la jurisdiccion real se estendia á los clérigos como á los demas miembros del Estado : y que los reyes godos erigian y restauraban las sillas episcopales : nombraban y deponian los obispos, convocaban concilios, etc., etc.

Por condescendencia de Ervigio y en pago del destronamiento del virtuoso Wamba, se acordó en el concilio 12 de Toledo que ninguno fuese obispo, sin que el rey lo presentase y lo aprobara el concilio provincial. La dificultad de reunirse los obispos con la frecuencia que ocurrian las vacantes y la necesidad de su provision, llevaron la aprobacion conciliar al metropolitano de Toledo ; y la historia compostelana, lib. 2º, cap. 1º, dice que ningun obispo ocurrió á Roma, ni recibió mas ley que de la Iglesia primada de Toledo, hasta que la mala política de Alonso VI dió lugar á los abusos de la curia. Despues quedó la eleccion en el clero, dando previamente aviso al rey de la muerte del prelado y de la eleccion para que aprobase ó desechase al electo, *si aquel que esleysen fuese á grant su danyo dél, ó de la tierra.*

Para nada se contaba con el papa en las elecciones y confirmaciones de estos prelados hechas segun costumbre de la Iglesia y de las prerrogativas de los reyes de España. Y si en otras naciones intervinieron en ellas los emperadores y reyes, fué sin duda en virtud de sus instituciones, ó por restablecer y conservar la tranquilidad de sus Estados, alterada con frecuencia por las disensiones del clero. S. Juan Crisóstomo las manifiesta bien claramente en el lib. 3º cap. 15 del sacerdocio : «Vé, dice, y atiende á las fiestas públicas en que se acostumbran hacer las elecciones de los prelados de las Iglesias ; todos los que tienen parte en la colacion de esta dignidad se dividen en bandos, sin que nadie pueda ver acorde aquel congreso de presbíteros, que atienden mas al interes del partido que á las virtudes del candidato. ¿Hay algo mas inicuo, prosigue el santo, que ver unos hombres perversos y llenos de vicios, honrados por aquellas mismas cosas que debieran atraerles el castigo? ¿Que asciendan á la dignidad sacerdotal por lo que les hace mas indignos de atravesar los umbrales de la Iglesia? ¿Y buscamos la causa de la indignacion divina, cuando confiamos los negocios mas santos á hombres inicuos que todo lo trastornan?»

Estos trastornos de los siglos 4º y 5º que oyeron la voz penetrante del Crisóstomo produjeron, como era preciso la intervencion imperial en las elecciones eclesiásticas, especialmente en las patriarcales de Constantinopla, Alejandría y Antioquía, introduciendo la regalía de aprobar los nombramientos de modo que sin la aprobacion del emperador, no se procedia á la consagracion del obispo electo. La Iglesia admitió esta práctica y S. Gregorio Magno (lib. 6, epist. 6) elogia al emperador Mauricio por su tino y prudencia en la eleccion del patriarca Ciriaco. El papa Nicolas I que habia hecho valer su autoridad en la restitucion de Ignacio, en la sentencia de Phocio y en la correccion del arzobispo de Ravena testifica (epist. 6 ad Michael III imperat.) la costumbre de elegir el patriarca con el consentimiento imperial. Y el mismo S. Gregorio deseando evadirse del pontificado ocurrió á Mauricio rogándole que desechase la eleccion. (Joan. Diacon. vit. Gregor. M. l. 1, c. 33.)

Invadido y arrollado el occidente por los bárbaros, los fundadores de las nuevas monarquías siguieron el ejemplo de los emperadores. Los reyes godos de Italia eligieron tambien algunos pontífices. Teodórico nombró por sí al papa Felix III y Teodato á Silverio que gobernó felizmente la Iglesia. Recuperada la Italia quedó la eleccion de los papas sujeta á la confirmacion de los emperadores del

Oriente; y trasladado el imperio á los reyes de Francia por las conquistas de Carlo-Magno, sus succesores confirmaban los papas y obispos. Pasado despues á los alemanes, estos no solo continuaron ejerciendo la regalía reconocida en el sinodo romano de 838 bajo Juan III sino que se alzaron con la eleccion misma, no dejando á Roma mas que la miserable licencia de postular alguna persona determinada. Asi fueron elegidos ó confirmados los 31 pontífices, desde el intruso Leon VIII succesor de Juan XII, que fué pontifice a los 17 años de edad por ser hijo del tirano Alberico, hasta Gregorio VII inclusive. Y de resultas de los desafueros y disensiones de este santo con Enrique IV de Alemania, se hizo el tratado en que obtuvieron las Iglesias la facultad de elegir y consagrar sus prelados. Por tanto no se entiende como el obispo Devoti pueda fundar en la *vetustissima ecclesiæ disciplina* el derecho esclusivo de los papas en la eleccion, confirmacion de obispos y asignacion de diócesis, cuando los mismos papas fueron elegidos por los emperadores.

Elevado el imperio pontificio sobre escombros de las antigüedades ecclesiásticas que descubren el principio humano del *derecho divino de las apelaciones*, encuentra el Ilmo. Devoti la *potestad y jurisdiccion dada por el mismo Jesucristo* en la proposicion del obispo de Córdoba: «*Si vestræ dilectioni videtur, Petri memoriam honoremus;* y en el acuerdo respetuoso de los padres del concilio de Sardica que por honrar la memoria del apóstol y complacer al presidente Osio, obsequiaron al papa con la facultad limitada y ceñida á nombrar jueces de apelacion *en las provincias de los obispos agraviados*. Y convirtiendo con la misma facilidad en derecho divino las Decretales que atribuyó Isidoro á los nueve papas contados por Fleury en el Discurso 4°, n° 5°, bajo las cuales se llevaron las apelaciones á Roma, ya puede conocerse el lugar que destinará el autor de estas instituciones á la opinion que llama *cismática* de los concilios ecuménicos y á la independencia y potestad de los reyes. Por evadirse de ella hace á Dios propietario de censos, casas, molinos, dehesas, cortijos y demas bienes temporales que por títulos puramente humanos poseen las Iglesias. Con el respeto que cree inspirar la propiedad divina los segrega del comercio humano; y atribuyendo esta immunidad á su naturaleza, deduce sin dificultad que los bienes particulares de los clérigos gozan los mismos privilegios que los de las Iglesias, enseñando que si Jesucristo dió el tributo al Cesar, fué porque no quiso escandalizar con la denegacion; mas no porque le obligase alguna ley humana : y que al fin si en efecto lo pagó, no lo hizo del bolsillo destinado á guardar el dinero de los apóstoles.

Bastan estas muestras para conocer los materiales escogidos por la Junta para levantar las columnas del trono español.

(40) *pág.* 182.

La siguiente circular del Consejo testifica el desprecio conque se ha mirado en estos tiempos la prerogativa de negar ó conceder el *pase* á los breves y bulas pontificias : prerrogativa que el ilustrísimo Covarrubias (Pract. Quest. C. 35) creyó muy interesante al Estado y que Salgado fundó tan doctamente en su tratado de sup. p. 1. c. 9. n. 13. En la ley que se cita de la Novísima Recopilacion mandó Cárlos III : «Que ningun breve ó despacho de Roma se pusiera en ejecucion sin su noticia y sin haber obtenido el *pase* del Consejo como requisito *preliminar é indispensable.*

«Ilustríssimo señor : por Real orden de 26 de agosto de 1825 inserta en circular del Consejo de 17 de setiembre siguiente se sirvió S. M. mandar, que los M. RR. arzobispos y RR. obispos de estos reinos remitiesen al mismo supremo tribunal diez ejemplares de cada uno de los edictos y pastorales que hubiésen espedido desde el restablecimiento del gobierno legítimo verificado en el año de 1823 y de las que fueren espidiendo en lo succesivo. De la ejecucion progresiva de esta soberana resolucion, resultó advertir el Consejo que *en algunas de las cartas pastorales*, ademas del asunto de su principal objeto, *se incluïan los decretos de la sagrada Congregacion de Roma prohibitivos de va-*

rios libros y lista de otros, que por sí prohibían los prelados diocesanos: uno y otro sin que previamente se hubiesen observado los requisitos establecidos en la ley 3. t. 18. l. 8 de la Novis. Recop. con cuyo motivo y á fin de que esta tuviese puntual cumplimiento, meditó dicho supremo tribunal el asunto con la detenida circunspeccion que ecsigia su delicadeza é importancia; y previa audiencia de los señores fiscales consulto á S. M. en 28 de febrero del presente año cuanto estimó oportuno y por Real resolucion á la misma consulta que se ha comunicado al Consejo en Real órden de 30 de abril último, se ha servido el rey N. S. mandar entre otros estremos *que se haga estrecho encargo* á todos los prelados eclesiásticos del reino con jurisdiccion ordinaria ó privilegiada para que *no publiquen decreto alguno de la sagrada Congregacion del Indice sin que previamente se le haya dado el pase correspondiente*, etc. Madrid, 1º de julio de 1829. »

(41) *pág.* 183.

Los antiguos padres y cuantos describieron la gerarquía eclesiástica colocaron en ella obispos, presbíteros y diáconos, sin hacer mencion de cardenales. Lo mismo hizo el concilio de Trento cau. 6, ses. 23; y sin duda por no proceder de institucion divina se llaman en el lenguage de la curia *hijos* de los papas y no *hermanos* como los obispos.

Roberto Belarmino, t. 2, l. 1°, c. 16 de clericis, discurriendo sobre el origen de los cardenales y apoyado en diversas autoridades dice: que el capelo fué un escalon para subir al obispado y que despues se antepusieron á los obispos por haber recaido en ellos la eleccion de pontífice, que hacian los emperadores, ó el clero y el pueblo y por haber empezado á formar el Consejo de S. S. contra la costumbre de seis ú ocho siglos que vieron resolver los negocios graves en concilios nacionales á que concurrian los cardenales, ocupando el lugar preferente los obispos.

Aumentadas las atenciones de la Iglesia romana con la adquisicion de los bienes temporales que no cupieron en la barca de S. Pedro, se vió el papa necesitado de ministros que le ausiliasen. No podian hacerlo los obispos ocupados en sus diocesis; y al cuidado del reino de este mundo: al cambio de lo espiritual por lo temporal, debieron su elevacion los cardenales, que no siendo mas que unos prefectos de las parroquias de Roma con el mismo título que Pascual II concedió á los siete canónigos de Santiago, suscribian despues de los obispos segun se ve en las actas del concilio romano de 993 y del de Clermont en 1095, llegando cuatro siglos y medio despues á tratar con tal vilipendio á los obispos que provocaron la indignacion y censura de Fr. Bartolomé de los Mártires, á quien sin duda se debe la constitucion de Pio IV en obsequio de la dignidad episcopal.

Alejandro III habia aumentado la de los cardenales en el siglo 12. Inocencio IV los cubrió en el 13 con el sombrero encarnado. Bonifacio VIII que al fin de este siglo engalanó con otra corona su tiara, los declaró iguales á los príncipes, vistiéndolos de púrpura. Urbano VIII los elevo á la *eminencia;* y el vicario de Cristo, convertido en monarca temporal con todo el aparato y pompa mundana, reservó el capelo para alhagar y ganarse los hombres de opinion y séquito : descubrir por su medio lo que no se revelaba en el confesonario, introduciéndolos como embajadores y ministros en los gabinetes de los reyes con la seguridad de que no prescindirian del carácter indeleble de la dependencia de su gefe : de los intereses de Roma y de la esperanza lisongera de ceñirse las tres coronas vinculadas en el Cónclave.

(42) *página* 224.

« Scimus in hac Sancta Sede aliquot jam annis multa abominanda fuisse ; abusus in spiritualibus : excesus in mandatis, et omnia denique in perversum mutata, Nec mirum, si ægritudo à capite in membra à Summis Pontificibus in alios inferiores prœlatos descenderit. Qua in re quod ad Nos attinet polliceveris omnem operam adhivituros, ut primum Curia hæc, unde forte omne hoc malum processit, reformetur, ut sicut inde corruptio in omnes inferiores emanavit, ita etiam ab eâdem sanitas et reformatio omnium emanet. Ad quod procurandum Nos tantó arctius obligatos reputamus, quanto universum mundum hujusmsdi reformationem avidius desiderare videmus. » In instruct. data Francisco Cheregato ann. 1523 ad Norimbergensia comitia niisso: apud Ragnaldum tom. 20 in annal ad ann 1522 n. 70. »

Y como ántes de esta comunicacion franca y sincera habia sentado en sus comentarios al libro 4.º de las Sentencias, que el clerigo no podrá sacar mas que la comida y el vestido de los bienes de la Iglesia y que las dispensas concedidas por los papas sin necesidad ó utilidad comun eran ilícitas, no es estraño que el cardenal Pallavicini dijese en el libro 2.º cap. 3 n. 1.º de la Historia del concilio tridentino, que Adriano fué eccelente sacerdote, pero nada mas que mediano pontifice: y que Ladvocat señalase en su Diccionario histórico la causa de esta calificacion, diciendo: « Les italiens ne l'aimaient point, parce qu'il voulait reformer les abus de la cour de Rome, et qu'il n'était pas politique. »

(43) *pág.* 228.

Si en lugar de conferir al canónigo Saez los cargos y empleos de consejero, ministro, confesor de S. M. *ecsaminador y calificador* de las obras elementales para la enseñanza pública, Obispo de Tortosa, etc., etc., se le hubiera mandado designar las obras *perniciosas*, las mácsimas con que se pervertia la juventud en las escuelas; los crímenes y desacatos cometidos contra el Supremo Hacedor: la furiosa persecucion de los ministros de Cristo, los templos destruidos, etc., no habria tenido que presentar sino la carta blanca que obtuvo de los franceses, aliados de la Congregacion, para seguir las aguas del obispo de Cuenca; y la minuta que á su ruego (por no saber él estenderla) estendió el conde de Vulgari, encargado de la Corte de Rusia, cuando en Sevilla, en octubre de 1823, ostigado por la ecsigencia del sagáz ministro ingles Sir W. A'court, hizo que reconociera S. M. C. un crédito ecsorbitante, que reclamaba á la sazon el gabinete británico, prevalido de las circunstancias y de la ignorancia vengonzosa del ministro-confesor, respectiva á negociaciones estrangeras, sin preceder liquidacion, ni dictámen del Consejo de Estado, cargando el pueblo con este recargo de renta; y á esto debió su ascenso á la mitra de Tortosa.

(44) *pág.* 239.

En las leyes del Fuero-Juzgo que tratan de la violacion de los sepulcros: en las del Fuero Real sobre ecshumacion de cadáveres ó entierros en huesa agena, sin la voluntad de su dueño: y en las de

Partida que autorizan la venta del sepulcro propio, se vé que los entierros y funerales eran objetos de las leyes civiles. Mas como la 1ª. tit. 13 part. 1 prohibió á los clérigos llevar dinero por enterrar en los cementerios, fueron poco á poco aprocsimando los cadáveres á las iglesias. Y *porque los Diablos no se acercasen á ellos,* como dice la ley, los metieron en el templo, de donde salen los miasmas de la putrefaccion con la cuenta y cargo de cirios, velas, blandones, bayetas, cruces altas ó bajas, posas, responsos, campanas y demas necesario al descanso y seguridad de los muertos, y aumento de pésame de los vivos, sus parientes.

(45) *pág.* 239.

El ilustre fundador de la libertad americana, el incomparable Washington, en el discurso que dirigió el dia 17 de setiembre de 1796 á los Estados-Unidos, dijo entre otras cosas dignas de su singular prevision: «Por mas plausible que sea el pretesto de esta especie de reuniones, todas ellas son destructoras del principio fundamental de la sociedad civil y conspiran á su ruina. Las facciones se organizan y robustecen á la sombra de los debates; y la animosidad de un partido viene á ocupar muy pronto el lugar de la voluntad nacional.»

¿Que hubiera dicho este sábio y virtuoso americano al ver las columnas misteriosas que debieron abatirse para no servir de base á las torres vocingleras de Regato, comprado al efecto, y á la turbulenta sociedad landaburiana?

La temeridad y el desenfreno de la licencia, enemiga de la libertad, dice Ciceron, que perdió las repúblicas de Grecia; y Casimir-Delavigne, advierte que esta rige, y aquella oprime al pueblo, que la deja prevalecer.

La licence est en lui l'abus d'un droit sublime;
La liberté gouverne et la licence opprime.
Épître à LA MARTINE.

(46) *pág.* 240.

Lo mas estraordinario de la resolucion del Consejo en las medidas que adoptó, derogando las de las Cortes, fué que por ellas favoreció á los mismos infractores de la ley que trataba de hacer valer: á los poseedores de mayorazgos que espontáneamente se aprovecharon de la ley constitucional, faltando á la anterior, establecida en su obsequio; y castigando á los infelices é inocentes compradores de sus fincas cuando estos no pudieron usar de la ley de las Córtes, sino á solicitud de aquellos; por cuanto esta ley no era preceptiva sino permisiva, y solo algunos poseedores de mayorazgos que quisieron vender, vendieron: y habiendo sido los primeros á quebrantar la ley antigua y aprovecharse de la moderna, el Consejo mandó desposeer á los compradores, que desembolsaron su dinero y mejoraron las fincas para devolverlas á los que, infringiendo su privilegio, gozaron del fruto de la nueva ley y de su revocacion; y asi se ha visto, con honor de alguno que otro mayorazgo, haber conservado el derecho á su comprador, en cuanto le ha sido dable, prueba de la justicia y *detenimiento* del Consejo de Castilla.

(47) *pág.* 242.

A dos reales se les vendia cada fanega en tiempo que era libre su tráfico: mas para que los pueblos no carezcan de sal, se les reparte, aunque no la necesiten y se les hace tragar á 55 reales 2 maravedís.

(48) *pág.* 250.

No debió haber levantado pocos en Sevilla el siguiente.

EDICTO.

D. José Manuel de Arjona, etc.

Por cuanto por parte de la empresa de los Reales derechos de puertas se me ha hecho presente que estando á su cargo desde primero del corriente las rentas provinciales del término alcabalatorio de esta capital, debian fijarse las reglas de buen gobierno para la mejor administracion de él, con presencia de cuanto me han espuesto el Sr. administrador de Rentas de esta provincia y el administrador de aquella, he tenido á bien mandar se observen y cumplan esactamente los artículos siguientes:

Articulo 1º. Que todas las personas sin ecepcion alguna, vecinos ó forasteros, dentro del término de 8 dias presenten á la Administracion central de los derechos de puertas relacion jurada y firmada por el que supiere escribir, y por el que no de otra persona á su ruego, de las ecsistencias de vino, vinagre, aceite, granos, semillas y demas efectos que tenga, como igualmente de los ganados de cualquiera especie, señalando sus hierros y señales, con espresion del paraje en que se halla el todo ó parte, y tambien de sus sementeras, con especificacion de las fanegas de cuerda que tuvieren sembradas de cualquier grano ó semilla, declarando con toda individualidad las tierras calmas, huertas, viñas, olivares y demas posesiones de campo, sin ocultar ni omitir cosa alguna, con apercibimiento que de no presentar dichas relaciones en el término prefijado, ó de no darlas íntegras y puntuales se les tendrá por incursos en el delito de ocultacion, y como tal se les impondrán las penas que señala la ley penal de 8 de Mayo del año de 1830.

Art. 2. Del mismo modo, igual relacion y en el propio término presentarán los comerciantes de los vinos, aceites, lanas, granos y demas frutos y artículos de comercio que tengan ecsistentes, declarando la hacienda, almacen ó caserío en que se hallen dichos frutos ó articulos, manifestando el dueño de la posesion y obligándose á dar cuenta á dicha administracion de todas las ventas y movimientos que hagan con dichos frutos y efectos, apercibidos que al que contravenga á lo provenido en este artículo se le impondrán las penas establecidas.

Art. 3. Que asimismo dichos comerciantes están obligados á dar cuenta á la misma administracion de los frutos y artículos que introduzcan en sus almacenes en el mismo dia en que verifiquen su entrada por medio de una declaracion tambien jurada, en la que se espresará la procedencia de los géneros, el conductor, y si la compra ha sido hecha en el pueblo de su orígen, ó al arriero conductor en el parage de su descarga, bajo los mismos apercebimientos.

Art. 4. Que ningun criador ni traficante de ganado lanar pueda pasar á hacer la esquila sin dar cuenta antes á la Administracion para que por esta se tomen las providencias convenientes á efecto de asegurar los derechos al tiempo que se verifique la venta de este esquilmo.

Art. 5º. Que todos los propietarios de predios rústicos que tengan dados en arrendamiento el todo ó parte, presenten en la Administracion referida relaciones juradas en las que manifiesten la naturaleza de la finca, los almacenes de que consta, las vasijas que cada una tiene y su cabida, persona á que la tiene arrendada y el precio de su arrendamiento, bajo apercibimiento que de no presentarse dichas relaciones en el término, modo y forma prevenidos, incurrirán en las penas señaladas á los defraudadores de las Rentas Reales.

Art. 6°. Que ningun individuo de los mencionados en los artículos precedentes pueda vender á otro los frutos de su labor ni los acopiados sin dar cuenta ántes por escrito á la Administracion de la venta y cantidad vendida, bajo igual apercibimiento contra los que asi no lo practiquen.

Art. 7°. Que ningun dueño ó arrendador de molino de aceite pueda principiar á moler sin sacar ántes el correspondiente libro, en el que han de estar obligados los maestros á sentar las tareas que muelen, con distincion las del dueño, *de las del diezmo*, y de las de cada uno de los maquileros, espresando las cabidas de los arrobones ó salonas que cada uno produjere en turbio, y los dias que tuviere de quiebra, holgare ó no moliere por algun estorbo, y en el que finalizare las moliendas se entregará el libro en la Administracion, sin que de los mencionados molinos, ni los dueños del aceite, ni los referidos maestros saquen ni permitan sacar porcion alguna de aquella especie en poca ni mucha cantidad, sin que preceda licencia de la Administracion, pena de que el que en otra forma se encontrase, se dará por perdido, y se procederá contra los contraventores, ó lo demas que está prevenido por derecho, con prevencion que al dueño del molino que no tenga liquidada su cuenta, y satisfecho el alcance que en ella resulte no se le franqueará el libro para abrirlo ni se le habilitarán las cartas de pago de lo que vendieren.

Art. 8º. Que ningun individuo de los espresados que tenga alguna de las especies de aceite, vino y vinagre pueda envasarlas aunque sea para pasarlas ó otras haciendas ó almacenes del término ó en los de esta ciudad, sin que preceda conocimiento y licencia de la Administracion.

Art. 9º. Que todo individuo que introduzca en el término frutos, efectos, ganado y demas está obligado á dar cuenta á la Administracion dentro del dia en que verifique la entrada con manifestacion del objeto á que lo introduce, apercibido que faltando á este requisito se impondrá la pena señalada en los artículos anteriores.

Art. 10. Que de todas las ventas de frutos, ganados, semillas y demas génèros que se hicieren en el término, tienen obligacion los vecinos y forasteros que las celebren de dar cuenta de ellas y sus precios en la Administracion de Puertas, y los corredores que en ellas intervinieren no las perfeccionen sin que les conste haber licencia para verificarlas, y los pesadores y medidores no pesen ni midan para dicho efecto especie alguna, como no se les manifieste estar asegurada la empresa en sus derechos, bajo las conminaciones prevenidas en Reales órdenes que tambien comprenden á los compradores que no dieren cuenta.

Art. 11. Todo corredor que intervenga la venta de cualesquiera especie verificada por el entrador ó vecino, labrador, comerciante ó cosechero dará cuenta inmediatamente ántes de hacer la entrega á la Administracion de Puertas para que por esta se le ecsija al entrador el derecho correspondiente, con apercibimiento que de no verificarlo, ademas de pagar el derecho que corresponda al vendedor, se le impondrá la pena señalada al mismo por ocultacion.

Art. 12. Ningun individuo podrá comprar especie alguna sin estar asegurado que el vendedor ha satisfecho los derechos correspondientes, apercibidos que no pareciendo este se repetirá contra él los derechos y la pena á que haya lugar.

Art. 13. Que todos y cada uno de los vecinos y forasteros á quienes tocaren ó tocar puedan los espresados articulos los observen y guarden sin contravenir á ellos en manera alguna, bajo de los apercibimientos que van hechos y penas referidas, y demas que desde luego se le hacen y están impuestas á los contraventores por leyes de estos reinos, Reales cédulas é instrucciones de Rentas, y principalmente por la ley penal de 8 de mayo del año pasado.

Y para que llegue á noticia de todos y nadie alegue ignorancia, he mandado fijar el presente y otros de su clase en los parages de costumbre. Sevilla 31 de Enero de 1832. — José Manuel de Arjona. — Por mandado de S. E. — D. José de Lemos.

(49) *pág.* 252.

No solo hay que lamentar los grandes capitales que la emigracion de ambas Américas y de España ha llevado al estrangero, por no encontrar allí seguridad personal, ni proteccion ilustrada la propiedad y el comercio, *(véanse las notas 32 y 48)* como se vió en el Puerto Franco de Cádiz, apénas concedido que perseguido, y luego revocado; sino lo que es infinitamente peor: la descendencia de estos capitalistas que constituye una poblacion útil llega á nacionalizarse en el estrangero, cuyo suelo fertilizan y enriquecen, aumentando su fuerza, crédito y poblacion, en mengüa física y moral de la España, la que desde Fernando el Católico siempre encuentra en sus Consejos motivos para espulsar y sangrar de gente y riqueza esta monarquía que, sin tales consejos funestos, hubiera sido la mas poderosa del Orbe.

El comercio de Burdeos y su poblacion se ha duplicado con las emigraciones de América y España de 20 años acá. El único camino de hierro que hay en uso en Francia desde S. Estéban á Leon, no hubiera podido realizarse sin el gran importe de sumas de españoles que en él se han empleado, y en que es uno de los primeros interesados el general Morillo y su suegro Mujica.

(50) *pág.* 255.

Tenemos a la vista un oficio fecho en Sanlucar de Barrameda á 25 de setiembre de 1831 en que don Rafael Gregorio de Veleña Oidor de Sevilla dice. « *Noticioso el rey nuestro señor* de los males que sufría esta ciudad por el irregular comportamiento de su gobernador que ligado con el ayuntamiento y alcalde mayor oprimian al vecindario, no pudo ménos su alta justicia y su incesante vigilancia porque esta se administre á los pueblos de sus dominios que resolver la averiguacion de todo, nombrándome con la comision que desempeño, etc., etc.

(51) *pág.* 274.

Si Calomarde entendiese al doctor Francklin, como entendia el padron ó libro verde de la Junta eclesiástica, creriamos que habia aprendido en el tomo 5º pag 369 las *Reglas*, quo dió á los ministros británicos *para convertir en pequeño un Estado grande*.

Desengañado este sábio americano de lo poco que atendian á la razon y á la justicia, tuvo la humorada de decirles en el año de 1774.

« Por mas sumisos que los pueblos hayan sido á vuestro gobierno : por mas adhesion que hayan mostrado á vuestros intereses : por grande que haya sido su paciencia en sufrir injusticias y agravios; debéis suponer que siempre están inclinados á rebelarse. Vuestras medidas sean conformes á esta suposicion. Enviad tropas que provoquen las conmociones con apremios é insolencias y que las repriman con sus bayonetas y balas. Asi como el marido que por sospechas maltrata á su muger, llegaréis á convertir las sospechas en realidades.

Bien saben los ministros que la fuerza moral del gobierno depende de la opinion del pueblo y que esta opinion se forma con la conducta de sus agentes. Si nombráseis gobernadores que estudiasen el interes público y promoviesen su prosperidad, creerian que el gobierno la deseaba. Si nombráseis jueces íntegros, creerian que amaba la justicia y nada estrecharia mas la union de los pueblos. Pero siendo contrarias vuestras miras, tambien debe serlo la condicion de los nombrados. Los que no hayan tenido educacion ni patrimonio y deseen adquirirlo con poco trabajo son buenos para gobernadores; porque irritarán con su rapacidad y groseria. Abogadillos ignorantes, tercos y codiciosos, son buenos para jueces; porque eternizarán los pleitos, la disension de las familias y los emolumentos del juzgado.

Si os llegasen quejas de su administracion é injusticia, escarmentad á los quejosos con entorpecimientos, gastos y decisiones favorables al opresor. Esto producirá un efecto admirable, evitaréis nuevas quejas. Los gobernadores y jueces aumentarán la opresion é injusticia: crecerá el odio y al fin el pueblo se desesperará y buscará los medios de salir de ellos.

Cuando hayan llenado sus baules y la ecsecracion deje ver el peligro de sus personas, llamádlos á la Corte y recompensad la parte que os toque de sus rapiñas, con otros empleos y distinciones, para que los succesores sigan su ejemplo y se disipe la esperanza del desagravio. Si los pueblos han contribuido voluntariamente con hombres y dinero para la guerra, vosotros debeís considerar que un real sacado con autoridad y por fuerza es mas honorífico que cien pesos prestados por su benevolencia; y asi recargadlos con nuevos pechos. Se quejarán y si ocurren al Parlamento háced que ni siquiera se lean sus escritos. El efecto será prodigioso; porque mas fácil se perdona la injuria que el desprecio.

Para hacer las contribuciones mas odiosas, buscád esactores groseros y codiciosos y aunque sus pagas sean cortas, dejádles vivir con lujo y ostentacion á costa de las clases útiles y de los pueblos vejados. Si alguno de estos empleados tuviese buena índole y entrañas compasivas, retirádle luego. Si de otros hay quejas, por justas que sean, protégedlos y premiádlos. Asi se estimularán todos á la opresion y á la estafa y contribuirán á vuestro intento.

Para ostentar vuestro poder y destruir la ilusion de las leyes dejád los procedimientos encargados á la prudencia y celo de vuestros funcionarios subalternos. Dádles facultades ilimitadas para que á pretesto de tranquilidad y seguridad pública hagan prisiones, decreten embargos y destierren al que quieran y del modo que les parezca. Publicád que quien contradiga, ó no venere estas providencias de vuestra policía, es un traidor, ó cuando ménos sospechoso. Estableced una nueva Inquisicion que registre, aprisione y transporte á todas las personas que le parezcan sospechosas, soltando á los que dén dinero y ahorcando ó fusilando á los que no tuvieren que dar.

Si os llegan noticias de que hay descontentos en las provincias, nunca creáis que son generales, ni por causa del gobierno; y asi no os fatiguéis en aplicar remedios oportunos. No enmendéis agravios ni otorgueis demandas por patentes aquellos y estas por razonables que sean. Pedid todos vuestros informes á los gobernadores y empleados conocidos por su aversion á los habitantes, *y á los mismos de quien proceden las quejas. Protéged y premiád á los denunciadores secretos, sin descubrir jamas sus nombres*, para que no se hagan evidentes las calumnias. Nada creáis que proceda de los amigos del pueblo. Suponed que todas sus quejas son inventadas y promovidas por un puñado de demagogos facciosos, que si pudiesen ser habidos y colgados todo quedaria tranquilo. Efectivamente haced de manera que algunos se cuelguen ó fusilen y la sangre de los mártires hará milagros en favor de vuestro designio.

Asi saldréis de la molestia de gobernar los pueblos y de atender á la plaga de sus asuntos, querellas y lamentos por siempre jamas. Amen. »

Y asi sucedió.

(52) *pág.* 280.

El dia de S. Fernando 30 de mayo de 1817 obsequió el rey a los españoles con el decreto en que decia : « El mundo se acordarà siempre con asombro de los movimientos de lealtad del pueblo español y del esfuerzo heróico, conque por espacio de seis años se sujetó voluntariamente á sufrir todos los imaginables desastres de una guerra sangrienta y horrorosa por no perder *su independencia* y la succesion de sus legítimos monarcas. Todos los cálculos de la politica fueron inútiles para los fieles habitantes de la capital y de la provincias : en donde hubo hombres capaces de llevar las armas, se hallaron soldados : sofocáronse los sentimientos de la naturaleza : la propiedad particular se hizo pública : el tesoro, los almacenes y toda clase de provisiones se formaron por momentos con los bienes de todos : estableciéronse autoridades de armamento y defensa ; en todas partes se organizaron tropas, se levantaron ejércitos : se impusieron contribuciones diferentes, se ecsigieron préstamos, donativos, se multiplicaron repuestos ; y despues de unas y otras desgracias, de combates, de asedios, de asaltos, de acciones, de batallas y de renovarse cien y cien veces las fuerzas militares, la España triunfó ; y *á costa de sus sacrificios* la Europa que los miraba con asombro, rompió las pesadas cadenas que la aherrojaban.... Lo diré siempre. *Modelo sois ¡oh pueblos! de lealtad, de inaudito valor, de resistencia prodigiosa.* Y vosotros generales, oficiales, soldados del ejército y marina y todos los que tomásteis las armas para defender mi trono, mis derechos y la causa de la nacion inmortalizásteis vuestro nombre : *acredores sois á las bendiciones de la patria, á la admiracion de los estrangeros y á mi perpétuo reconocimiento.* El cielo quiso terminar esta lucha de devastacion : el poder de la tiranía quedó deshecho : miéntras por una parte *el ejército vencedor dejaba atrás el Pirinéo*, entré por la otra en mi reino, recibiendo el homenage de fidelidad y constancia que todos mis pueblos me presentaban con alegría y lágrimas de gozo purísimo » es decir que volvió à los seis años á encontrar libre de franceses el reino que dejó entregado á ellos.

Publicado este decreto, inserto en el tomo 4° de la coleccion, el mismo rey Fernando en carta fecha en Madaid á 24 de diciembre de 1820 decia al virey de Méjico don Juan Ruiz de Apódaca : « Mi querido Apódaca : tengo noticias positivas de que vos y mis amados vasallos *los americanos*, detestando el nombre de Constitucion, solo apreciáis y estimáis mi Real nombre : este se ha hecho odioso en la mayor parte de los españoles que *ingratos, desagradecidos y traidores, solo quieren* y aprecian el gobierno constitucional y *que su Rey apoye providencias y leyes opuestas á nuestra sagrada religion.*

Como mi corazon esta poseido de unos sentimientos *católicos de que dí evidentes pruebas* á mi llegada de Francia *en el establecimiento de la Compañía de Jesus* y otros hechos bien públicos, no puedo menos de manifestaros que siento en mi corazon un dolor inesplicable : este no calmará, ni los sobresaltos que padezco miéntras mis adictos y fieles vasallos no me saquen de la dura prision en que me veo sumergido, sucumbiendo á picardias que no toleraria, si no temiese un fin semejante al de Luis XVI y su familia.

Por tanto y para que Yo pueda lograr la grande complacencia de verme libre de tales peligros: de la de estar entre mis verdaderos y amantes vasallos los americanos y de la de poder *usar libremente de la autoridad Real que Dios tiene depositada en mí*, os encargo, que si es cierto que vos me sois tan adicto, como se me ha informado por personas veraces, pongais de vuestra parte todo el empeño posible y dictéis las mas activas y eficaces providencias paraque *ese Reino quede independiente de este;* pero como para lograrlo sea necesario *valerse de todas las invectivas que pueda sugerir la astucia* (porque considero Yo que ahí no faltarán liberales que puedan oponerse á estos designios) á vuestro cargo queda el hacerlo todo con la *perspicácia y sagacidad* de que es susceptible vuestro talento y al efecto pondréis vuestras miras en un sugeto que merezca toda vuestra confianza para la feliz consecucion de la empresa: que en el entretanto Yo meditaré el modo de escaparme incógnito y presentarme cuando convenga en esas posesiones; y si esto no pudiere verificarlo porque se me opongan obstáculos insuperables, os daré aviso para que vos dispongáis el modo de hacerlo: cuidando asi como os lo encargo muy particularmente de que todo se ejecute con el mayor sigilo y bajo de un sistema que pueda lograrse sin derramamiento de sangre, con union de voluntades, con aprobacion general y *poniendo por base la causa de la Religion, que se halla en esta desgraciada época tan ultrajada:* y me daréis de todo oportunos avisos para mi gobierno por el conducto que os diga en lo verbal (por convenir asi) el sugeto que os entregue esta carta. Dios os guarde: vuestro rey que os ama. — FERNANDO.

No salimos por garantes de la autenticidad de esta carta publicada por don José Presas en un folleto (no desmentido) impreso en Burdeos por don Pedro Beaume año de 1828; pero creemos ver en su contesto y lenguage la mano oculta de los que no tienen mas patria que Roma, mas afecciones que las de su estado, mas interes y empeño que el de vivir sobre la ignorancia de los pueblos, fascinándolos con la misma religion que abomina sus intrigas y manejos y que nunca puede servir de base al trastorno de las naciones, ni al descrédito de sus individuos. Igual trama urdieron con el estúpido general Olañeta, ofreciéndole el vireinato de Lima é introduciendo el cisma que perdió el ejército y el Perú donde murió Olañeta, como en España Besieres. Ellos hicieron tal vez decir al rey en esta carta *que su nombre se habia hecho odioso á la mayor parte de los españoles;* y estos pudieran responder que si se armaron en el año de 1808 é hicieron cuanto el rey confiesa en el decreto precedente, no fué por someterse á un gobierno arbitrario, ni para ser esclavos de una faccion esterminadora, sino *para constituir la nacion en el lleno de su poder, para poner diques al despotismo y restaurar el pacto social, para sostener las leyes, costumbres y privilegios, que la calamidad de los tiempos pasados habian tenido sin uso;* como se manifestó en la nota 1ª. Registren ahora los consejeros del rey Fernando sus órdenes y decretos espedidos dosde el 4 de mayo de 1814 y ellos les dirán si son conformes á los objetos que alarmaron la nacion, reuniendo el voto de los españoles.

(53) *pág.* 280.

Prescindiendo de los asesinatos de los beneméritos generales Porlier y Laci, el general de artilleria don Manuel de Velasco uno de los mas ilustres defensores de Zaragoza, despues de haber ganado allí sus ascensos al pie del cañon, vino á morir en Cádiz el año de 1824 consumido de miseria en una oscura buhardilla, que le proporcionó la amistad para salvarle de la persecucion, cuyo temor hizo llevarle al sepulcro con un nombre supuesto y como un mendigo fué enterrado por la caridad, y con grande compromiso del que lo ocultó.

Los mariscales duque de Reggio, duque de Conegliano, el conde Molitor y los comandantes generales de las tropas francesas autorizados por el generalísimo duque de Angulema concluyeron con las tropas constitucionales las capitulaciones que obtuvieron la sancion del Delfin. En ellas se ofreció á oficiales y soldados lo mismo que ofrecio el rey Fernando en el Manifesto de 30 de setiembre al salir de Cádiz: *Olvido eterno y absoluto: conservacion de empleos, sueldos, honores,* etc. Mas el gobierno eclesiástico, que se apoderó de Fernando, despreció igualmente estos tratados y no contento con haber impurificado, perseguido y encarcelado á los militares capitulados, llevó al suplicio ignominioso de los ladrones y asesinos, é hizo ahorcar y descuartizar al famoso mariscal de campo don Juan Martin Diez, el Empecinado: al bizarro é infatigable brigadier Abad (*a*) *Chaleco* y á otros héroes de la guerra de la independencia, que jamás transigieron con Napoleon ni dejaron las armas, sino por fiarse en la palabra del hijo de la Francia, que tampoco cumplió nada de cuanto ofreció por su famoso decreto de Andujar.

(54) *pág*: 281.

Apoderado el clero del gobierno temporal del reino con el apoyo y esfuerzos de la Congregacion que dirigia el gabinete de S. M. Cristianísima, adoptó en todos sus actos el *qui non est mecum, contra me est;* y asi se vé en ellos el empeño constante de sostener su partido á toda costa, proscribiendo y arruinando al otro. Y como en todos sus Consejos y deliberaciones se repite la *acepcion de personas* bajo el tema *del altar y del Trono* en vano pretende alejar por medio del castigo el desprecio con que se hable de los ministros de la Religion; porque el mismo Dios, que ellos desconocen en sus obras, les dijo por el profeta Malachias: « Vosotros os habéis apartado del camino y habéis escandalizado á muchos, quebrantando el pacto de Levi; y Yo os he abandonado *al desprecio de los pueblos*, á cuyos ojos llegaréis á ser *viles y despreciables*; porque, hollando mis preceptos, habéis introducido *la acepcion de personas en la ley*. Enviaré sobre vosotros la pobreza: maldeciré vuestras bendiciones; y esparciré sobre vuestra cara el estiercol de vuestras solemnidades. »

Para señalar los grados que ha subido la animosidad del clero, su orgullo y predominio, y lo que ha bajado el carácter y dignidad de los ministros de Fernando, trasladarémos á este lugar la respuesta que ha dado el obispo de Leon don Joaquin Abarca al secretario de Gracia y Justicia don Jose Cafranga porque libró la órden intimándole que dejase la Corte, y fuera á residir en su obispado, de donde no debió de haber salido. Dice asi: « Eccelentísimo señor: He recibido la orden de S. M. la reina para retirarme á mi diocesis dentro de tercero dia, y debo asegurar á V. E. que será cumplida con la misma puntualidad con que me lisongeo haber complido las de mi soberano el señor don Fernando VII, por cuyo completo restablecimiento no cesaré de rogar á Dios todos los dias. Me hubiera contentado con esta manifestation, si V. E. no hubiera tratado de herir mi honor y delicadeza de una manera poco decorosa á mi persona y al sagrado carácter de que me hallo revestido. La órden es de S. M. la reina y yo la respeto; mas las palabras conque V. E. me la ha comunicado son de V. E. solo; y es de mi obligacion manifestar los *errores é inesactitudes* que encierran. Si V. E. hubiera dicho: ha cesado *la causa* pública que autorizaba á V. E. para estar fuera de su diócesis (*): van a llegar los apóstatas (**), los asesinos: no es justo que V. E. se halle confundido con ellos; yo lo hallaria muy sencillo y muy honorífico á V. E.; á lo ménos manifestaria V. E. que tenia carácter y sus amigos y adictos podrian concebir con razon lisongeras esperanzas y tener en las determinaciones de V. E. alguna seguridad y confianza. Mas decir V. E. que hago suma falta en mi diócesis, despues de tantos años de residencia en esta Corte: que los leoneses se hallan dirigidos por pastores mercenarios, tomar en boca un pretesto religioso, cuando asoma por todas partes su cabeza la impiedad y la irreligion (***) es

(*) *La causa* eran las persecuciones y arrestos arbitrarios que cesaron con la amnistía.

(**) Los apóstatas son los secularizados que no podian entrar en Madrid, por prevenirlo asi las órdenes reservadas de la policía.

(***) Por lo mismo debia estar con su grey. *Venerunt lupi et non inventis pastoribus rapuerunt et abherrare fecerunt oves.*

tan ridículo y tan inoportuno que aun viéndolo parece increible que V. E. se haya dejado impeler á esplicarse de esta manera. ¡V. E. tan mesurado y comedido en estos nueve años.(*)! Mi residencia de tantos años en la Corte no ha sido efecto de mi voluntad: ni directa, ni indirectamente he solicitado, ni venido á ella: no ha sido tampoco obra de una faccion: el soberano me ha llamado (**) (conozco que V. E. tiene muy presentes las circunstancias) y no habia motivo alguno para no obedecerle. V. E. da á entender con esto que el rey N. S. no ha sido tan cuidadoso del pasto espiritual, ni de mi diócesis como V. E. y esto honra á V. E. mas de lo que debia esperarse. V. E. no se habrá olvidado de lo que dispone el concilio tridentino en la sesion 23 de Reform., cap. 1, de que los obispos puedan estar ausentes de sus diócesis, cuando media la utilidad del Estado (***). V. E. dirá que no habia tal utilidad; pero mi augusto soberano ha dicho que sí y para mi (perdoneme V. E.) es mas seguro, mas infalible el juicio del soberano que el de V. E.,

---

(*) Esto es: tan sumiso á nuestras ordenes!!!

(**) El partido que abusó del nombre del soberano, y que le tenia en Madrid para llevar del cabestro al estúpido Calomarde.

(***) Tan sabidas son las contradiciones y los motivos que tuvieron los obispos italianos para establecer este punto de diciplina, como la terrrible sentencia de S. Gregorio: *Non potest esse justa pastoris excusatio si lupus ovem comedat, et pastor nescit.*

aunque doctor de Salamanca. Entretanto los leoneses no han sido dirigidos por mercenarios, como V. E. con muy poco miramiento, me manifesta. Sin duda las vastas ocupaciones de V. E. no le habrán permitido fijar la atencion sobre la palabra mercenarios que V. E. une tan indebidamente con la de pastores. Yo soy, yo mismo, señor eccelentísimo, el que ha estado al frente de mi diócesis (*) y las personas que me han representado alli las mismas que hubiera tenido no estando ausente: todas de virtudes y de saber, de mi confianza y de la del público: son *de corpore capituli* y no son mercenarios en el sentido que ha usado constantemente la iglesia (**). No obstante todo, estoy sumamente reconocido á los favores de V. E. por la distincion que se sirve dispensarme: tendré, eccelentísimo señor un gran placer, el mayor gusto en que V. E. disponga de mi pequeña utilidad, y en prueba de que lo deseo de todas veras, acuérdese V. E. de que gobiernos débiles, tan pronto liberales como realistas, gobiernos que han proscripto, que han estimado en poco la religion, que no han mirado por los intereses de todos los españoles, sino por los de una faccion (***) han merecido en todas

(*) Para coger la lana del rebaño. *Lac commedebatis lanis operiebamini, et gregem meam non pascabatis.*

(**) Ella testifica que el Espíritu-Santo puso á los obispos y no á los de *corpore capituli* para regirla.

(***) Precisamennte es lo mismo que decimos nosotros.

épocas la ecsecracion pública y han perecido muy luego : y yo quisiera que V. E. fuera muchos años ministro de Gracia y Justicia para que la religion, por la que V. E. da muestras inequívocas de interesarse tanto, recibiera la misma favorable y benéfica proteccion que en los reinados de los Recaredos, Fernandos y Felipes.

Dios, etc. Madrid, 28 de octubre de 1832 (*).

(*) Este obispo que en esta fecha preconiza de infalible el juicio de su soberano, en 1º de junio del año siguiente, en esposicion dirijida al mismo, dá la preferencia de infalibilidad á Felipe V en el acto de revocar las leyes fundamentales sobre succesion de la Corona, á Fernando VII, que del mismo modo las restableció, y con igual autoridad; y le dice categóricamente que *no le obedece, y que no jura la princesa*!!!

Igualmente es digno de la observacion pública, en demostracion del partido y de las tramas de la Congregarion, el alzamiento y fuga de un canónigo de Zaragoza, don Cristobal Arguch, con mas de ocho millones de reales robados ingeniosamente á varios labradores y comerciantes, á virtud de ser el tal canónigo apoderado del Cabildo, y para ello precisamente merecia toda su confianza. Se supone que el dinero, que trasportó á Francia, era para objetos de la faccion, de acuerdo con Calomarde y el conde de España. Sobre esto nos remitimos á lo que dijo la *Revista Española*, nº 55 de 14 de mayo de 1833.

Tampoco podemos omitir el hecho atróz y reciente que refieren todos los diarios de Paris de fines de julio de 1833, de un eclesiástico español afrancesado nombrado Muzquiz de 54 años, que vivia de su misa en la iglesia de Bonne-Nouvelle, y de los ausilios de varios amigos : este *santo hombre* asesinó, sin duda por zelos, á una muger de 40 años, casada y con ocho hijos, que le visitaba y asistia por largo tiempo, y en seguida se tiró á sí mismo un pistoletazo, encontrando la policía ambos cadáveres, y una declaracion escrita del clérigo en su casa calle del Faubourg-Poissoniére, siendo este el único caso escandaloso que ha ofrecido en Francia el gran número de refugiados españoles de ambas épocas de emigracion en 1814 y 1823.

(55) *pág.* 281.

Con esmerado estudio, y esactitud histórica hemos procurado presentar el cuadro degradante de la situacion de España, llamando la atencion de los lectores sensatos é imparciales acia su causa esencial, y á la graduacion progresiva y decadente de la influencia eclesiástica en aquel desgraciado suelo, comparando entre sí las tres épocas de los memorables años de 8, 14 y 23, del portentoso siglo en que vivimos; y en cuyos periodos, para ejercer la faccion apostólica su poder, tuvo que ir siempre aumentando sus furores, y multiplicando sus medios, hasta el de 1832 (término de nuestras observaciones) en cuyo año ha necesitado ponerse en lucha abierta con el mismo monarca, que fuera su idolo, y centro de sus conatos; y en favor de cuya docilidad á sus miras teocráticas, le faltaron epitetos bastante sagrados para calificarle en los púlpitos, confesonarios, pastorales y demas escritos.

He aquí que, *aun durante su vida*, se desencadena y conspira en lucha abierta contra el que todo lo ha sacrificado en obsequio de sus intereses, y que se declara decididamente por el infante don Cárlos, educado en su escuela, y á quien reputan, quizá ecsageradamente, no solo identificado, sino fanatizado hasta el estremo de proponerse restablecer aquel horrible tribunal, de dolorosa memoria.

.... Que la clerical maña
Santo-Oficio (al quemar), *llamó en España.*

Asi pretenden sostener el Estado, *al modo que la soga sostiene al ahorcado.*

Y esto porqué?... porque su imperio se desploma:

Son empire est détruit si l'homme est reconnu.

Porque solo puede conservarse algun tanto, aumentando la violencia y la usurpacion de su mando, el fanatismo, la opresion y el esterminio; sin considerar que ya no hay resortes bastante poderosos para sofocar, contrastar y contener las leyes del siglo que son las de la naturaleza, unas en todos los tiempos, climas y paises, las que han tomado su curso en este siglo, cual un torrente impetuoso. Estas leyes quieren que goze el que trabaja, y que se honre y favorezca por la sociedad á los que trabajan, discurren y se afanan para ella, y que se odie y abomine á los que trabajando contra ella, y para vivir á su costa, profundizan la ignorancia, siembran la division, estimulan la delacion, y propagan la miseria y la desgracia entre los individuos de una misma familia, cuyo interes comun y perfectamente sentido, es la felicidad general, necesitando de la *libertad ordenada*, como medio de alcanzarla y poseerla.

FIN DE LAS NOTAS.

INDICE

ANALÍTICO DEL CONTENIDO DE ESTA OBRA.

El editor, pág.   I á XIV
Advertencia preliminar.
    La causa de los trastornos políticos en España proviene del contraste de los intereses temporales del clero, con los de todas las demas clases del Estado.   1
El disfráz religioso es muy antiguo.   6
Documentos de las causas de las mudanzas del gobierno en 7 marzo 1820.   7
La revolucion de este año fué efecto y no causa.   13
Consideraciones que precisaron los decretos de las Córtes de 1820 y 21.   19
La guerra civil eccitada y provocada por la faccion ofendida por las reformas.   47
Toma el pretesto de la fé y se apoya en la Santa-Alianza estrangera.   59
Tratado secreto de Verona.   65
Discursos contradictorios de Luis XVIII en las sesiones de 1820 y 1823.   64 y 67
Manifiesto del rey Fernando, en Cádiz.   69
Contra-manifiesto de S. M. al siguiente dia 1º octubre de 1823 en el Puerto de Santa Maria.   75
Persecuciones y despojos.   80

Ayuntamientos.	91
Restituciones al clero regular.	104
Reintegros y concesiones al clero secular.	112
Diezmos.	113
Diezmos novales.	125
Desagravios al Santissimo-Sacramento.	132
Abusos de la religion y de la política y su antigua alianza.	137
Compendio histórico de la Polonia.	139
Instruccion pública.	140
Decadencia de las letras en España desde Fernando V á Felipe V.	144
Su progreso en el reinado de Cárlos III : Real cédula de ereccion de la Universidad de Sevilla, siendo asistente Olavide.	145
Sociedades económicas, y propagacion de las luces, imprentas y periódicos.	175
La revolucion francesa sofoca allí estos impulsos nacientes, que vuelven á inflamar las de 1808 y 1820, y apagan las armas francesas en 1823 : vuelven los estudios á los regulares en 1824.	179
Oposicion constante de Roma á la publication de escritos contrarios á su dominacion : esfuerzos de los reyes para permitir los favorables á sus derechos.	182
Doctrinas y mácsimas de los Jesuitas, resucitados en España, confiándoles la educacion de la nobleza ; van estendiendo su influjo.	193
Su armonía con los hechos históricos que atestiguan la dominacion pontifical.	209
Males generales provinientes de ella y del desvio de las mácsimas evangélicas.	218
Medios adoptados constantemente por la autoridad real para conservar ilesas sus prerogativas.	219

En estos últimos tiempos la nota de impiedad é irreligion ha cerrado todas las bocas, y á su sombra ha robustecido el

clero su poder y sus recursos, debilitando al trono y aniquilando los pueblos. 226.
Indicacion de una reforma religiosa, urgente, útil y prudente. 229
Ecsámen de las ventajas obtenidas al mismo tiempo por el interes general de la nacion, rentas reales, derechos del trono, y consideracion en el esterior. 232
Baldios. 233
Mayorazgos. 236
Estanco de la Sal. 242
Idem del tabaco. 245
Idem del aguardiente. 248
Idem del Bacalao. —
Papel sellado. 249
Derecho de puertas. —
Paja y utensilios. 250
Frutos civiles. 251
Subsidio del comercio. —
Otros males de peor carácter y trascendencia. 252
Prevaricatos y coechos. 255
Demandas y socaliñas á pretesto de devocion. 256
Juzgados de purificacion. 259
Calumnias y delaciones amparadas: leyes violadas. 262
Su conservacion y conveniencia reconocidas y respetadas por todo pueblo culto, y hasta por los tiranos. 267
Estas consideraciones atropelladas por el ministerio de Calomarde. 269
Decreto de 1º de octubre de 1830, y Real órden de 1º de mayo de 1831. 271
Ceguedad del absolutismo en labrar su propia ruina con la mala administracion de la justicia. 275
Efectos de esta ceguedad, confirmados por la historia antigua y moderna. 276
Táctica ministerial, obedeciendo á la teocracia y deslumbrando al monarca. 277
Conclusion. 28:

NOTAS.

La 1ª, del folº 11 se halla á la pag.		283
2	12	289
3	17	290
4	—	—
5	—	292
6	—	—
7	18	—
8	—	—
9	—	—
10	—	293
11	20	—
12	25	294
13	27	307
14	30	—
15	45	313
16	47	—
17	—	319
18	76	324
19	—	326
20	77	327
21	78	—
22	—	329
23	84	330
24	85	332
25	89	334
26	91	339
27	102	341
28	103	342
29	110	—
30	—	343
31	111	344

32	113	347
33	—	351
34	124	354
35	127	—
36	130	361
37	138	—
38	175	362
39	181	372
40	182	381
41	183	382
42	224	384
43	228	385
44	231	386
45	239	387
46	240	388
47	242	389
48	250	—
49	252	395
50	255	396
51	274	—
52	280	400
53	—	405
54	281	406
55	—	412
Indice analítico.		415
Lista alfabética de nombres.		421

FIN DEL ÍNDICE.

LISTA

ALFABÉTICA DE NOMBRES DE AUTORIDADES Y DE PERSONAS CITADAS.

A.

Abad (*a*) [Chaleco]	Página 406
Abarca [obispo de Leon].	407
Abderraman II.	49
Abrahan [el patriarca].	116
A'Court [sir Willam].	386
Acosta [jesuita].	207
Aguado [el banquero].	55
Aguiriano [D. Blas].	317
Aguirre [D. Manuel].	177
Agustin [Antonio].	115 etc.
Alava [el general D. Miguel].	233
Alegambe [jesuita].	200
Alejandro [emperador].	197
Alfonso de Galicia.	211
Alonso [Juan].	50
Alberico.	379
Albornoz [el canónigo].	203
Alpizcueta [D. Martin].	203
Albarado [el P. Fr. Francisco].	142-311
Amat [el obispo].	182
Amarillas [el marques]	342
Ambrosio [el venerable].	310
Ambrugeac [el general].	332

Angulema [el duque].	vi-68 etc.
Anton [Mosen].	68
Apodaca [D. Juan].	402
Aquaviva [general jesuita].	203
Arcadio [emperador].	22
Arias Montano.	145
Arguch [D. Cristobal].	411
Arjona [D. José].	338-342-395
Arnaldo.	226
Aróstegui	304
Arzobispo de Atenas.	44
— de Besançon.	63
— de Borbon.	311
— de Burgos.	58-316 etc.
— de Narbona.	115
— de Paris.	305
— de Santiago.	205
— de Tarragona.	136
— de Toledo.	119-176
— de Turin.	208
— de Ravena.	378
Atanasio.	295
Aveiro [jesuita].	207
Autor de *la España Sagrada*.	26
Azara [embajador].	314

B.

Baile.	367
Ballesteros [D. Luis].	335
Barberini [Tadeo],	193
Baronio.	27 etc.
Baron de Eroles.	327
Barroso [D. Diego].	331
Bartolomé de los Mártires.	383
Bathel.	321

Beaume [impresor].	404
Becano [jesuita]	199
Berard [jesuita].	198 etc.
Benedicto [el monge].	300
Benameji [la marquesa].	50
Beltran Claquin.	69
Bentham.	182
Béssières.	87-404
Bignon [Mons.]	9-289
Bindel [Francisco].	272
Borbon [Felipe de].	215
Boneta [el doctor].	309
Bonarcio.	199
Bourmont [conde de].	332
Boulogne.	59
Briciano.	21
Brocardo	120
Brocense [el].	145
Brunet.	65
Burgos [D. Javier].	54

C.

Caballero [marques].	340
Cabet.	XII
Cádiz [Fr. Diego de].	176
Cafranga [D. Jose].	407
Cándido [el torero].	336
Canga-Argüelles.	22
Campiame [jesuita].	200
Cano [Melchor].	222
Canning [Jorge].	64
Cañedo [Gerónimo].	193
Cañedo [D. Alonso].	135
Calamida [Juan].	219
Calígula [emperador].	327

Calomarde [D. Fr. Tadeo].	VII etc.
Cárdenas [el P.].	293
Cardenal Alberoni.	220
— Bellarmino.	201
— Borbon.	311
— Borja.	192
— Cienfuegos.	182 - 342
— Fesch.	61
— Gonsalvi.	322
— Inguanzo.	135
— Jimenez.	30
— de Látil.	209
— Langton.	212
— de Luca.	29 - 189
— Pallaviccini.	21
— Pasionei.	201
— Patriarca.	132
— Ricardo.	26
— Torquemada.	221
Carlo-Alberto.	208
Carlo-Magno.	59
Carrillo [D. Alonso].	214
Casiano.	297
Casimiro [el monge].	139
Castilla.	21
Castro [D. Gertrudis]	330
Castro-Palao [jesuita].	202
Catalina II de Rusia.	139
Caton.	138
Cerdá.	21
Cevallos [Gerónimo].	192
Chamorro.	83
Chateaubriand.	9-65
Chatel [jesuita].	207

Cheregato [Francisco].	385
Choisy [el abad de].	139
Ciceron.	102 - 137 etc.
Cid [el].	209
Ciriaco [el patriarca].	378
Ciscar [D. Gabriel].	332
Covarrubias [D. Diego].	203
Colbert [obispo].	370
Constante [emperador].	320
Constantino [*Idem*].	130
Copons y Navia [D. Francisco].	85
Corneille.	191
Cox [Willam].	285
Conde de Anjou.	212
— de Aranda.	364
— D. Enrique.	211
— de la Ensenada.	37
— de España.	262
— de la Estrella.	335
— de Campomanes.	34 - 146 - 176 etc.
— de la Coruña.	369
— de Floridablanca.	176
— de Molitor.	405
— de Mora.	369
— de Vulgari.	386
Crespi de Valdabra.	204
Creso.	137
Creswell [el jesuita].	200
Creux [D. Jaime].	136

D.

Dagoberto [rey].	138
Davalillos [ladron].	327
Decio [emperador].	295
Demosthenes.	329

Delavigne [Casimir].	388
De los Condes [D. Francisco].	43
Del Rio [jesuita].	202
De los Rios [D. Isabel].	365
Descartes.	142
Devoti.	45
Dicastillo [jesuita].	202
Diocleciano [emperador].	216
Domiciano [*Id.*]	370
Duperré [almirante].	332
Durando [ilustrísimo].	222
Duque de Abrahantes.	369
— de Braganza.	219
— de Conegliano.	405
— de Florencia.	83
— de Granada.	369
— de Hijar.	369
— de Reggio.	405
— de Villa-Hermosa.	61

E.

Echeverria.	55
Eneas Silvio.	134
Enrique de Berry.	9-209
— de Valois.	139
Eleta [Fr. Joaquin].	365
Elío [el general].	3
Escalera [D. Joaquin].	273
Escobar [jesuita].	202 etc.
Estéban [José].	327
Estéban [Francisco].	334
Eroles [el baron].	327
Eudemon [jesuita].	198
Eustaquio [obispo].	295
Ezeta [D. José].	33

F.

Fagnano [Prospero].	189
Farnesio [Eduardo].	193
Fernan Martinez.	49
Fernandez Roces.	338
Figueroa [el patriarca].	224
Filipo.	329
Flavio Ervigio.	138, etc.
Fleuri [el abad].	380
Foy [el general].	288
Fraissinous [el obispo].	59
Franklin [Benjamin].	396
Froumenteau [el abad].	311

G.

Gandara [abad].	320
Galerio [emperador].	216
Galileo.	145
Galvez [Pedro].	50
Garat [Mr.].	342
Garely [D. Nicolas].	322
Garnet.	200
Gassendi.	142
Gelmirez [D. Diego].	26
Gerard [jesuita].	202
Gerbais.	322
Gibert.	321
Gil de la Cuadra [D. Ramon].	333
Gillies [John].	354
Godoy [D. Manuel].	1
Gomez [D. Elias].	203
González Dávila.	30
Gonzalez Moreno [el Gral].	52
— Salmon [D. Manuel].	44
— Villar [D. Simon].	352
Gottofredo.	96

Graciano.	29, etc.
Gretzer [jesuita].	199
Grey [lord].	143
Groot [Hugo].	206
Griffet [el P.].	133
Gueret [jesuita].	198
Guignard [Id].	198
Gutierrez [Juan].	37

H.

Hay [jesuita].	198
Hallam.	286
Heissio [jesuita].	199
Hilarion.	295
Hildebrando.	302
Honorio [emperador].	22
Hume.	287
Hurtado de Alcocer.	21

I.

Ignacio.	378
Infantado [el duque].	12
Infanta Carlota.	17
Infante D. Antonio.	176-288
— D. Cárlos	IX. 15, etc.
— D. Enrique.	214
— D. Gabriel.	176
— D. Fernando.	284
Isidoro Mercator.	29, etc.
Iñigo Arista.	284

J.

Jacques-Clément.	200
Jagellon.	139
Jaime [el barbut].	327
Jáuregui.	202

Jep del Estaing.	327
Jose Maria [el ladron].	256
Jose Napoleon.	13 - 54 - 90 etc.
Josué.	118
Jovellanos [D. Gaspar].	182
Juan Alfonso.	50
Julio Cesar.	138
Justiniano [emperador],	226
Justino Febronio.	319
Juvencey [el Padre].	200

K.

Kolb [jesuita].	202
Keller [*Id.*].	202

L.

Labastida [jesuita].	202
La Croix [*Id.*].	202
Lacy [general).	405
Ladvocat.	385
Lamartine.	388
Lambertini [Prospero].	189
Latorre [D. Marcelino].	274
Leal [D. Roque].	205
Leon [emperador].	232
Lemos [D. José].	395
Lera [D. Juan].	135
Lezcano [D. Diego].	194
Licurgo.	137
Lirinense Vicente.	195
Loinaz [D. Martin].	37
Lombard [Pedro].	367
Lopez Brabo [D. Mateo].	21
Lopez [D. Simon].	136
Lozano [Manuel].	247
Lueven [jesuita].	62

Lucio Palestimo.	300
Luis de Granada.	368
Luis de Leon.	145
Luna [Pedro de].	214
Luna [D. Rodrigo].	27
Luque [D. Jose Cayet].	354

M.

Macanáz [D. Melchor].	31, etc.
Maquiabelo.	340
Mariana [el P. Juan].	6, etc.
Marca [Pedro de la].	305
Marquez [Fr. Juan].	284
Marañon [Fr. Antonio].	68
Manrique [Fr. Angel].	21
Malagrida [jesuita].	208
Marco-Aurelio [emperador].	367
Marmontel.	370
Martin Diez [El empecinado].	406
Martinez Marina [D. Francisco].	28 - 182, etc.
Malachias [profeta].	407
Mataflorida [marques].	12
Matos [jesuita].	208
Masdeu [el abate].	182
Mauricio [emperador].	378
Mejorada [marques].	314
Merino [el cura].	2
Metternich [principe].	65
Miñano [el presbítero].	55-293
Minos.	137
Moises.	116
Molière.	371
Moncada.	21
Montlosier [el conde].	59
Montesquieu.	XIII-367

Monteverde [el general].	276
Morales [Ambrosio].	296
Morillo [el general].	276-396
Mujica.	396
Muriel [D. Andrés].	285
Muzquiz [el arzobispo].	208
Muzquiz el [presbítero].	412

N.

Napoleon.	59 - 88 - 85, etc.
Navarrete.	21 - 31.
Nebrija [Antonio].	145
Nesselrode.	65
Newton.	142
Niceforo Calisto.	294
Nicolas [emperador].	140
Nitardo [jesuita].	324
Normante [D. Lorenzo].	176

O.

Obispo de Avila.	49 - 58, etc.
— Badajoz.	21
— Barbastro.	18 - 317
— Barcelona.	49 - 316
— Bolonia.	299
— Calahorra.	58
— Córdoba.	316
— Chalons.	210
— Cuenca.	119
— Macon.	210
— Mans.	IX
— Málaga.	18
— Mallorca.	17
— Metz.	64
— Leon.	133
— Lerida.	345

— Lugo.	345
— Lecsoviense.	222
— Osma.	21 - 49 - 58, etc.
— Orense.	21 - 345
— Pamplona.	116
— Palencia.	42
— Poitiers.	60
— Puebla.	133
— Salamanca.	316
— Segovia.	119
— Sigüenza.	49-119
— Tarazona.	49
— Teruel.	345
— Tours.	295
— Tudela.	345
— Urgel.	133 - 345
— Valencia.	49
— Vich.	345
Ocho [el].	50
Olañeta.	404
Olavide [D. Pablo de].	145 - 362
Oldecorne [jesuita].	200
Orange [príncipe de].	202
Osio [el presidente].	380
Ostolaza [D. Blas].	136
Ovidio.	1

P.

Papa Adriano II.	299
— IV.	211
— VI.	223
— Anacleto I.	374
— Alejandro II.	23
— III.	211
— VI.	30-226, etc.

— Benedicto	IX.	139
—	XIII.	214
—	XIV.	358
— Bonifacio	VIII.	29, etc.
— Calisto	II.	302
—	III.	214
— Clemente	I.	374
—	IV.	212
—	V.	34, etc.
—	VII.	213
—	XI.	220
—	XIII.	21, etc.
—	XIV.	208
— Engenio	III.	221
—	IV.	214
— Felix	III.	378
— Gregorio	III.	29
—	VII.	26-209, etc.
—	IX.	304
—	XIII.	219
— Inocencio	III.	303
— Honorio	III.	303
—	IV.	219
— Juan	III.	379
—	XII.	379
—	XXII.	29-317
— Julio	II.	220-317
— Leon	VIII.	379
—	X.	35
—	XII.	44
—	Magno.	232
— Martino	IV.	212
— Nicolas	I.	378
— Pascual	II.	26-383

—	Paulo III.	221
—	IV.	219
—	V.	34
—	Pelagio I.	376
—	Pio II.	135 - 326
—	IV.	380
—	V.	30 - 314
—	VI.	v - 225 - 317
—	VII.	I
—	Sisto IV.	220 - 242
—	V.	—
—	Silverio	378
—	Siricio	307
—	Urbano VI.	213 - 317
—	VIII.	193 - 219, etc.
—	Victor I.	215
—	II.	209
—	Zozimo	296
Pandulfo [legado].		212
Palencia.		284
Pearson [jesuita].		200
Pelagio [Fr. Alvaro].		308
Pereira [el P.].		188
Perrin [jesuita].		207
Petit [jesuita].		202
Phocio.		378
Philipo.		329
Philon [el Israelita].		294
Pisistrato.		276
Polibio.		137
Polignac.		VII.
Posidio.		22
Porlier.		405
Poniatowski.		139

Presas [D. José]. 404
Pujol. 327
Puñales [el P.]. 327
Puimaurin. 370

Q.

Quadra [D. Ramon Gil de la]. 333
Quesada [el general D. Vicente]. 342
Quintano Bonifaz [inquisidor]. 191

R.

Rabaillac. 202
Racine. 75-178
Ramirez [Pedro]. 193
Ramos del Manzano. 21
Rebuff [Pedro]. 322
Recafredo. 49
Regato. 83-388
Rei Alfonso I. de Aragon. 321
— V de Castilla. 92
— VI. 92
— VII. 24-92, etc.
— VIII. 92, etc.
— IX. 92, etc.
— X. 36-92
— Cárlos I. 145
— II. 32-42, etc.
— III. 39-110, etc.
— IV. 176, etc.
— II de Francia. 218
— El Calvo. 299
— VII. 326
— VIII. 268
— X. 143-340
— XII de Suecia. 267
— Enrique II de Castilla. 36
— III. 50-284
— IV. 40

—	III. de Francia.	
—	IV.	202
—	II de Inglaterra.	211
—	VIII.	54
—	III. de Alemania.	209
—	IV.	218
—	Eduardo I. de Ingleterra.	213
—	III.	212
— Felipe Augusto de Francia.		212
—	I. de España.	145
—	II.	37 - 41, etc
—	III.	30 - 114
—	IV.	144 - 182
—	V.	39 - 318
— Fernando I.		209
—	III.	92 - 327
—	IV.	93
—	V.	143 - 145
—	VI.	42 - 191
—	VII.	V. 2, etc.
— Flavio Ervigio.		138 - 328, etc.
— Gustavo Vasa		267
—	Juan I.	27 - 36, etc.
—	II.	94 - 284
—	II de Portugal.	220
—	V.	220
—	José I. de Portugal.	220
— Iñigo Arista.		284
— Pedro de Aragon.		219
— Pedro de Castilla.		284
— Ramiro.		116
— Rodrigo.		115
— Recesuinto.		321
— Sancho el Mayor.		116

— Sancho II. 116
— Sancho Ramirez. 23
— Sisenando. 138
— Suinthila. 138
— Segismundo Augusto de Polonia. 139
— Teodorico. 238
— Wamba. 376
Reina Cristina. VII.
— Juana de Napoles. 213
— Isabel de Castilla. 215
— Maria Stuard de Escocia. 287
— Urraca de Castilla. 321
Remisa [tesorero]. 271
Revenga (el colombiano). 55
Riego [D. Rafael.]. 129
Rivadeneira [jesuita]. 200
Romana [el marques]. 54
Romanoff. 291
Romero [Pedro]. 336
Rodriguez [el monge]. 328
Rodriguez [el tocinero]. 83
Rousseau. 367
Rousset. 210
Ruiz [el torero]. 336
Rui Lopez Dávalos. 284

S.

Sá [jesuita]. 202
Saavedra [D. Diego]. 140 - 285
Sabanarola. 226
Saez [D. Victor]. 17 - 81, etc.
Santarell [jesuita]. 202
San Andres [Fr. Juan de]. 205
San Agustin. 22 - 73, etc.
— Bernardo. 114 - 221, etc.

— Buenaventura. 108, etc.
— Cipriano. 297
— Estanislao Koski. 61
— Fernando. 78-92
— Francisco. 30-108
— Gerónimo. 216
— Gregorio 22
— Hilarion. 295
— Juan Crisóstomo. 35-132, etc.
— Marcelo, Urbano, etc. 188
— Pedro y Pablo. 47-52, etc.
— Lorenzo. 27
— Luis. 68
— Sulpicio. 61
— Vicente Ferrer. 309
Sandoval [Fr. Prudencio]. 116
Salazar. 2
Salgado. 190
Salmon. [D. Manuel]. 44
Salomé [D. Jose]. 82
Salmeron [jesuita]. 197
Sarisbery [el P.]. 202
Schlick [el canciller]. 134
Scipion. 137
Sebastiani [general]. 54
Segueri [el P.]. 368
Sentestillano [D. Jose]. 355
Sesé [D. Jose]. 193
Sierra [D. Nicolas], 340
Simancas. 204
Sila. 327
Solas [jesuita]. 199
Solis [obispo]. 314
Solon. 14

Sotuel [jesuita].	200
Smith.	342
Squilacce.	364

T.

Taberne [jesuita].	202
Tansoro [D. Ramon].	272
Tanner.	199
Tapía.	2
Talon.	313
Tarquino.	276
Tavira [obispo].	194
Tell [Guillermo].	276
Teodosio [emperador].	298
Tertuliano [historiador].	217
Timmerman.	202
Tomasino.	230
Toledo [jesuita].	202
Torrijos [el general].	52 - 277
Trapense.	68
Turgot.	342

V.

Valdes [D. Cayetano].	332
Valencia [jesuita].	202
Valentiniano [emperador].	22
Valois [Cárlos].	213
Valois [Enrique].	139
Valiente [D. Pedro].	204
Van-Spen.	296
Varela [canónigo].	90
Vazquez [jesuita].	202
Velasco [D. Manuel].	405
Veleña [oidor].	342
Velez [el P.].	205
Vergennes [M. de].	370

Verres.	275
Victoria [Francisco de].	145-203
Vidal [Fr. Jose].	206
Vigodet [D. Gaspar].	332
Villanueva [. D. Joaquin].	188-372
Villamil [D. Jose].	273
Villèle [conde de].	61
Vives [Luis].	145
Voltaire.	v-367
Ugarte Larrazabal.	83

W.

Washington.	276
Wellington.	64-333
Wolfio.	96

Z.

Zayas [D. José].	87
Zea [el colombiano].	55
Zea Bermudez [el ministro].	83
Ziguri.	338
Zoroastro.	354

FIN DEL VOLUMEN.

Se hallará de venta en las librerías siguientes:

M. LAWAL, Librero en Bordeaux.
M. BONZOM, Librero en Bayonne.
M. ALCINE, Librero en Perpiñan.

PRECIO : 5 FRANCOS.

www.ingramcontent.com/pod-product-compliance
Lightning Source LLC
Chambersburg PA
CBHW080327170426
43194CB00014B/2492